Organização de Eventos:
Teoria e Prática

Dados Internacionais de Catalogação na Publicação (CIP)
(Câmara Brasileira do Livro, SP, Brasil)

```
Giacaglia, Maria Cecília
   Organização de eventos : teoria e prática / Maria
Cecília Giacaglia. - São Paulo : Cengage Learning,
2019.

   8. reimpr. da 1. ed. de 2003.
   ISBN 978-85-221-0301-0

   1. Eventos especiais I. Título.


02-4421                                      CDD-060.6
```

Índices para catálogo sistemático:

1. Eventos : Organizações 060.6
2. Organização de eventos 060.6

Organização de Eventos:
Teoria e Prática

Maria Cecília Giacaglia

CENGAGE

Austrália • Brasil • México • Cingapura • Reino Unido • Estados Unidos

CENGAGE

Organização de eventos – teoria e prática
Maria Cecília Giacaglia

Gerente Editorial: Adilson Pereira

Editora de Desenvolvimento: Eugênia Pessotti

Produtora Gráfica: Patricia La Rosa

Copidesque: Janice Yunes

Revisão: Adilson de Souza Gobbes e Heleusa Angélica Teixeira

Composição: Megaart Design

Capa: Megaart Design

© 2003 Cengage Learning Edições Ltda.

Todos os direitos reservados. Nenhuma parte deste livro poderá ser reproduzida, sejam quais forem os meios empregados, sem a permissão, por escrito, da Editora.
Aos infratores aplicam-se as sanções previstas nos artigos 102, 104, 106 e 107 da Lei nº 9.610, de 19 de fevereiro de 1998.

Esta editora empenhou-se em contatar os responsáveis pelos direitos autorais de todas as imagens e de outros materiais utilizados neste livro. Se porventura for constatada a omissão involuntária na identificação de algum deles, dispomo-nos a efetuar, futuramente, os possíveis acertos.

A editora não se responsabiliza pelo funcionamento dos links contidos neste livro que possam estar suspensos.

Para informações sobre nossos produtos, entre em contato pelo telefone **0800 11 19 39**

Para permissão de uso de material desta obra, envie seu pedido para **direitosautorais@cengage.com**

© 2003 Cengage Learning. Todos os direitos reservados.

ISBN-13: 978-85-221-0301-0
ISBN-10: 85-221-0301-1

Cengage Learning
Condomínio E-Business Park
Rua Werner Siemens, 111 – Prédio 11 – Torre A – Conjunto 12
Lapa de Baixo – CEP 05069-900 – São Paulo – SP
Tel.: (11) 3665-9900 – Fax: (11) 3665-9901
SAC: 0800 11 19 39

Para suas soluções de curso e aprendizado, visite
www.cengage.com.br

Impresso no Brasil
Printed in Brazil
8. reimpr. – 2019

*À minha mãe,
Lia Renata Angelini Giacaglia,
pela preciosa ajuda, dedicação e a
todo o seu sacrifício.
Sem ela este livro jamais
teria acontecido.*

*Ao meu marido,
Ricardo Kamel,
pelo seu encorajamento e companheirismo.*

*E principalmente à minha filha,
Beatriz Giacaglia Kamel,
meu mais recente fruto
e minha aposta no futuro.*

AGRADECIMENTOS

Agradeço às seguintes empresas que gentilmente se prontificaram a autorizar a publicação de anúncios, fotos e imagens escolhidas para minha análise quanto à sua eficaz aplicação em Eventos e Feiras: Ingram Micro Brasil, Diveo do Brasil Telecomunicações, Rosa Arrais Assessoria em Comunicação e Modern Marketing.

SUMÁRIO

Prefácio   XIII

PARTE I   INTRODUÇÃO AO ESTUDO DA ORGANIZAÇÃO DE EVENTOS   1

1   Introdução   3
   Definindo eventos   3
   Empresas participam e promovem eventos   4
   Eventos, antes com finalidades predominantemente institucionais, passam a ter também finalidades financeiras   5
   Os números impressionam   6
   Eventos trazem inúmeros benefícios   7
   Eventos podem superar, em eficácia, a propaganda e a publicidade   11
   Eventos atendem melhor à nova filosofia do marketing   12
   Eventos não têm recebido a devida atenção   14
   A questão do posicionamento dos eventos no mix promocional de Marketing   15
   Eventos possuem elementos das quatro áreas promocionais: Propaganda, Venda Pessoal, Relações Públicas e Promoção de Vendas   19
   É importante que as empresas possuam um responsável especializado pelos eventos   20
   A que se propõe este livro e seu conteúdo   21

2   Organização de eventos através de estrutura interna ou contratação de empresa especializada   23
   Fatores a serem considerados para a tomada de decisão   23
   Opção pela contratação de empresa especializada na organização de eventos   26
   Opção pelo emprego de estruturas internas da empresa na organização de eventos   34

3   Tipos de eventos   39
   Feiras   42
   Convenções de vendas   46
   Congressos   48
   Roadshows   51
   Workshops   53

Eventos sociais 57
Eventos culturais 63
Eventos desportivos 64

PARTE II   ETAPAS DE PLANEJAMENTO DA ORGANIZAÇÃO DE EVENTOS 65

4   Planejamento da participação em Feiras 69

1º passo: definir objetivos 69
2º passo: verificar e analisar o orçamento disponível 70
3º passo: definir estratégias para a participação na Feira e apresentar o plano à diretoria da empresa 72
4º passo: fechar espaço com a organizadora oficial 72
5º passo: solicitar e preencher o Manual do Expositor 77
6º passo: ampliar a participação na Feira 77
7º passo: solicitar crachás e convites 78
8º passo: enviar os convites 79
9º passo: definir o projeto do estande 81
10º passo: reunir os envolvidos 86
11º passo: fazer o levantamento dos equipamentos 87
12º passo: contratar serviços de terceiros 88
13º passo: definir mecanismos para a divulgação da participação da empresa na Feira 100
14º passo: verificar o estoque do material promocional 106
15º passo: preparar o sistema de cadastro dos visitantes 106
16º passo: fazer o levantamento dos estoques de produtos 110
17º passo: definir mecanismos para a divulgação da empresa nas dependências da Feira 111
18º passo: definir regras gerais e de despesas com alimentação, transporte e estacionamento dos funcionários da empresa 126
19º passo: levantar o investimento total previsto para a Feira 129
20º passo: elaborar o Manual de Atuação na Feira 129
21º passo: preparar formulários de controle 130
22º passo: preparar formulários e questionários de avaliação 130

5   Planejamento de outros tipos de eventos 131

1º passo: definir os objetivos do evento 131
2º passo: verificar e analisar o orçamento disponível 132

3º passo: definir as estratégias para o evento e apresentar plano	132
4º passo: definir o tema do evento	133
5º passo: definir o público-alvo do evento	133
6º passo: definir a data do evento	134
7º passo: escolher horário(s) para o evento	135
8º passo: definir o local do evento	136
9º passo: escolher a disposição da(s) sala(s) ou do(s) ambiente(s)	146
10º passo: "vender" quotas do evento	157
11º passo: reunir os envolvidos	157
12º passo: contratar serviços de terceiros	158
13º passo: elaborar o programa e o conteúdo das palestras	167
14º passo: elaborar e enviar convites	171
15º passo: desenvolver material promocional	174
16º passo: definir promoções e atrações	176
17º passo: definir mecanismos para a divulgação do evento	178
18º passo: contratar assessoria de imprensa	180
19º passo: preparar o sistema de cadastro de visitantes	181
20º passo: verificar o investimento total previsto para o evento	181
21º passo: preparar formulários de controle	181
22º passo: preparar formulários e questionários de avaliação	182

PARTE III ATIVIDADES DE IMPLEMENTAÇÃO, CONTROLE E AVALIAÇÃO NA
ORGANIZAÇÃO DE EVENTOS   183

6 A atuação direta do organizador nas Feiras e nos demais tipos de eventos   187

A. Apresentação pessoal e postura a ser adotada pelo organizador   187

B. O que o organizador deverá providenciar, verificar e controlar   189

C. O que levar para a Feira ou outro tipo de evento   208

Dez regras para o organizador de eventos   211

7 Avaliação dos resultados de Feiras e de outros eventos   215

Análise quantitativa   216

Análise qualitativa   224

Elaboração de relatório final   249

Glossário   251

Bibliografia   255

PREFÁCIO

Os eventos – há muito fundamentais à vida humana – vêm-se tornando cada vez mais essenciais à vida econômica das empresas. Ano a ano eles crescem em números, proporções e grau de sofisticação. Competindo com e até, eventualmente, superando em importância a publicidade e a propaganda, assumiram o papel de cartão de visitas das empresas e, ultimamente, também o de posto para fechamento de negócios dos seus produtos e serviços.

Devido ao aumento nas proporções e à ampliação nas finalidades dos eventos de negócios, sua organização e implementação torna-se uma tarefa trabalhosa, especializada e de grande responsabilidade.

Portanto são necessárias a existência e a contratação de profissionais capazes para planejar e executar, com eficácia e em curto espaço de tempo, as inúmeras e complexas tarefas inerentes a essa atividade, essencial à vida e à sobrevivência de grande parte das empresas.

Improvisações de última hora – atribuindo-se tal incumbência a pessoas sem preparo específico – podem comprometer não apenas o evento em si, como também a imagem da empresa, dos seus produtos ou serviços. Tal fato agrava-se se considerarmos a constatação de que as empresas vêm sendo obrigadas a investir cada vez mais pesadamente nesses eventos.

Não obstante essa demanda de pessoal capacitado, mesmo escolas bastante conceituadas ainda não estão formando futuros profissionais capazes de desincumbir-se a contento dessa tarefa, apesar da importância de que ela se reveste. Recém-formados, sem preparo específico, são atirados ao mercado de trabalho e logo incumbidos da realização de eventos, tendo de aprender na prática – a duras penas e com os próprios erros muitas vezes irreparáveis – a zelar pela imagem da empresa que os emprega, melhorar tal imagem e, ainda, contribuir para a alavancagem de seus negócios.

A bibliografia sobre o assunto, bastante recente, é restrita tanto quantitativa como qualitativamente, incompleta, pecando ainda pela superficialidade.

Com a finalidade de preencher essa lacuna a autora – formada em Administração de Empresas pela USP, onde recebeu prêmio de "Excelência Acadêmica" pelo melhor trabalho de Marketing do ano, com mestrado em Propaganda na ESPM e que, na qualidade de consultora e gerente de Marketing de diferentes empresas, teve a oportunidade de visitar, participar, planejar, organizar e avaliar eventos de diversas áreas e portes, nacionais e internacionais – resolveu compartilhar, neste livro, os conhecimentos acumulados.

Dessa forma, apoiada na teoria geral do Marketing e na experiência adquirida na prática, oferece nesta obra uma visão teórica geral sobre eventos, analisa as vantagens e desvantagens da contratação de firmas especializadas na organização dos mesmos, apresenta diferentes tipos de eventos e seus objetivos e, principalmente, descreve passo a passo como planejá-los e organizá-los. Encerra o livro um capítulo totalmente dedicado às avaliações qualitativa e quantitativa dos resultados, tópico que, apesar de sua importância, não vem recebendo a devida atenção tanto por parte dos profissionais de Marketing como dos diretores das empresas que, em última análise, são os maiores interessados no sucesso dos eventos pelos benefícios que deles devem advir, pois, para tanto, direcionaram seus investimentos.

Este livro é dedicado a alunos de graduação e pós-graduação dos cursos de Administração Geral, Marketing, Publicidade e Propaganda, Recursos Humanos, Relações Públicas e Hotelaria e Turismo; a organizadores ou futuros organizadores de eventos e a empresários que já estejam no processo ou que pretendam participar, com eficácia, de eventos, alavancando a imagem de seus empreendimentos, incrementando as vendas, aprimorando o relacionamento com parceiros, clientes e *prospects*, fornecedores e prestadores de serviços.

PARTE I

INTRODUÇÃO AO ESTUDO DA ORGANIZAÇÃO DE EVENTOS

CAPÍTULO 1

INTRODUÇÃO

Definindo eventos

Aforismos como: "O homem é um animal gregário" e "Nenhum homem é uma ilha" exprimem, de forma sucinta, a necessidade intrínseca de convívio e interação social entre as pessoas.

Com a finalidade de ampliar a esfera de seus relacionamentos inerentes ao convívio em família, no trabalho, na escola ou no lazer, e de quebrar a rotina dos afazeres diuturnos, o homem cria, organiza e participa de reuniões, que são genericamente chamadas de eventos.

Portanto pode-se afirmar que o evento – no Dicionário Aurélio definido como "acontecimento" ou "sucesso" – tem como característica principal propiciar uma ocasião extraordinária ao encontro de pessoas, com finalidade específica, a qual constitui o "tema" principal do evento e justifica a sua realização.

Constituem pretexto para essas ocasiões acontecimentos dos mais variados tipos e finalidades, que ocorrem esporadicamente na vida das pessoas, como nascimentos (batizados), entrada na puberdade (ritos de iniciação), noivados e casamentos (bodas) e até funerais. Há também eventos de âmbito maior, pois dizem respeito à vida em comunidades, como os previstos para celebrar, em diferentes culturas, dias dedicados a Deus, aos santos ou a entidades pagãs, ligados ou não ao final das colheitas e a estações do ano. São exemplos desses eventos o *halloween*, entre os povos que sofreram a influência dos celtas, e as festas juninas e os carnavais, mais difundidos entre nós. No âmbito das nações ocorrem eventos para comemorar ou homenagear datas importantes ou heróis nacionais, como, por exemplo, paradas militares e desfiles de escolas. Competições esportivas esporádicas ou periódicas, como rodeios, campeonatos, torneios e, em maior escala, as Olimpíadas, também se constituem em eventos. No setor cultural, exposições de arte, como a Bienal, e shows musicais são também exemplos de eventos. Tão antigas quanto difundidas, as feiras livres semanais, hoje pontos de reunião e de troca ou venda de produtos, assumiram tal importância que, na língua portuguesa, entraram na designação da maior parte dos dias da semana.

Tem-se notícia da realização de eventos e de sua importância tanto nas sociedades atuais como nas mais antigas.

Empresas participam e promovem eventos

As empresas, parte integrante da sociedade, também participam e organizam eventos, quer de âmbito interno quer externo. Todas elas, praticamente, organizam eventos internos, que podem ser de diferentes tipos, como:

- os fundamentalmente sociais. Por exemplo, comemorações de aniversários e confraternizações de final de ano;
- os esportivos, como jogos e campeonatos;
- os culturais, como palestras, cursos, musicais, exposições de arte;
- os religiosos, como missas ou cultos;
- e outros como: cafés da manhã, almoços, coquetéis, jantares ou churrascos para funcionários, parceiros e clientes.

Tais eventos, cuja finalidade precípua consiste em promover a integração dos funcionários – e, às vezes, destes com parceiros e clientes –, ficam predominantemente circunscritos ao âmbito interno da empresa e sua organização normalmente está sob a responsabilidade do respectivo departamento de Recursos Humanos ou de algum voluntário, com aptidões especiais e interesse pela organização dos mesmos.

Entretanto há outros tipos de eventos internos, com finalidades mais profissionais, como os de marketing e premiação de funcionários que se destacaram, conduzidos nas empresas de maior porte respectivamente pelos Departamentos de Marketing e de Recursos Humanos.

Além dos eventos internos retrocitados é comum a participação, promoção e organização, pelas empresas, de eventos externos ligados aos negócios, como Feiras,* *roadshows*, convenções de vendas e congressos, entre outros; a princípio realizados com a mera finalidade de troca de experiências, informações e atualizações, por meio da apresentação de novidades e a seguir com a de divulgar negócios, marcas, produtos e/ou serviços, mais recentemente. Atualmente, e cada vez mais os eventos possuem finalidades financeiras essenciais aos negócios das empresas. McCarthy e Perreault (1990, p. 368) concordam que:

> *"Bons profissionais de Marketing não estão somente interessados em comunicar. Eles querem comunicar informações que irão encorajar os clientes a escolherem seus produtos."*

De fato, a preocupação em desenvolver ações que gerem lucros efetivos perpassa, hoje, todas as atividades de marketing, inclusive os eventos.

---

* A palavra "Feira" foi grafada, neste livro, com inicial maiúscula para diferenciá-la de feira livre, onde se comercializam frutas e verduras.

Eventos, antes com finalidades predominantemente institucionais, passam a ter também finalidades financeiras

Essa evolução ocorreu com mais intensidade a partir do agravamento da disputa de mercado, marcada pela concorrência e pela crescente dependência das empresas com relação à opinião pública, obrigando-as a realizar eventos mais ligados à finalidade principal delas, que é a geração de lucro. Como conseqüência, atualmente as empresas não podem deixar de participar ou de organizar eventos, sob pena de ficarem fora do mercado.

No que se refere especificamente aos eventos com o objetivo principal de geração de lucros, apesar de estarem crescendo ano a ano, trata-se de recurso relativamente recente se comparado a outras atividades típicas da comunicação, como a venda pessoal, a propaganda e a publicidade, motivo pelo qual, mesmo entre os autores mais conceituados, não está claro, ainda, onde se insere, na estrutura das empresas, o novo tipo de evento, com escopo mais amplo que os menos complexos que os precederam.

Isso se deve ao surgimento e à independência, muito recentes, da área de Promoções de Vendas, na qual os eventos com finalidade financeira estão comumente inseridos. Kotler (1990, p. 397) descreve a evolução das atividades de comunicação da seguinte maneira:

"Historicamente, primeiro as vendas pessoais, depois a propaganda e, mais tarde, a publicidade tornaram-se funções separadas."

Segundo ele, ainda,

"Nos anos iniciais da década de 50 algumas grandes empresas começaram a nomear gerentes de promoção de vendas para controlarem e lidarem com os diversos instrumentos de promoção com que ninguém se importava", entre eles os eventos.

No Brasil esses desenvolvimentos ocorreram na mesma direção, mas de forma mais lenta. A primeira Feira brasileira de negócios propriamente dita, a Fenit – Feira Nacional da Indústria Têxtil –, foi realizada em 1958, sem a previsão de comercialização de produtos. O complexo do Anhembi, hoje o mais importante centro de exposições da América Latina, foi inaugurado apenas em 1970, com a Feira do Salão do Automóvel, sendo que, na época, ainda não se permitia a venda de carros no local.

A realização de eventos com finalidades de promoção de vendas e de comercialização de produtos e serviços é ainda mais recente no Brasil, onde teve início apenas na década de 90, conforme afirmou o sr. Evaristo Nascimento, diretor da Alcântara Machado Feiras e Participações Ltda., em entrevista a Borin (1996). Referindo-se ao evento FMN – Feira da Mecânica Nacional de 1959 –, o entrevistado relatou:

"Muito embora o presidente do evento afirmasse que esta primeira experiência se destinava a criar uma mentalidade de feira comercial através da realização efetiva de vendas, as feiras brasileiras foram consideradas eventos institucionais, ou mesmo efetivos, até a abertura de mercado, ocorrida em 1990."

Apesar de o evento com finalidade também lucrativa, além da institucional, ter-se iniciado apenas recentemente, o seu crescimento tem-se mostrado extraordinário, assumindo tamanha importância dentro da área de comunicação que, em muitas empresas, passou a ganhar espaço especial dentro do seu organograma. Lynch (1984, p. 420) afirma:

"Nos últimos 5 anos, as feiras e exposições industriais surgiram como o segmento de Marketing que mais rapidamente cresce."

Os números impressionam

De fato os números referentes a eventos no mundo e no Brasil impressionam.

Engel, Warshaw e Kinnear (1991, p. 542) apresentam, no quadro a seguir, comparação entre os valores e porcentuais de investimento das diversas atividades de promoções de vendas, em 1988, nos Estados Unidos.

Promoção de Vendas	Valor (milhões de dólares)	Porcentagem
Mala direta	21 115	17
Display e promoções de ponto de venda	16 795	13
Prêmios e incentivos	16 495	13
Eventos e convenções	33 526	27
Feiras e exposições	8 040	6
Outros	28 539	24
TOTAL	**124 510**	**100**

Se à porcentagem de gastos com eventos e convenções for somada, nos dados daqueles autores, aquela com Feiras e exposições, tem-se quase 35% do total dos gastos com promoções de vendas para a categoria "eventos".

De acordo com dados do International Events Group, citados por Evans e Berman (1995, p. 462),

> "As empresas gastam 32 bilhões de dólares anualmente para patrocinar eventos especiais".

Segundo os mesmos autores as Feiras americanas geravam, naquela ocasião, 70 milhões de visitas por ano.

Kotler e Armstrong (1991, p. 463) afirmam:

> "Os profissionais de Marketing chegam a investir 35% de seu orçamento anual de comunicação em feiras."

No Brasil o número de eventos é cada vez maior, com um registro de expansão média anual de 7%, de acordo com a Associação Brasileira de Empresas Organizadoras de Eventos. De acordo com estudo realizado em 2002 pelo Sebrae e pela Federação Brasileira dos Conventions & Visitors Bureaux, os eventos, que somam 330 mil por ano, geram negócios superiores a R$ 45 bilhões, o que representa 3,1% do PIB brasileiro. Os eventos estão atraindo um número cada vez maior de participantes ou visitantes. Segundo o mesmo estudo, este número ultrapassa os 79,9 milhões de participantes por ano.

Hoje, complexos similares ao Anhembi, em São Paulo, e hotéis aos seus arredores, são edificados e dedicados exclusivamente à realização de grandes eventos, alguns dos quais, pela sua periodicidade e importância, já se tornaram datas obrigatórias no calendário da cidade. Clubes, restaurantes e bares – que costumavam receber apenas socialmente – já anunciam a existência de salas de convenções, de ambientes e de estrutura com facilidades para o uso de empresas. Grandes corporações patrocinam e gastam milhões de dólares na construção e na manutenção de centros modernos e de alta tecnologia para eventos, como o Credicard Hall, em São Paulo, visando à apresentação de espetáculos, atrações musicais ou mesmo eventos empresariais.

Eventos trazem inúmeros benefícios

O impressionante crescimento da área de eventos, demonstrado pelos dados apresentados, explica-se por vários motivos, sobretudo pelos inúmeros benefícios que geram para os negócios das empresas, bem como para os consumidores. Os eventos possibilitam, entre outros, os seguintes benefícios:

- Estreitamento das relações com os clientes, possibilitando a interação deles com todos os profissionais da empresa. Essa interação, especialmente com a equipe de vendas da empresa, gera mais empatia entre as partes e, conseqüentemente, facilita as vendas. Realmente, segundo Kotler e Armstrong (1991, p. 463),

> *"Aproximadamente 90% dos visitantes de uma feira vêem a equipe de vendas da empresa pela primeira vez".*

- Apresentação dos produtos/serviços da empresa para seu mercado-alvo, ampliando o leque de exposição. Por ser dirigido, o evento consegue, em um curto período de tempo e de uma só vez, atingir boa parte do público-alvo da empresa. Realmente, segundo Simões (1976, p. 228), as Feiras servem perfeitamente a este propósito, pois:

  > *"Se constituem numa boa oportunidade de promover o contato consumidor-produto".*

- Ganho de novos clientes, por meio da venda a curto, médio e longo prazos, além da geração de um *mailing* de prospecção para a equipe de vendas. Esse benefício torna-se essencialmente importante quando a empresa possui um mailing de vendas limitado e deseja expandi-lo rapidamente, sem necessidade de recorrer a um trabalho de telemarketing ou à compra de banco de dados, muitas vezes desatualizado. Vários autores renomados da área de Marketing chamam a atenção para tal benefício. Cobra (1993 p. 432), por exemplo, afirma que nos eventos

  > *"o público-alvo pode ser informado e instruído acerca do uso de um produto, ou serviço, com o objetivo de persuadi-lo a comprar".*

  Para Lynch (1984, p.420),

  > *"stands bem montados em feiras ou eventos regionais aumentam o universo de prospects".*

  Kotler e Armstrong (1991, p. 463) manifestam a mesma opinião quando afirmam que os eventos

  > *"ajudam as empresas a alcançar muitos prospects não alcançados por suas forças de vendas".*

- Obtenção de informações sobre o mercado e os concorrentes. Além de as empresas obterem dados importantes sobre o mercado e seus concorrentes, uma vez que estarão todos reunidos no mesmo espaço, os eventos trazem benefícios também ao consumidor, que, segundo Cobra (1990 p. 648),

  > *"pode examinar e estabelecer comparações com produtos e empresas concorrentes",*

tanto em termos de preços e qualidade dos produtos e serviços, como de outros aspectos, entre eles, a qualidade do material promocional, da equipe comercial etc.

- Venda ou transmissão de informações ao canal de vendas. Cobra (1990 p. 648) lembra:

> *"o expositor pode também fazer contatos com os revendedores"... e distribuir literatura e amostras".*

De acordo com Schewe e Smith (1982, p. 412),

> *"as exposições, feiras e convenções são muitas vezes um bom modo de vender o produto aos membros do canal..."*

- Atualização profissional técnica. Muitos profissionais e consumidores recorrem aos eventos para se atualizarem com relação às novas tendências mercadológicas, sejam elas tecnológicas ou comerciais. Hebe Way (1983, p. 80) afirma que as Feiras

> *"apresentam as mensagens de vanguarda como um sinal das tendências do que as empresas elaboram, situando-se na perspectiva econômica e social geral da sociedade".*

- Alavancagem da imagem institucional. Segundo Cobra (1993, p. 432),

> *"congressos, seminários e cursos possibilitam a apresentação institucional de diversos produtos que, à guisa de novidade, ganham espaço na mente dos consumidores potenciais e sobretudo recebem o aval de credibilidade. (...) Também os espetáculos patrocinados, assim como os passeios, gincanas, maratonas e competições".*

Acrescenta ainda o autor:

> *"Destacam, respectivamente, a imagem de um produto e salientam o nome de um ou mais patrocinadores."*

- Estabelecimento de novos contatos comerciais. Empresas que buscam novas parcerias comerciais ou tecnológicas podem fazê-lo durante os eventos. Para Lynch (1984, p. 420), o evento

> *"é onde fornecedores de serviços e produtos contatam a rede de varejo, de atacado e distribuidores que vêm para ver novos produtos e procurar por fornecedores de produtos..."*

• Lançamento de novos produtos. Os eventos são ótimas ocasiões para se apresentar a um público específico, ou ao mercado em geral, um novo produto ou serviço. Schewe e Smith (1982, p. 468) apontam esse benefício em eventos ao constatarem que

> *"também são usadas exposições e convenções para a promoção de novos produtos..."*

Alguns autores, ao tratarem das vantagens dos eventos, preferem diferenciar situações em que são particularmente mais importantes, apontando certas circunstâncias ou tipos de eventos mais adequados para determinados ramos de negócios ou tamanhos de empresas. Lynch (1984, p. 420), por exemplo, acredita que as Feiras sejam mais benéficas para indústrias que vendem produtos para o mercado empresarial. McCarthy e Perreault (1990, p. 383) recomendam a realização de eventos principalmente

> *"quando o produto é técnico, difícil de explicar sem um técnico ou uma demonstração".*

Kotler e Armstrong (1991, p.468) consideram a criação de eventos especialmente importante na publicidade de levantamento de fundos para organizações sem fins lucrativos:

> *"Levantadores de fundos têm desenvolvido um grande número de eventos especiais, tais como exibições de artes, leilões, noites beneficentes, venda de livros, competições, jantares, feiras, shows de moda..."*

Para Legrain e Magain (1992, p. 21), as Feiras e exposições são particularmente úteis para empresas de menor porte, pois

> *"oferecem múltiplas possibilidades de encontro entre a pequena e média empresa e seu público".*

Apesar de destacarem especificações e discriminações, os autores concordam que os eventos são úteis para todos. E é justamente isso que faz deles uma atividade em crescimento em empresas de grande, médio e pequeno portes e para todas as áreas de negócios, seja de varejo, atacado, indústrias, comércio, serviços etc. Lynch (1984, p. 420), referindo-se aos eventos, confirma:

> *"eles contribuem para o aumento de visibilidade, de acesso e de apelo de conveniência para os clientes. Praticamente toda empresa pequena que ofereça produtos ou serviços para o público pode encontrar oportunidades para exibir e demonstrar suas ofertas".*

Eventos podem superar, em eficácia, a propaganda e a publicidade

Outra razão do número crescente de eventos realizados por empresas reside no fato de que eles são menos dispendiosos que a venda pessoal, a propaganda e outras formas de comunicação. Kotler e Armstrong (1991, p.463), comparando os custos nos Estados Unidos entre Feiras e visitas de vendas, chegaram à seguinte conclusão:

> *"a média de custo de uma Feira, por visitante (incluindo exibições, viagens pessoais, gastos com salários e custos de promoções), é de US$ 87, menos do que a média de custos de visitas de vendas industriais".*

Os eventos trazem comprovadamente resultados mais eficazes do que a propaganda que, por muitos anos e até recentemente, dominou o mercado de comunicação e a preferência das empresas na aplicação de seus recursos de comunicação. Haas (1976, p. 217) cita um estudo realizado em duas etapas, pela empresa Westinghouse, no qual foram analisadas aproximadamente 7 000 consultas de vendas desencadeadas anualmente por diferentes elementos de promoção. Os primeiros resultados encontram-se resumidos no quadro a seguir.

Elemento da promoção	Número de consultas	Porcentagem
Publicidade	3 500	50
Propaganda	2 450	35
Feiras e exposições	1 050	15

Aparentemente, as Feiras e exposições tiveram retorno menor. Entretanto o estudo prosseguiu verificando-se, a seguir, o número de consultas que se transformaram em pedidos de produtos. A conclusão apresentada por Haas é:

> *"inicialmente pode-se supor, a partir deste estudo, que a participação em Feiras e exposições tem um poder relativamente menor quando comparada aos elementos publicidade e propaganda de promover as vendas. Entretanto o estudo conclui mostrando também quantas consultas de vendas foram transformadas em vendas efetivas e, surpreendentemente, estes foram os resultados:*
>
> *– Das 3.500 consultas oriundas da publicidade, 350 (10%) transformaram-se em pedidos.*

- *Das 2.450 consultas oriundas da propaganda, 1.225 (50%) transformaram-se em pedidos e,*
- *Das 1.050 consultas oriundas dos eventos, 840 (80%) transformaram-se em pedidos.*

Estes números mostram que, embora as Feiras e exposições originassem uma quantidade menor de consultas de vendas quando comparadas com os outros dois elementos de promoção, elas foram as mais eficazes na conversão de pedidos efetivos, o que parece ser um teste da efetividade de um elemento promocional."

Eventos atendem melhor à nova filosofia do marketing

Os eventos, além de serem relativamente menos dispendiosos e apresentarem resultados de vendas mais eficazes, quer no local quer a posteriori, possuem características que se coadunam com a nova filosofia de marketing defendida por McKenna (1995, p. 32). Segundo esse autor a filosofia do marketing, antes centrada na comunicação impessoal da propaganda e em uma comunicação tipo monólogo que ela propicia, atualmente está mudando para uma comunicação mais pessoal na qual prevalece o diálogo. Segundo ele

"estamos testemunhando a obsolescência da propaganda".

Os motivos para o declínio da propaganda, segundo McKenna, são:

- O uso excessivo da mesma, com um número cada vez maior de anúncios, acaba por resultar na diminuição do impacto de cada um. Ele afirma:

    "os consumidores não conseguem mais se lembrar de quais anúncios falam de que produto e muito menos quais são as qualidades ou atributos que diferem um produto do outro";

- Os consumidores estão saturados de tanta propaganda e têm procurado evitar os anúncios, como comerciais de TV (mudando de canal).
- A propaganda não se presta a nenhum propósito útil, pois não respeita aspectos fundamentais do marketing, como adaptabilidade, flexibilidade e responsabilidade.

Com a progressiva obsolescência da propaganda outras ferramentas de comunicação, em especial a promoção de vendas, estão assumindo papéis cada vez mais importantes dentro dos orçamentos de marketing das empresas.

De fato, segundo McCarthy (1990, p. 386),

"no total, menos dinheiro é gasto em propaganda do que em venda pessoal ou promoções de vendas".

Kotler e Armstrong (1991, p. 458) também apresentam o crescimento da promoção de vendas em comparação com a propaganda. Segundo estes autores,

"Algumas décadas atrás a relação propaganda/promoção de vendas era de aproximadamente 60/40. Hoje (...) a situação está revertida, com as promoções de vendas contabilizando de 60% a 70% de todos os gastos com Marketing. Os gastos com promoções de vendas têm crescido 12% ao ano comparados com um crescimento de 7,6% em propaganda."

Outro atributo apontado por McKenna (1995, p. 32) como responsável pela evolução da área de promoções de vendas, em contrapartida à propaganda e outras formas de comunicação,

"...refere-se à necessidade cada vez maior de se promover um Marketing mais segmentado, mais direcionado e, portanto, mais certeiro".

Essa característica é fortemente encontrada nas promoções de vendas e, particularmente, nos eventos que, conforme Kotler (1990, p. 397),

"são ocorrências utilizadas para comunicar mensagens para um público-alvo definido".

Os motivos para o crescimento da área de promoções de vendas – em contrapartida à de propaganda – foram também destacados por McCarthy (1990, p. 386). Segundo esse autor, ela:

- pode ser rapidamente implementada e gerar resultados mais rápidos que a propaganda;
- tem comprovada eficácia em mercados altamente competitivos;
- gera ação;
- ajuda a área de vendas.

O novo Marketing, como McKenna o define,

"exige a existência de um ciclo de feedback: este é elemento que está sendo deixado de lado na propaganda em monólogo, mas que é parte integrante do diálogo do marketing".

A mudança do monólogo para o diálogo pode ser realizada, ainda segundo McKenna,

> *"por meio do marketing baseado em experiência, no qual empresas criam oportunidades para que seus clientes e potenciais clientes possam experimentar seus produtos e dar* feedback".

Os eventos, entre eles as Feiras, são avaliados por McKenna como

> *"modelos atraentes que são utilizados para encorajar compradores a olharem para um produto da empresa – especialmente quando é apresentado próximo a outros produtos similares..."*

e apresentados por Legrain e Magain (1992, p. 29 e 34) como facilitadores do encontro entre oferta e demanda, e com a função de "atrair os consumidores a um local específico (salões – Feiras – exposições) para lhes apresentar sua mercadoria da maneira mais atraente possível", com a finalidade de "deslocar o consumidor" e "oferecer reduções sobre o preço de venda", apresentam esta característica de diálogo e de Marketing baseado na experiência direta.

Eventos não têm recebido a devida atenção

Apesar dos números expressivos apresentados neste capítulo que a área de eventos envolve na atualidade e do seu rápido crescimento em números e grau de importância, é escassa a literatura sobre o tema.

Mesmo os autores que chamam a atenção do leitor para a importância crescente da área de eventos, apresentando inclusive dados que comprovam tal crescimento, não dão aos eventos o devido destaque na apresentação das próprias obras, não se encontrando em nenhuma parte delas um tratamento mais desenvolvido sobre o assunto, esquecendo-se, parece, os autores dos dados por eles apresentados. Engel, Warshaw e Kinnear (1991, p. 542), por exemplo, após apresentarem a tabela de gastos com cada atividade de promoções de vendas, na qual os eventos assumem mais de 30% do total, descrevem pormenorizadamente uma a uma essas diferentes atividades, com exceção justamente dos eventos.

Não foi encontrado nenhum livro que tratasse com profundidade dos eventos e de sua organização na área do mix promocional de Marketing.

As escolas que se propõem a formar administradores de empresas e profissionais da área de Marketing também parecem não acompanhar a rapidez com que esses acontecimentos vêm-se desenvolvendo e a importância que a área está assumindo, deixando, como conseqüência, de preparar de forma adequada seus alunos para exercerem as atividades de planejamento, organização e avaliação dos eventos que as empresas possam vir a exigir deles, caso venham a ser incumbidos dessas tarefas inerentes à sua área de atividade.

É possível que tal situação esteja ocorrendo por se tratar, como foi visto no início deste capítulo, de área que teve um desenvolvimento intenso e recente.

A questão do posicionamento dos eventos no mix promocional de Marketing

Provavelmente por se tratar de área de desenvolvimento muito recente e acelerado é que os autores de Marketing divergem, na sua maioria, quanto ao posicionamento dessa atividade dentro do mix promocional de Marketing.

Essa divergência pode estar ocorrendo, ainda, como conseqüência do amplo espectro de atividades consideradas como eventos. Conforme visto no início deste capítulo eles vão, por exemplo, desde batizados ou funerais até um congresso internacional ou uma feira de informática. Há eventos com finalidades essencialmente sociais, culturais, religiosas, desportivas ou econômicas, entre outras. Cada tipo, entretanto, pode englobar elementos dos demais. Dessa forma, decidir pela sua classificação como Recursos Humanos, Propaganda, Promoção de Vendas, Venda Pessoal, Relações Públicas, Desporto, ou até mesmo Marketing Direto, torna-se tarefa complexa e passível de posições diferentes entre os autores.

Por esse motivo às vezes os eventos podem ser encontrados como atribuição das áreas de Promoções de Vendas, Comercial – como instrumento de Vendas Pessoais –, de Recursos Humanos, de Relações Públicas ou até dentro da Propaganda.

Apesar de colocar as Feiras como atividade de Promoção de Vendas, Simões (1976, p. 221) concorda que

> *"provavelmente o campo definitório mais conturbado é o da promoção de vendas..."*

Segundo ele

> *"a promoção de vendas é um elemento extremamente complexo no composto mercadológico e os seus limites são imprecisos. Toda atividade que de alguma forma acelera a demanda pode estar no seu bojo. A tendência é a de incorporar no termo genérico de Promoção tudo aquilo que não pode ser inscrito nas rubricas de Propaganda, Publicidade, Relações Públicas e Venda Pessoal".*

Cobra (1986, p. 325) concorda que os eventos, apesar de apresentarem diferentes manifestações ou tipos, são atividades típicas da Promoção de Vendas. Segundo ele:

"Há promoções em Feiras, congressos, salões, rodeios e shows. A promoção atinge hoje até os campos esportivos, no patrocínio de equipes de futebol, voleibol, bola ao cesto, atletas, tenistas etc. (...) Assim, desde o patrocínio de Feiras, congressos, convenções e shows até onde a imaginação permitir e a relação custo-benefícios indicar, a promoção estará presente."

Em outro livro de sua autoria (1990, p. 648) Cobra cita como "alguns tipos de aplicação de Promoção de Vendas" os espetáculos e exposições. Ele inclui nas formas mais freqüentes de espetáculos e exposições:

- Feiras: como a do Salão do Automóvel, a Fenit, a UD etc;
- Espetáculos de música sertaneja, popular e outras, com patrocínio de fábricas de discos, cigarros, refrigerantes etc;
- Passeios ciclísticos, a pé e gincanas;
- Exposições de produtos em eventos de determinadas profissões, como congressos médicos, odontológicos, de agentes de viagem etc.

Lynch (1984, p. 420) coloca em Promoções de Vendas as Feiras e os eventos especiais.

Schewe e Smith (1982, p. 468) citam os eventos (exposições e convenções) como técnicas de Promoção de Vendas, assim como o fazem McCarthy e Perreault Jr. (1990, p. 386).

A American Marketing Association, no Glossary of Marketing Terms, apresenta a definição de Promoção de Vendas como sendo

"aquelas atividades de Marketing que não são de venda pessoal, propaganda e publicidade, que estimulam as compras dos consumidores e a eficácia dos revendedores, tais como displays, shows, exposições, demonstrações e diversos esforços não periódicos de vendas que não se incluem na rotina normal".

Mesmo autores que afirmam ser o evento atividade exclusiva da área de Promoção de Vendas acabam se contradizendo, em seguida, atribuindo a sua responsabilidade a outras áreas da comunicação.

Lynch (1984, p. 420), por exemplo, apesar de ter inserido as Feiras como atividades típicas da Promoção de Vendas, afirma, em outro momento, que:

"As Feiras dão a oportunidade de combinar promoções com vendas pessoais..."

E mais,

"As Feiras são, na verdade, uma extensão ou um complemento das vendas pessoais, apesar de que oferecem também alguns elementos da promoção e da propaganda."

Schewe e Smith (1982, p. 468), apesar de citarem Feiras e exposições como exemplos de Promoções de Vendas, em quadro sobre despesas de propaganda (p. 420), colocam exposições ao ar livre como veículo de propaganda.

Webster (1990, p. 292) compara os eventos com a venda pessoal ao afirmar que:

" A contribuição das feiras e exposições ocorre em conjunto com a venda pessoal, pois o atendimento durante os eventos é realizado pela própria equipe de vendas."

Para se tentar esclarecer onde os eventos devem ser inseridos, dentre as várias ações promocionais, pode-se partir da definição de cada uma delas.

Além de citar a proposta da American Marketing Association para a Promoção de Vendas como

"aquelas atividades de Marketing que não são de venda pessoal, propaganda e publicidade, que estimulam as compras dos consumidores e a eficácia dos revendedores, tais como displays, shows, exposições, demonstrações e diversos esforços não periódicos de vendas que não se incluem na rotina normal".

Kotler e Armstrong (1991, p. 457) definem Promoção de Vendas como

"incentivos de curto prazo para encorajar a compra ou venda de produtos e serviços".

E Cobra (1990, p. 647) a define como:

"qualquer atividade que objetiva incrementar as vendas, do tipo não pessoal, mas que freqüentemente inclui a propaganda para anunciar seus eventos".

Com relação à Propaganda, McCarthy e Perreault (1990, p. 366) a definem como:

"Qualquer forma paga de apresentação não-pessoal de idéias, bens ou serviços por um patrocinador identificado."

A propaganda, de acordo com o autor, ainda faz parte da venda para a massa, cuja definição é:

"comunicação com um grande número de potenciais consumidores ao mesmo tempo".

As Relações Públicas são definidas por Cobra (1990, p. 647) como

"um processo de informação, de conhecimento e de educação, com fim social e utilizando-se, para tanto, de técnicas para conseguir a boa vontade e a cooperação de pessoas com as quais uma entidade trata ou das quais depende".

Kotler e Armstrong (1991, p. 464) afirmam que

"o nome antigo para Relações Públicas é a publicidade...",

e são conceituadas por eles como

"a construção de boas relações com os vários públicos da empresa, por meio de obtenção de publicidade favorável, construindo uma boa imagem corporativa e lidando com ou enfrentando rumores, estórias e eventos desfavoráveis".

A Venda Pessoal, para McCarthy (1990, p. 366),

"envolve uma comunicação direta face a face entre empresas e potenciais clientes".

Kotler (1990, p. 398) a define como

"apresentação oral em um diálogo com um ou mais compradores em perspectiva, com o propósito de realizar vendas".

Segundo a Associação Americana de Marketing a Venda Pessoal é

"o processo pessoal ou impessoal de assistir e/ou persuadir um cliente a comprar uma mercadoria ou serviço ou agir favoravelmente em uma idéia que tenha significância comercial para a entidade vendedora".

Outra maneira para decidir sobre quais áreas devem reivindicar os eventos, como de sua responsabilidade, consiste em enumerar os objetivos de cada uma, procurando verificar pela definição e características dos eventos em qual(is) esses podem ser mais bem inseridos.

Assim, Legrain e Magain (1992, p. 9) destacam esses objetivos:

- Propaganda:
  . Tornar um produto cada vez mais conhecido;
  . Aumentar o consumo;
  . Atrair uma nova categoria de consumidores;
  . Modificar a imagem da marca;

- Promoção de Vendas:
  . Obter uma reação de compra imediata;
  . Visar o curto prazo;
  . Desestabilizar os clientes fiéis à concorrência.

- Marketing Direto:
  . Vender diretamente ao consumidor;
  . Reativar clientes e prospects através de contatos diretos.

- Publicidade:
  . Informar o consumidor;
  . Criar a imagem de marca;
  . Criar demanda;
  . Visar o longo prazo.

Eventos possuem elementos das quatro áreas promocionais: Propaganda, Venda Pessoal, Relações Públicas e Promoções de Vendas

Na verdade, se considerarmos o conceito genérico de evento, seus benefícios, a definição e os objetivos de cada elemento do mix promocional, verificaremos que ele possui elementos das quatro ações promocionais: Propaganda, Vendas Pessoais, Relações Públicas e Promoções de Vendas. Um patrocínio na corrida de São Silvestre, de âmbito internacional e realizada na passagem de cada ano, na capital de São Paulo, por exemplo – evento de massa, com patrocinador definido, comunicação impessoal –, poderia ser definido como um veículo de propaganda. O apoio a uma Campanha do Agasalho, que vise à obtenção de publicidade favorável, construindo uma boa imagem corporativa da empresa, poderia ser definida como Relações Públicas. Uma Feira do Varejo, com o intuito de gerar vendas imediatas, por meio da utilização de preços promocionais, seria encarada facilmente como uma ação de Promoção de Vendas. Uma Feira de Negócios, entretanto, cujo objetivo seja atender grandes clientes de forma pessoal e direta, gerando também vendas, teria características voltadas mais à Venda Pessoal.

Se analisarmos, entretanto, os exemplos retrocitados, dificilmente será encontrado um evento que, apesar dos mais variados objetivos aparentes, não tenha como finalidade a geração de lucros para as empresas participantes, organizadoras ou patrocinadoras. O patrocinador na São Silvestre pensa, a longo prazo, em aumentar as vendas por meio de propaganda indireta. O apoio à Campanha do Agasalho, utilizando-se de publicidade favorável, visa ganhar a simpatia do mercado, atingindo principalmente seus consumidores atuais e potenciais que conseqüentemente comprarão seus produtos ou serviços e assim por diante.

O fato de qualquer evento patrocinado por empresa ter comprovadamente, em última análise, a curto, médio ou longo prazo, finalidade comercial, o aproxima mais da área de Promoções de Vendas, que lida com maior propriedade do desenvolvimento de ações voltadas quase exclusivamente a esse objetivo.

É importante que as empresas possuam um responsável especializado pelos eventos

A importância de se ter no mix de comunicação, um responsável direto para os eventos é a mesma dada à área de Promoções de Vendas e resumida por McCarthy (1990, p. 386) quando este afirma que

> *"problemas com promoção de vendas são prováveis quando a empresa não tem um gerente de Promoções de Vendas. Se gerentes de Venda ou de Propaganda são responsabilizados pela promoção de vendas, eles a tratam, normalmente, como filho adotivo (...) Fazer com que a promoção de vendas obtenha resultados é habilidade aprendida, não um bico para amadores".*

Essa mesma recomendação deve ser aplicada mais especificamente à área de organização de eventos, a qual é de grande complexidade e exige muito do profissional responsável. Sua atuação é comparável ao do maestro de uma orquestra. Nesta, em-bora não haja som sem os músicos, a qualidade da apresentação encontra-se em grande parte na batuta do maestro. Ele será, em última análise, o responsável pela atuação da orquestra. Além de deter a visão do conjunto, conhece a partitura e a atuação espe-rada de cada membro, tem a experiência e a sensibilidade para exigir de cada um a sua melhor performance, no momento adequado, possuindo ainda as condições técnicas e investindo com autoridade para coordenar o trabalho de todos. Porém, se na orquestra o maestro se ausentasse ou não regesse bem, apenas a imagem desta – além da dele – sairia abalada. No caso dos eventos, a imagem prejudicada não seria apenas a do organizador e a do evento em si, mas a da empresa que ele deveria estar promovendo. Compromete mais a imagem da empresa um evento malconduzido que a não-realização ou a não-participação nele.

Já que a atuação do organizador no planejamento, implementação, controle e avaliação do evento é determinante para o sucesso deste e, em última análise, para a imagem e projeção da empresa que ele representa, é necessário que se lhe propicie instrução e preparo específicos, adequados e condizentes com o grau de responsabilidade que lhe é atribuída, e que se dêem a ele condições para que possa desempenhar com eficácia e firmeza todas as suas atribuições.

A que se propõe este livro e seu conteúdo

Ele oferece base teórica para o organizador de eventos e, principalmente, apresenta a prática, passo a passo, das várias etapas na organização de eventos, bem como fornece os subsídios necessários à avaliação dos resultados.

No Capítulo 1 a autora conceitua e coloca em contexto os eventos.

No Capítulo 2 fornece subsídios para que o interessado possa se decidir entre utilizar a própria estrutura da empresa ou contratar empresa especializada para a organização de seus eventos. Caso a decisão venha a recair na contratação, no mesmo capítulo o leitor encontrará ajuda para a elaboração do contrato. Caso a opção recaia na utilização da própria estrutura, ele encontrará a definição da estrutura a ser utilizada para esta atividade, bem como nos capítulos seguintes tudo o que necessitar para levar a cabo as tarefas inerentes à organização de eventos e à sua avaliação.

No Capítulo 3 são apresentados, de forma didática e completa, os vários tipos de eventos, indicando-se quando utilizar cada um deles e quais os respectivos objetivos esperados.

Nos Capítulos 4 e 5 – coração do livro – é apontado passo a passo o planejamento de uma Feira e de outros tipos de eventos.

No Capítulo 6 a autora trata da implementação das atividades planejadas nos dois capítulos anteriores, bem como o seu controle. No Capítulo 7, apresenta as várias e diferenciadas formas de se avaliar o retorno de um evento – qualitativa e quantitativamente – para que nenhum resultado positivo passe despercebido e para que possíveis falhas sejam sanadas nas próximas edições daquele evento ou de outros que a empresa venha a organizar ou participar.

Como o jargão usualmente empregado por profissionais de Marketing inclui termos com sentido específico, muitos deles em inglês, a autora apresenta um Glossário dos termos aqui utilizados.

CAPÍTULO 2

ORGANIZAÇÃO DE EVENTOS ATRAVÉS DE ESTRUTURA INTERNA OU CONTRATAÇÃO DE EMPRESA ESPECIALIZADA

Dada a complexidade da organização de eventos e a existência de firmas especializadas nessa empreitada, algumas empresas defrontam-se com o dilema: realizar seus eventos utilizando uma estrutura própria ou contratar os serviços de uma dessas firmas.

A decisão requer análise cuidadosa, pois ditará rumos não apenas no que diz respeito aos eventos, mas na boa parte da estrutura da empresa.

Este capítulo, que tem por finalidade fornecer subsídios para tal análise, indica os fatores a serem considerados, as vantagens e desvantagens de cada uma das alternativas, os cuidados a serem tomados no caso de contratação e a estruturação interna da empresa quando esta opta pela organização dos próprios eventos.

Fatores a serem considerados para a tomada de decisão

Dentre os fatores importantes para decidir pela conveniência ou não de terceirizar a organização de eventos de uma empresa, devem-se considerar: sua filosofia, experiências anteriores com terceirização, ponderações de ordem econômica e grau de intera-ção entre os diferentes departamentos da empresa. É necessário ter presentes as vantagens e desvantagens da contratação ou não de empresa especializada.

Há empresas que optam por concentrar suas atividades nas respectivas áreas de atuação, terceirizando tudo o que for possível, privilegiando, assim, uma estrutura mais enxuta. Outras, no entanto, preferem realizar praticamente todas as atividades em sua própria estrutura organizacional. Além dessas diferenças de filosofia, experiências positivas ou negativas e *know-how* já adquirido com terceirizações anteriores podem levar ou não à opção de terceirizar a organização de eventos.

Outro fator importante de decisão é o econômico, isto é, a comparação entre os custos para manter uma estrutura interna e os da contratação de empresa especializada.

Em caso de dúvida sugere-se que, a partir da análise da estrutura atual da empresa, sejam verificados os custos de expansão para atender à organização dos eventos planejados e que esse montante seja comparado ao custo da possível terceirização. É importante lembrar que na análise dos custos internos devem-se considerar, além dos salários dos funcionários a serem contratados, os encargos e benefícios, bem como a estrutura física necessária.

O número anual de eventos de que se pretende participar é importante. É óbvio que, optando pela estrutura interna, os custos serão rateados pelo número de eventos. Muitas empresas, devido à sua atuação no mercado e/ou ao ramo de negócios, necessitam participar ativa e freqüentemente de Feiras e de outros eventos, constituindo-se essa participação em uma das principais atividades do marketing próprio. Nesse caso é aconselhável a existência de uma estrutura interna capaz de planejar e executar, com eficiência e sem prejudicar a produtividade de nenhum departamento, o número total de eventos previstos para o ano. Todavia, apesar da existência dessa estrutura interna, costuma ser necessária ajuda externa, para lidar com aspectos operacionais mediante uma ação conjugada, interna e externamente. Essa necessidade é maior quando se trata de eventos de grande porte e/ou a serem realizados em regiões distantes, onde o conhecimento da cultura local, o perfil da região e o de seus moradores são muito importantes para o sucesso deles.

Outro fator a ser lembrado, apesar de ter menor peso na decisão, porém não desprovido de importância, é o nível de interação existente entre os vários departamentos da empresa. Como a organização de eventos envolve normalmente mais de um departamento, a existência de um bom nível de interação e harmonia entre eles contribui para ensejar maior sucesso na promoção do trabalho conjunto e participativo de todos os envolvidos. Para uma empresa de fora ficará muito mais difícil conseguir tal interação, sobretudo pelo fato de seus contatos internos serem limitados, de não estar totalmente familiarizada com todos os produtos/serviços de seu cliente e de não compartilhar da mesma linguagem interna da empresa. Além disso, se a empresa deseja que a organização do evento tenha um sentido mais pessoal e de identidade própria, será mais interessante que o trabalho seja desenvolvido internamente. Uma estrutura mista – interna e externa – poderá ser também outra opção para esses casos.

Além de levarem em consideração as características e necessidades peculiares a cada empresa na decisão pela terceirização ou não da organização de eventos, é interessante examinar as principais vantagens de cada uma das alternativas. As relações a seguir poderão ser úteis para tal exame.

– Vantagens no caso de organização externa:

- Maior velocidade na organização dos eventos, uma vez que será desenvolvida por uma equipe especializada, experiente e conhecedora dos vários fornecedores e serviços que serão necessários;

- Maior eficiência de custos, uma vez que empresas especializadas geram volume com vários serviços, ganhando maior poder de negociação com fornecedores;

- Trabalho mais bem planejado. As empresas do ramo desenvolvem pesquisas e planejamentos específicos para a execução de qualquer evento, possuindo, inclusive, experiência de organização de eventos em qualquer região, Estado ou país;

- Maior flexibilidade. O fato de se contratar serviço de terceiros somente quando se tem a certeza da participação no evento faz com que haja maior flexibilização no que se refere aos custos, apenas existentes quando da sua real necessidade. Em momentos de crise financeira e de pausas em participações em eventos não há a geração de custos com estrutura;

- Maior capacidade. Mesmo quando a empresa mantém uma estrutura interna dedicada a eventos, é muito difícil superar a capacidade de uma firma especializada e totalmente voltada a esse fim. Para ganhar em capacidade, poderá ser necessário gerar altos custos de estrutura interna.

– Vantagens no caso de utilização de estrutura interna:

- Maior personalização na organização dos eventos, já que serão desenvolvidos por profissionais aculturados pela convivência dentro da empresa;

- Maior capacidade de operacionalização das atividades que envolvam mais de um departamento;

- Maior padronização entre os vários eventos. O fato de uma mesma estrutura interna da empresa, conhecedora da cultura e dos anseios e desejos tanto de consumidores quanto de seu corpo de diretores, realizar todos os eventos faz com que estes tenham maior padronização entre si, isto é, tenham a mesma "cara" e identidade. Além disso, a participação da empresa em vários eventos conduz a maior experiência e conseqüente especialização, percebendo-se os pontos fracos e fortes de cada participação e corrigindo-os, sempre em função das características próprias de cada empresa;

- Menor dependência. Quando se fecha contrato com uma empresa de fora, adquire-se certa dependência com relação ao trabalho desenvolvido por esta. Como costuma ser um contrato de risco, muitas empresas preferem confiar em seus profissionais a transferir uma responsabilidade tão grande à empresa terceirizada que, mesmo quando conhecida, poderá passar por dificuldades e, conseqüentemente, comprometer todo o trabalho;

- Valorização do profissional da empresa e, portanto, da imagem institucional dela. Quando o evento obtém sucesso, é muito mais interessante para a empresa atribuí-lo à eficiência de seus colaboradores e, portanto, à sua capacidade em contratar os melhores profissionais do mercado, do que ter de reconhecer um trabalho executado por uma empresa de fora.

Considerando os principais fatores que influem na opção, ou não, pela contratação de empresa especializada na organização de eventos e analisadas as vantagens de cada caso, cabe à empresa decidir. Se a decisão recair sobre a contratação, a empresa terá que tomar uma série de cuidados, descritos a seguir. Se optar pela estrutura interna, terá de decidir por uma das possíveis alternativas de estrutura organizacional, descritas na parte final deste capítulo.

Opção pela contratação de empresa especializada na organização de eventos

A.1 – Cuidados na contratação de empresa especializada

Uma das desvantagens de se contratar um serviço externo para a organização de um evento da empresa é a grande dependência que se tem com relação à qualidade e à presteza do trabalho.

Para evitar qualquer problema neste sentido alguns cuidados podem ser tomados, os quais se referem principalmente quanto à escolha da empresa prestadora do serviço, ao contrato firmado e aos serviços por ela prestados.

Uma forma de encontrar as empresas mais capacitadas consiste em visitar Feiras e outros eventos – se possível também na véspera da abertura – e observar a atuação de diferentes empresas com relação a: prazos, projetos arquitetônicos, acompanhamento diário, rapidez no atendimento às solicitações da empresa, qualidade dos serviços contratados e outros aspectos. Se não houver tempo para essa análise, deve-se recorrer a indicações de agências de propaganda, assessorias de imprensa e profissionais de outras empresas conhecidas.

A.2 – Critérios para a escolha da empresa a ser contratada

Após essas buscas deve-se dispor de pelo menos três opções de empresas organizadoras para efeito de comparação. Para tanto, sugere-se a análise utilizando os seguintes critérios:

- Relação de clientes já atendidos pelas empresas em análise;
- Comparação de custos;

- Fornecedores com os quais trabalham;
- Sistema de cobrança dos serviços próprios e contratados;
- Estrutura interna;
- Conhecimento da região onde será realizado o evento;
- Atendimento e empatia inicial.

A seguir são apresentados os aspectos a considerar para cada critério listado.

- Relação de clientes já atendidos pelas empresas em análise – É comum a solicitação de uma listagem dos clientes para os quais já foi prestado serviço semelhante ao desejado. Nesse caso não basta apenas ter em mãos a listagem. É necessário que verifiquem a qualidade do serviço prestado e o nível de satisfação geral dos clientes referenciados. Para isso basta escolher algumas empresas da lista e efetuar uma rápida ligação para a pessoa responsável por eventos, solicitando avaliação da empresa contratada. É interessante que essa análise seja feita com pelo menos cinco empresas da lista e que sejam anotadas todas as observações feitas pelos profissionais. Deve-se ter muita cautela com empresas que listam apenas alguns dos clientes atendidos por elas – o que pode ter duas explicações: ou a empresa deseja resumir a lista ou apenas listou os satisfeitos. Deve-se também considerar a região dos clientes atendidos, pois uma empresa pode ser eficaz em determinada região e não em outras.

- Comparação de custos – Esse aspecto é muito importante, mas não deve ser o único a ser levado em consideração, especialmente em um primeiro momento. Um orçamento mais elevado pode significar que a qualidade dos serviços prestados pela respectiva empresa realmente valha tal diferença. Além disso, sentindo um interesse na contratação de seus serviços e percebendo que o custo proposto está acima da concorrência, essa poderá vir a oferecer melhores condições de preço. Por outro lado, um orçamento menor pode estar escondendo um interesse da empresa em ganhar no volume de empresas, com prejuízo da qualidade dos serviços prestados.

- Fornecedores com os quais trabalham – Aconselha-se verificar não somente a qualidade do serviço prestado pela empresa, mas também a de seus fornecedores. Assim, deve-se solicitar uma lista de fornecedores que prestam serviços para ela, como montagem de estande, bufê, transportadoras e decoração, entre outros. Essa verificação deverá ser feita antes de fechar o contrato, mesmo que depois sejam apresentadas várias opções de fornecedores.

- Sistema de cobrança dos serviços próprios e contratados – As formas de pagamento aos fornecedores e à empresa pelos serviços por ela prestados diretamente também devem ser comparadas. Nesse critério incluem-se:

condições, prazos de pagamento e porcentual cobrado pela empresa na contratação de seus fornecedores (caso seja essa a política adotada);

- Estrutura interna – Um dos fatores mais importantes a ser considerado é a avaliação do porte da empresa, sua estrutura física e financeira e a capacidade de atender o cliente, caso venha a ser contratada. Saber o número de funcionários da empresa e sua distribuição em departamentos e funções, sua capacidade financeira – faturamento anual, fluxo de caixa etc. –, o número de escritórios e filiais e a frota de veículos constituem itens de tal avaliação.
Além da estrutura geral da empresa cabe análise especial daquela a ser utilizada especificamente para o atendimento ao evento. Isso significa saber, entre outros itens, a quantas pessoas estarão atendendo, com qual freqüência e nível de personalização e a capacidade de linhas telefônicas móveis dentro do evento. Outro dado importante a ser considerado é o número de clientes os quais a empresa poderá vir a atender, simultaneamente, de forma personalizada e eficaz. Existem empresas que captam maior número de clientes do que podem atender. No momento da Feira, ou de outro evento, não conseguem dar vasão a todo o trabalho e alguns clientes – normalmente os menores – ficam desamparados e sem os serviços combinados;

- Conhecimento da região onde será realizado o evento – A empresa a ser contratada deve conhecer bem a região do evento. Empresas habituadas a trabalhar em determinada região terão maior probabilidade de serem bem-sucedidas, por exemplo, na escolha do local, da data e dos mecanismos de divulgação do evento;

- Atendimento e empatia inicial – A empresa escolhida desenvolverá um trabalho em conjunto com a que a contratou por um longo período. Assim como quando se contrata um funcionário são consideradas a empatia e a comunicação do primeiro contato, o mesmo procedimento deverá ser adotado na seleção da empresa prestadora do serviço. Um atendimento correto, pontual, prestativo, atencioso, simpático e sintonizado com as preocupações e necessidades do cliente constitui fator positivo na análise. Esse poderá ser um indicativo de como será dado o andamento do trabalho a partir do fechamento. Se, entretanto, ao marcar um horário para a apresentação da empresa, o responsável envia um assistente com poucos conhecimentos dela e do seu negócio e este, por sua vez, chega atrasado ao encontro, mostra-se bastante preocupado com o tempo enquanto ouve e, quando questionado sobre algum serviço, diz não poder responder por si só, pode-se supor que o atendimento será igual ou até pior depois do fechamento do negócio.

Uma vez escolhida a empresa que irá prestar o serviço, será necessário assinar, com ela, um contrato.

A.3 – Contrato com a empresa escolhida

O fechamento do contrato deverá ser feito com muito cuidado. Para tanto é importante contar com um departamento jurídico ou com um advogado que conheça as peculiaridades desse tipo de contrato.

Os contratos são, na maioria, elaborados e redigidos pela empresa contratada. Pode ocorrer, então, que na análise do contrato apresentado não se chegue a um acordo com relação a qualquer cláusula ou parágrafo. E, quando isso ocorre, a empresa contratante vê-se obrigada a buscar outro fornecedor e dar início, novamente, ao processo, podendo retardar todo o planejamento para a execução do evento.

Do contrato devem constar as seguintes informações:

- Objetivo do contrato, ou seja, assessoria a um determinado evento ou conjunto de eventos, incluindo nome, data e local;

- Serviços a que se obriga a empresa contratada.
  Dessa cláusula devem constar todos os serviços que serão executados pela empresa, com descrição completa e pormenorizada de cada atividade;

- Valor a ser pago pelo serviço e condições de pagamento.
  O pagamento deverá ser acordado em parcelas a serem pagas antes e depois do término do evento. Dessa forma estará garantido pelo menos parte do ressarcimento, caso o serviço não seja prestado conforme o acordado;

- Condições de cancelamento do serviço, no caso de não-pagamento pela empresa contratante, da quebra de qualquer cláusula do contrato, ou pelo interesse de desistência de uma das duas partes;

- Cláusula de confidencialidade.
  É interessante que se inclua no contrato uma cláusula obrigando a contratada a manter sigilo absoluto de todas as informações e dados de que, em razão do contrato, venha a ter conhecimento;

- Fórum eleito para dirimir qualquer dúvida.
  Deve haver acordo entre as partes envolvidas em tal eleição.

- Data e assinatura de todas as partes envolvidas, inclusive de duas testemunhas.

– Modelo de Contrato de Assessoria em Evento

DUPRAT SOFTWARE

"CONTRATO DE PRESTAÇÃO DE SERVIÇOS"

Contrato de Prestação de Serviços que entre si fazem, de um lado **DUPRAT SOFTWARE LTDA.** (empresa fictícia), pessoa jurídica de direito privado, inscrita no CGC/MF sob nº xx,.xxx.xxx/xxxx-xx, sediada na Rua Padre José de Azevedo, 77, na cidade e Estado de São Paulo, doravante denominada **CONTRATANTE** e, do outro lado, **CANAL DE EVENTOS** (empresa fictícia), pessoa jurídica de direito privado, inscrita no CGC/MF sob nº yy.yyy.yyy/yyyy-yy, sediada na Rua Flora, 155, na cidade e Estado de São Paulo, doravante simplesmente designada **CONTRATADA**, ambas representadas na melhor forma de suas constituições sociais, por este instrumento e na melhor forma de direito, mediante as seguintes cláusulas e condições:

CLÁUSULA PRIMEIRA: O presente instrumento tem por objetivo a "assessoria", pela CONTRATADA à CONTRATANTE, do evento "FENASOFT 2005", a ser realizado no Pavilhão de Exposições do Anhembi, situado na _____, cidade e Estado de São Paulo, entre os dias 19 e 22 de julho de 2005.

CLÁUSULA SEGUNDA: Pela assessoria objeto deste instrumento a CONTRATADA obriga-se a prestar para a CONTRATANTE os seguintes serviços:
1.1. Contato com a organizadora do evento para verificação de áreas, locação das mesmas e outros serviços necessários ao desenvolvimento do estande;
1.2. Elaboração de cronograma de atividades e "cash flow" de gastos;
1.3. Desenvolvimento de pré-projeto e elaboração de "briefing" para a concorrência entre montadoras;
1.4. Seleção de montadora, passagem de "briefing", recebimento e avaliação de projetos;
1.5. Apresentação e discussão de projetos com a CONTRATANTE, avaliando materiais, disposição e resolução de espaços para suas necessidades;
1.6. Preenchimento do Manual do Expositor para água, cálculo de energia elétrica, credenciais, contrato de telefone, manual de montagem, envio de planta para aprovação e outros;
1.7. Cotação e supervisão de serviços de terceiros, bufê, limpeza, segurança, recepcionistas e outros;
1.8. Negociação de prazos de pagamento e eventuais descontos junto a fornecedores;
1.9. Cálculo para pagamento de taxas relativas à Prefeitura e publicidade;
1.10. Cotação e supervisão de transportadora;
1.11. Supervisão diária de montagem e desmontagem do estande;
1.12. Supervisão de instalação e montagem de equipamentos da CONTRATANTE no estande;
1.13. Supervisão diária durante o evento.

CLÁUSULA TERCEIRA: Pelos serviços ora contratados a CONTRATANTE pagará à CONTRATADA o valor total de X REAIS (x mil reais), em cinco(5) parcelas iguais de y REAIS (y mil reais), sendo a primeira em 19 de maio de 2005 e as demais de trinta(30) em trinta(30) dias, ou seja, 19 de junho, 19 de julho, 19 de agosto e 19 de setembro, todas de 2005.

CLÁUSULA QUARTA: Fica estabelecido que, caso o pagamento não seja efetuado por parte da CONTRATANTE até o sétimo dia útil após a data fixada para o vencimento, será acrescido 10%, a título de multa, sobre o valor de cada parcela em atraso.

CLÁUSULA QUINTA: O não cumprimento, pela CONTRATADA, de quaisquer das obrigações assumidas no presente contrato implicará, na condição de clausula penal, a devolução por esta à CONTRATANTE de todos os valores recebidos por força deste contrato, devidamente corrigidos pela _____ do dia do pagamento.

CLÁUSULA SEXTA: A CONTRATADA por si, seus empregados e prepostos, obrigam-se a manter sigilo sobre quaisquer dados, materiais, documentos, especificações técnicas ou comerciais, inovações e aperfeiçoamentos, ou dados gerais a que, em razão do presente contrato, venha a ter acesso ou conhecimento.
Parágrafo Único: A quebra de sigilo prevista no "caput" da presente cláusula, devidamente comprovada, sujeitará à CONTRATADA o pagamento de indenização equivalente ao triplo do valor total do contrato, acrescido das custas processuais, honorários advocatícios e demais pronunciações de direito, se existentes.

CLÁUSULA SÉTIMA: Para dirimir dúvidas oriundas do presente contrato as partes elegem o foro da Comarca de São Paulo, Estado de São Paulo, renunciando a qualquer outro, por mais privilegiado que seja.
E, por estarem justas e contratadas, firmam o presente em três(3) vias de igual forma e teor, para um só efeito, na presença das testemunhas abaixo, para que produza seus efeitos jurídicos e legais.

São Paulo, 19 de maio de ...

_____
DUPRAT SOFTWARE LTDA.
CONTRATANTE

_____
CANAL DE EVENTOS
CONTRATADA

TESTEMUNHAS:

_____ _____

A.4 – Atribuições da Empresa Contratada

A empresa contratada deverá responder por todas as tarefas de organização dos eventos e pela apresentação de relatórios e informações periódicas a seu cliente.

As tarefas, por sua vez, dependem do tipo de evento. Como há diferenças entre a organização de "Feiras" e de "outros eventos", apesar de existir coincidência de vários itens nos dois casos, optou-se por listá-las separadamente. Cada lista poderá ser consultada de forma independente, conforme o interesse do leitor por Feira ou por outro evento.

– No caso de Feiras

- Contato com a organizadora do evento para verificação das áreas disponíveis para locação, caso ainda não o tenha sido feito pela empresa contratante. Deverão ser apresentadas, quando possível, três opções de áreas para a escolha pelo cliente. Além da locação da área, a contratada deverá colher todas as informações necessárias para o desenvolvimento do estande, bem como verificar os procedimentos da organizadora da Feira. Também deverá verificar a possibilidade de o cliente efetuar palestras em congressos que ocorram junto à Feira.

- Elaboração de um cronograma de atividades, com descrição completa de todos os passos que serão seguidos, a partir do fechamento do espaço no pavilhão.

- Discussão com o cliente dos objetivos e estratégias traçados para a Feira.

- Elaboração de um pré-projeto contendo o *briefing* para os serviços de montadora.

- Envio do *briefing* para pelo menos três montadoras que atendam aos pré-requisitos definidos nele e avaliação dos projetos apresentados por elas mesmas, considerando proposta de arquitetura, valor, programação visual e demais aspectos do estande. Ajustes necessários nos projetos antes de apresentá-los ao cliente.

- Apresentação e discussão, com o cliente, dos projetos apresentados previamente avaliados e ajustados pela contratada.

- Recebimento e preenchimento do Manual do Expositor (a explicação e o conteúdo deste Manual encontra-se no Capítulo 4, sobre a organização de Feiras).

- Contratação de serviços de terceiros, como: bufê, limpeza, segurança, recepcionista, fotógrafo, atrações e transporte, entre outros. Da mesma forma que na seleção de montadora, deverão ser apresentadas três opções de fornecedor para cada tipo de serviço. Além disso, é papel da contratada fornecer assistência na definição de cardápios, do sistema de bufê, do tipo de uniforme para recepcionistas e do tipo de atrações mais apropriado para o evento em questão.

- Elaboração de um fluxograma de pagamento dos serviços contratados e dos serviços por ela prestados, considerando formas e condições de pagamento. Desse fluxograma deverá resultar o investimento total previsto para a realização da Feira. A seguir um modelo desse fluxograma.

– Modelo de Fluxograma de Pagamentos

Cliente: DUPRAT SOFTWARE

Evento: FENASOFT

Atividades	Valores (em U$)	Cond. Pagamento	Datas Pgto.	Fornecedor
Locação do estande	50.000	5 parcelas iguais de U$ 10.000	10/2, 10/3, 10/4, 10/5, 10/6	FENASOFT
Montagem do estande	30.000	3 parcelas iguais de U$ 10.000	5/6, 5/7 e 5/8	VIA STANDS
Assessoria CANAL DE EVENTOS	5.000	5 parcelas iguais de U$1.000	19/5, 19/6, 19/7, 19/8, 19/9	CANAL DE EVENTOS
Energia elétrica básica	1.000	À vista	15/5	FENASOFT
Energia elétrica adicional	800	À vista	15/5	FENASOFT
Locação de linha telefônica	200	A ser debitado na conta telefônica	No mês subseqüente ao evento	TELEFESP
Taxas da Prefeitura	60	DARMs para ser pago em banco	Até 48h antes do evento	Prefeitura de São Paulo
Recepcionistas	2.000	À vista	25/7	RGF
Ponto de água	200	À vista	15/5	FENASOFT
Segurança	400	À vista	15/5	FENASOFT
Bufê	2.000	50% na aprovação e 50% no término do evento	17/06 e 24/07	Buffet AnaBella
Transporte de equipamentos	1.200	50% na aprovação e 50% no término do evento	20/6 e 25/7	TGT
Aluguel de equipamentos	500	50% na aprovação e 50% no término do evento	25/06 e 25/07	LOCAEQUI
TOTAL	93.360			

(Obs.: Todos os dados e empresas citadas neste quadro são fictícios, criados pela autora.)

- Apresentação do investimento total necessário e discussão sobre eventuais ajustes em relação ao valor definido inicialmente.
- Supervisão diária da montagem e desmontagem do estande, bem como de todos os serviços contratados.
- Acompanhamento diário do evento, com pronto atendimento a qualquer chamado ou solicitação do cliente. Disponibilização de um sistema de comunicação constante entre o cliente e o responsável pela empresa contratada.
- Elaboração de relatório final do evento, com investimento total, considerando o previsto e os extras ocorridos durante a Feira.

– No caso de outros eventos

As responsabilidades da empresa contratada para a organização de eventos, que não sejam Feiras, incluem as seguintes atribuições:

- Seleção, reserva e negociação do local para a realização do evento. A empresa deverá fornecer pelo menos três opções de localização que atendam às necessidades e ao perfil do evento, definidos em reunião estratégica com o cliente. Caso se trate de região muito extensa, o ideal é apresentar cinco opções.
- Elaboração do cronograma de atividades, com descrição e especificação de todos os passos a serem desenvolvidos a partir da escolha do local.
- Escolha da disposição das salas ou dos ambientes e de sua programação visual, como decoração, mobília etc.
- Seleção e contratação de serviços de terceiros, como bufê, segurança, serviço de manobrista, recepcionistas, transporte, fotógrafo e atrações do evento. Assistência na escolha do cardápio, dos uniformes das recepcionistas e dos profissionais da empresa e de outros itens referentes a serviços de terceiros.
- Verificação e locação dos equipamentos necessários para a realização das palestras e apresentações da empresa durante o evento, bem como do sistema de iluminação para atender a todas as atividades e atrações previstas.
- Coordenação ou desenvolvimento do material promocional do evento, como crachás, folhetos, brindes, faixas etc.
- Coordenação do envio de convites e do telemarketing ativo e receptivo para confirmação de presenças, bem como preparação de listagem de convidados, com confirmação feita.
- Elaboração do fluxograma de pagamentos a todos os serviços prestados por terceiros ou pela empresa contratada, bem como condições e formas de pagamento. Estimativa do investimento total previsto para a realização do evento e discussão, com o cliente, dos ajustes que se fizerem necessários.
- Acompanhamento da chegada de todos os convidados, no local ou nos pontos de encontro, para transporte até lá. Caso o evento envolva hospedagem

em hotel, incluem-se também o *check-in* e o *check-out*. Acompanhamento e providências para o retorno de todos os convidados a suas respectivas localidades.
- Cadastro dos participantes e coordenação do trabalho das recepcionistas no atendimento aos convidados.
- Assistência na definição de promoções e atividades de lazer durante o evento e sua coordenação.
- Acompanhamento diário do evento, com pronto atendimento a qualquer solicitação do cliente, bem como supervisão diária de todas as atividades terceirizadas. É imprescindível que pelo menos um representante da empresa contratada fique permanentemente no evento para essa finalidade, mesmo quando este estiver sendo realizado em local distante, exigindo estada em hotel.
- Coordenação do envio de carta-agradecimento e brinde (caso seja de interesse da empresa) a todos os participantes do evento.
- Elaboração de relatório final do evento, com relação de gastos extras (autorizados pelo contratante) e justificativas para as diferenças entre o investimento inicialmente previsto e o realizado.

Opção pelo emprego de estruturas internas da empresa na organização de eventos

Quando se opta pela criação ou aproveitamento de recursos internos da empresa para a organização dos vários eventos previstos, deve-se definir qual a melhor estrutura a adotar e em qual departamento ela deverá estar inserida.

Dependendo do tipo de empresa, sua estratégia de atuação e política comercial, bem como seu porte e filosofia interna, tem-se um modelo ideal de estrutura organizacional diferente. Não é escopo deste livro apresentar todos esses modelos, mas exemplificar algumas possíveis estruturas que incluem funções e cargos responsáveis pela organização de eventos dentro de empresas.

Decidir por determinada estrutura dependerá, entre outros aspectos, da importância que esse tipo de atividade tem para o departamento de comunicação, de marketing ou até para toda a empresa.

Nem todas as empresas estão preparadas ou conscientes da importância de se contar com profissionais capacitados e, sobretudo, especializados para a organização de eventos. Na prática, o que se observa é que em empresas de pequeno porte, que trabalham com apenas um produto ou linha de produto e, portanto, possuem uma estrutura simples, a responsabilidade pela organização de eventos pode estar delegada a departamentos não necessariamente de marketing, como o comercial ou mesmo o administrativo. Nesse caso, profissionais que exerçam outras atribuições poderão ser deslocados para a organização dos eventos, mesmo sem experiência para tanto, momentos após o diretor-geral, ou o dono, ter decidido pela sua participação. Essa troca de atribuições, sem considerar a experiência anterior do profissional, costuma resultar em diversos problemas na organização dos eventos. O ideal, caso a empresa opte por manter essa estrutura, é que pelo menos esses profissionais sejam treinados para desempenhar a função quando forem requisitados.

De qualquer forma, com ou sem treinamento, não há, nesse caso, estrutura formalmente definida para a função de organização de eventos.

Quando a empresa já possui departamento de marketing, porém, não vê a necessidade de manter uma estrutura específica para eventos; suas atribuições de organização e execução ficam sob a responsabilidade do departamento. Da mesma forma que na estrutura anterior, não há planejamento específico para a área de eventos, e a participação pode até ser decidida por outros departamentos. Por sua vez, o profissional responsável pela sua organização, muitas vezes, será informado pouco antes da data do evento. Esse profissional, aliás, tende a ser diferente a cada evento, de acordo com a carga de trabalho de cada um, o que também costuma acarretar problemas na organização dos eventos.

Empresas que consideram os eventos fundamentais dentro de suas estratégias têm, geralmente, a estrutura de eventos inserida em um departamento de marketing, podendo ou não estar subordinada a uma chefia ou subgerência de comunicação. Em ambos os casos já se apresenta uma preocupação com o planejamento de eventos.

– Exemplo de Estrutura com Departamento de Comunicação

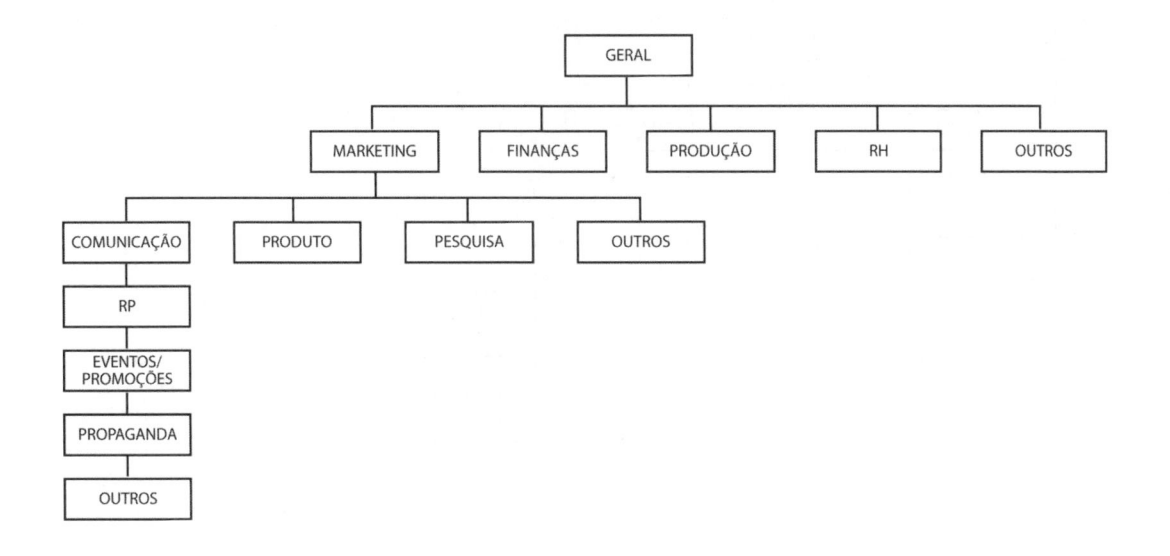

```
                              GERAL
         ┌──────────┬──────────┼──────────┬──────────┐
      MARKETING  FINANÇAS  PRODUÇÃO     RH       OUTROS
         │
    ┌────┼────────┬──────────┐
COMUNICAÇÃO  PRODUTO  PESQUISA  OUTROS
    │
    RP
    │
EVENTOS/
PROMOÇÕES
    │
PROPAGANDA
    │
  OUTROS
```

– Exemplo de Estrutura onde não há Departamento de Comunicação

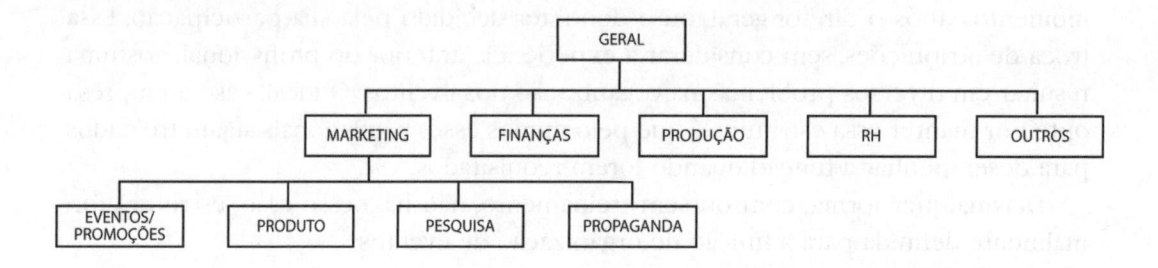

```
                          GERAL
        ┌──────────┬──────────┼──────────┬──────────┐
    MARKETING   FINANÇAS   PRODUÇÃO     RH        OUTROS
    ┌────┬────┬────┐
EVENTOS/ PRODUTO PESQUISA PROPAGANDA
PROMOÇÕES
```

Há casos em que o departamento de comunicação – formado por atividades de relações públicas, propaganda e eventos, entre outras – assume maior responsabilidade dentro da estratégia geral da empresa, ficando separado da estrutura de marketing e passando a desempenhar suas funções de forma independente.

Nesse caso, o setor de eventos, mesmo estando ainda subordinado a uma diretoria de comunicação, consegue um nível de profissionalismo maior, participando mais efetivamente das decisões estratégicas e de custos da empresa. Ele passa a ter sua própria estrutura formal, podendo esta, inclusive, estar subdividida entre eventos institucionais e eventos de produtos.

– Exemplo de Estrutura Completa de Eventos

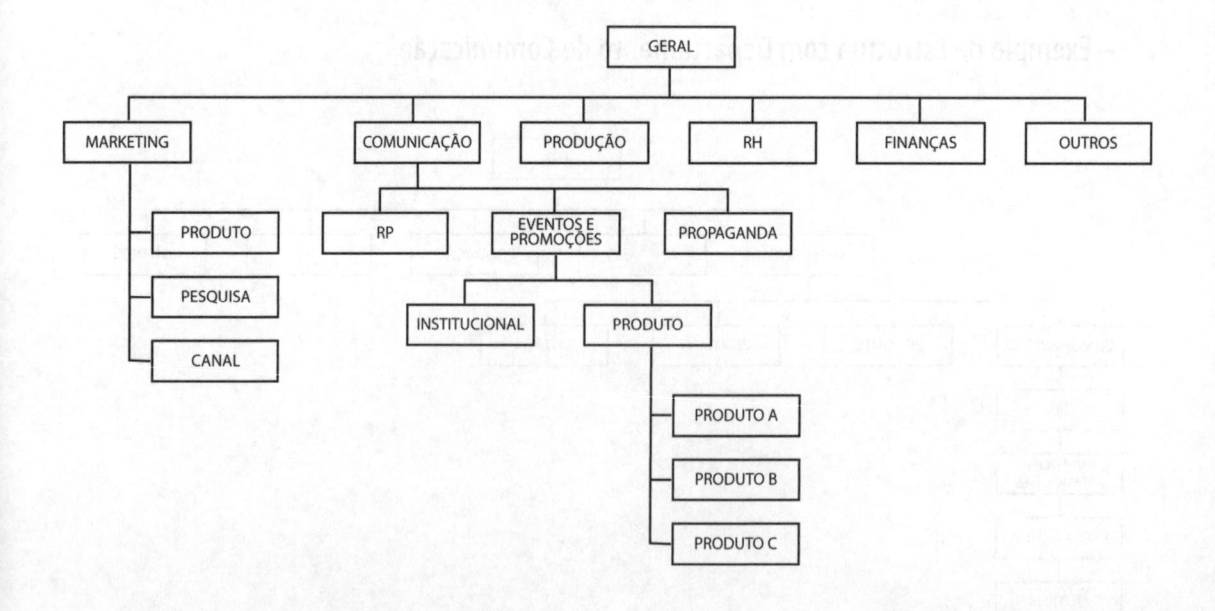

```
                                GERAL
        ┌──────────┬──────────┼──────────┬──────────┬──────────┐
    MARKETING  COMUNICAÇÃO  PRODUÇÃO    RH       FINANÇAS   OUTROS
    │           ┌────┬────────┬────┐
 PRODUTO       RP  EVENTOS E  PROPAGANDA
                   PROMOÇÕES
 PESQUISA          ┌────┬────┐
              INSTITUCIONAL PRODUTO
 CANAL                      ├── PRODUTO A
                            ├── PRODUTO B
                            └── PRODUTO C
```

Empresas que possuem uma multiplicidade de projetos ou unidades de negócios e optam por não criar estruturas funcionais próprias, que muitas vezes geram diferenças de padrão na comunicação e nas decisões entre si, perdendo a uniformidade global da empresa, privilegiam a estrutura matricial. Dessa forma, ao invés de se ter um departamento de marketing dentro de cada estrutura de negócio ou projeto, parte para uma estrutura em que um único departamento de marketing atende, simultaneamente, a todos os projetos ou centros de negócios. A área de eventos, independentemente do seu nível hierárquico nessa estrutura, atende às necessidades de planejamento, organização e execução de eventos para todas as linhas de negócios. Sua estrutura, então, passa a tomar novas dimensões e assume responsabilidades próprias e muito maiores do que em estruturas funcionais.

CAPÍTULO 3

TIPOS DE EVENTOS

Existem hoje inúmeras possibilidades e tipos de eventos capazes de atender a cada um dos objetivos mais específicos e complexos de qualquer empresa, independentemente de seu porte, verba disponível, produto/serviço comercializado, estrutura de marketing e outras características.

Este capítulo tem por objetivo apresentar os principais tipos de eventos utilizados no mercado, suas vantagens e os critérios básicos para decidir quando recorrer a cada um deles. As estratégias de comunicação/marketing – quantitativas e qualitativas –, e as disponibilidades financeira, técnica, de infra-estrutura e de prazo de implantação constituem os principais critérios para a escolha.

É importante lembrar que a opção por determinado(s) tipo(s) de evento(s) deverá ser realizada em harmonia com a elaboração de outros planos de comunicação, para que a mesma imagem gerada nos eventos seja percebida quando forem utilizados os demais mecanismos de comunicação, como propagandas, publicidade e promoções de vendas.

Os diversos tipos de eventos que uma empresa organiza, patrocina ou participa podem ser classificados de acordo com vários critérios. A classificação visa esclarecer e lembrar aos leitores sobre diferentes possibilidades de realização de eventos. Quanto à finalidade, podem ser primordialmente institucionais ou promocionais; quanto à periodicidade, esporádicos, periódicos ou de oportunidade; quanto à área de abrangência, locais, regionais, nacionais ou internacionais; quanto ao âmbito, internos ou externos; quanto ao público-alvo desejado, corporativo ou para o consumidor; quanto ao nível de participação, patrocinado ou de realização própria. Não é uma classificação excludente, isto é, um evento pode ser ao mesmo tempo cultural e comercial, como as Bienais do Livro, voltado ao consumidor e corporativo, como a Fenit, e de alavancagem da imagem da empresa e de vendas, como os *roadshows* e assim por diante.

A seguir serão apresentadas cada uma das classificações retrocitadas, conceituando-as e dando exemplos de eventos que se enquadrem nelas.

– Quanto à finalidade

Dependendo dos objetivos esperados os eventos podem ser classificados em institucionais ou promocionais. Aqueles cuja principal finalidade é desenvolver, manter ou aperfeiçoar a imagem corporativa da empresa, tornando-a simpática ao mercado como um todo ou ao seu público-alvo, em especial, são considerados eventos institucionais. Um exemplo de evento institucional poderia ser o convite a clientes para passar um fim de semana em um hotel do litoral, apenas participando de atividades de entretenimento e lazer. Nesse caso o principal objetivo poderia ser garantir a satisfação e a fidelidade de clientes com relação à empresa.

Quando a finalidade do evento for primordialmente comercial, isto é, objetivando resultados de alavancagem de vendas imediatas, ele será chamado de promocional. Um exemplo típico de evento promocional são as Feiras de varejo, nas quais a empresa procura apresentar e vender, por meio de promoção especial, seus produtos ou serviços ao mercado.

Apesar de essa classificação separar os eventos com finalidade institucional daqueles com finalidade promocional, sabe-se que, hoje em dia, dificilmente um evento é realizado apenas objetivando a geração de uma imagem positiva da empresa. Mesmo quando aparentemente o evento é institucional, o intuito final a médio e longo prazos é gerar lucros para a empresa. Tomando o exemplo citado anteriormente de um evento institucional, pode-se imaginar que, ao objetivar a satisfação dos clientes e sua fidelidade quanto aos produtos e serviços da empresa, esta estará a médio e longo prazos, na realidade, buscando um retorno maior de vendas perante esse público.

Na verdade qualquer evento dito institucional, mesmo que apenas a longo prazo e sem a conscientização de quem o organiza, gera ou deverá gerar retorno comercial para a empresa. Assim os eventos deveriam ser classificados entre comercial a curto prazo ou comercial a médio e longo prazos.

– Quanto à periodicidade

Considerando a periodicidade dos eventos como critério de classificação, eles podem ser esporádicos, periódicos ou de oportunidade.

Os eventos esporádicos são aqueles realizados sem periodicidade predefinida e fixa. Isso significa que são executados de acordo com um interesse ou momento específico determinado pela empresa, considerando uma nova situação favorável à sua realização, como o lançamento de um novo produto.

Quando o evento é classificado em periódico ele é desenvolvido com periodicidade definida e, geralmente, fixa. Pode ser realizado, por exemplo, uma vez por ano, a cada dois anos etc. Exemplos típicos de evento periódico são as Feiras anuais, como a UD, e as bienais, como a do livro.

Os eventos de oportunidade, apesar de, assim como os esporádicos, também não possuírem periodicidade predeterminada, diferem dos primeiros por serem desenvolvidos de acordo com oportunidades externas de mercado e não surgidos a partir de uma ação interna da empresa. Enquadram-se nessa classificação, por exemplo, os eventos que procuram tirar proveito de datas comemorativas, que são organizados próximos a estas e os eventos que são realizados aproveitando-se a presença de uma autoridade, figura de projeção, ou uma atração internacional, que permanecerá no país por curto espaço de tempo.

– Quanto à área de abrangência

De acordo com a abrangência esperada os eventos podem ser classificados em locais, regionais, nacionais e até internacionais. Pode ocorrer que a mesma empresa esteja realizando eventos, simultaneamente, em mais de uma área de abrangência.

– Quanto ao âmbito

Os eventos podem ser classificados considerando, também, o âmbito de atuação deles. Embora a maior parte dos eventos das empresas ocorra em ambientes amplos, fora de suas sedes, às vezes elas optam por realizá-los nas próprias dependências. Por esse motivo convém diferenciar aqueles eventos organizados fora da empresa, que são classificados como externos, dos realizados dentro de suas dependências, os chamados eventos internos.

– Quanto ao público-alvo

Dependendo do perfil do público-alvo estabelecido pela empresa o evento pode ser classificado em Corporativo ou para o Consumidor. Os primeiros são voltados ao público de empresas e os segundos ao consumidor final. As Feiras que são formadas por empresas vendendo ou apresentando produtos e serviços para outras empresas, por exemplo, são chamadas de Empresariais, e aquelas constituídas por empresas vendendo ou apresentando produtos e serviços para o consumidor final, de Consumidor.

– Quanto ao nível de participação

Normalmente as empresas que trabalham com produtos e serviços voltados ao mercado consumidor ou mesmo corporativo organizam seus eventos com recursos financeiros próprios. No entanto existem empresas que optam por participar, indiretamente, de eventos organizados por outras instituições, por meio de patrocínio. Nesses casos elas pagam uma taxa para terem suas marcas ou seus nomes associados ao evento, mas não como organizadoras e sim como patrocinadoras. A vantagem dessa participação para a empresa está na não-necessidade de organização do evento – que costuma ser muito trabalhosa – e na sua maior amplitude, uma vez que, realizada por uma organizadora oficial, acaba usufruindo da capacidade de sua divulgação, recebendo, assim, maior número de convidados. Além disso, se o evento contar com a participação de outros patrocinadores, o custo poderá ser diluído entre todos, diminuindo o valor da quota. Por outro lado a participação indireta não permite que a empresa possa traçar objetivos mais ousados e específicos de seu interesse, tendo, normalmente, de adequá-los aos oferecidos pelo evento. Além disso, se o evento contar com a participação de outros patrocinadores, sua visibilidade será muito menor do que se fosse o seu único organizador.

Como este livro é dedicado aos eventos de cunho comercial ou institucional ligados a empresas, serão apresentados neste capítulo os seguintes tipos de eventos:

- Feiras.
- Convenções de Vendas.
- Congressos.
- *Roadshows*.
- *Workshops*.
- Eventos sociais.
- Eventos culturais.
- Eventos desportivos.

A separação dos eventos em diferentes tipos foi feita por motivos didáticos. É importante ressaltar que os tipos apresentados não são de natureza excludente, isto é, um evento poderá assumir diferentes tipos simultaneamente, constituindo-se em misto. Alguns exemplos de eventos mistos são as Feiras acompanhadas de congressos, os congressos com a relização de *workshops* e os *roadshows* com a presença de estandes.

A seguir serão descritos os diferentes tipos de eventos citados, indicando quais os objetivos que se espera de cada um.

Feiras

São eventos direcionados a segmentos específicos de mercado, têm duração média de uma semana e são organizados e comercializados por empresas especializadas no ramo. Normalmente ocorrem dentro de Pavilhões de Exposições, especialmente preparados para essa finalidade.

Como as Feiras possuem organizadores próprios, decisões como escolha da data, local e mecanismos de divulgação, entre outras, ficam a cargo destes. Ao expositor cabe tomar decisões referentes ao respectivo espaço de exposição e à divulgação de sua participação e de seus produtos/serviços apresentados na Feira.

Esse tipo de evento é utilizado quando se deseja atrair grande número de consumidores a um único local para lhes apresentar produtos e serviços de maneira bastante atraente e motivadora, induzindo-os à compra imediata. A vantagem da Feira, com relação a outros eventos, está justamente na possibilidade de exposição da empresa e seus produtos a um grande público segmentado; portanto, parte do seu *target*, em um curto e intenso período de tempo, sem que, para isso, seja necessário incorrer em altos investimentos de divulgação.

Os objetivos de participação em Feiras não se limitam à exposição, apresentação e comercialização de produtos e serviços. Aproveitando-se da presença de um público de alto interesse para a empresa, outros objetivos devem ser considerados, como:

. Manter um contato direto e pessoal com os clientes e *prospects* – Como é muito difícil reunir todos os clientes para passar-lhes, constantemente, informações sobre novidades técnicas ou comerciais, deve-se aproveitar esse período em que, certamente, se terá uma grande concentração deles. Esse contato direto pode-se tornar ainda mais proveitoso se for possível a realização de uma pesquisa rápida das necessidades e anseios desses consumidores, verificando se a empresa ou algum concorrente está atendendo a essas exigências. O estudo deverá ser analisado e levado à diretoria da empresa para auxiliar nas decisões estratégicas dos próximos períodos;

. Desenvolver um *mailing* de prospecção – As Feiras são ótimas ocasiões para se obter um cadastro com possíveis clientes que poderão ser contatados logo após seu término ou para criar uma base de prospecção futura, quando a capacidade de vendas da empresa aumentar, gerando resultados de médio e longo prazos. Deve-se lembrar que estarão visitando o estande da empresa não apenas seus clientes, mas também os de seus concorrentes. Essa é uma boa oportunidade, portanto, de demonstrar a superioridade de seus produtos e serviços, bem como de seu atendimento pessoal;

. Coletar informações sobre a concorrência – Pode-se aproveitar esse período para obter informações sobre outras empresas expositoras que possuam produtos ou serviços similares aos da empresa. Essa é uma excelente oportunidade para analisar seus estandes, comunicação, panfletos, lançamentos, promoções, atendimento e outras ações. O material colhido será essencial na definição de estratégias comerciais e de marketing da empresa;

. Lançar novos produtos – Constitui estratégia interessante o lançamento de novos produtos durante as Feiras, aproveitando-se a presença de clientes e de *prospects* que estão, justamente, à procura de novidades de mercado. Alguns cuidados, como uma divulgação adequada e um estande propício, por exemplo, devem ser tomados para que o lançamento da empresa não passe despercebido em meio aos de tantos outros;

. Estabelecer novos contatos comerciais – Hoje em dia falar na importância do estabelecimento de parcerias chega a ser uma obviedade. Empresas que buscam um crescimento rápido e sólido de suas atividades têm como uma das principais estratégias a aliança com empresas parceiras. Se a empresa estiver em busca de novos parceiros comerciais, tecnológicos ou mesmo de um profissional para fazer parte de sua equipe, as Feiras constituem, sem dúvida, ótimos pontos de seleção e recrutamento. Ao deixar transparente esse desejo de desenvolver novas parcerias, com a utilização de um espaço específico dentro do estande, a empresa poderá atrair um bom número de interessados. Já com relação ao recrutamento de profissionais, esse procedimento deverá ser discreto, apenas por meio da observação e anotação daqueles em que foi despertado o interesse. Deve-se deixar para uma firma especializada em contratação o estabelecimento do contato com o profissional após o término da Feira.

Decidir pela participação ou não em Feiras irá depender da estratégia de comunicação da empresa. Caso considere importante sua participação, a empresa poderá preferir estabelecer um plano anual, selecionando aquelas com o perfil adequado ao cumprimento dos objetivos e metas da área, ou, então, estabelecer uma política de participação esporádica, selecionando as Feiras de acordo com o surgimento de oportunidades. Neste segundo caso a verba é alocada para cada evento individualmente, obrigando a empresa a manter uma reserva financeira estimada para todo o período.

Tem crescido muito nos últimos anos o número de Feiras realizadas durante o ano no Brasil e no exterior. Surge então o questionamento sobre a importância ou até a necessidade de participação em todas elas. Essa preocupação existe principalmente nos casos de empresas cansadas de se sentirem obrigadas, de certa forma, a participar de todas as Feiras anuais dentro de seu ramo de negócios sem que, muitas vezes, visualizem um retorno justificável da ação, seja quantitativo ou qualitativo. De fato o interesse e o ânimo do público pode diminuir devido não somente ao número crescente de Feiras, como também à falta de lançamentos ou novidades e de incentivos aos visitantes, como, por exemplo, preços promocionais, amostras grátis, brindes etc.

A diminuição do público, por sua vez, leva ao desinteresse das empresas em participar, pois as Feiras nesse caso deixam de ser atrativas e passam a constituir-se em uma obrigação anual, uma vez que a sua não-participação pode ser interpretada – e muitas vezes o é – como uma situação de crise financeira, ou qualquer outra situação negativa. Essa observação costuma dar ensejo ao seguinte comentário: "Será que a empresa quebrou ou está quebrando?" Claro que isso não significa que o mercado de Feiras esteja em crise, mas constitui um sinal de que algumas coisas devem ser revistas e alteradas.

Esse é um alerta às organizadoras de Feiras que não buscam inovações e às empresas que se expõem, sem nenhum objetivo, sem nenhuma novidade, acreditando que sua participação é apenas o cumprimento de uma obrigação.

Algumas empresas estão superando o sentimento de obrigação com soluções criativas e irreverentes. Deixam de participar de determinadas Feiras, geralmente consideradas necessárias, desenvolvendo eventos paralelos, com inúmeros atrativos ao público, tendo muito sucesso. Essa alternativa, entretanto, somente será viável caso a empresa tenha condições e poder para atrair o público para seu evento – por meio de divulgação, promoções e outras ações –, no período em que este conta com a opção de visitar a Feira onde há uma concentração de outras possíveis empresas interessantes.

Além da análise geral do perfil da Feira e da real possibilidade de exposição com atrativos, lançamentos e novidades, é necessário que se estabeleçam outros critérios na escolha daquelas em que a empresa deverá realmente participar. Uma precaução para que se tenha sucesso nessa escolha é a obtenção do máximo possível de informações referentes a elas. Caso seja a primeira edição daquela Feira, deve-se procurar informações sobre outras que tenham sido organizadas pela mesma empresa, analisando, para tanto:

- o número e o perfil dos visitantes que estiveram presentes durante todo o período;
- o número e o porte das empresas expositoras;
- os resultados quantitativos e qualitativos da Feira como: faturamento total, volume de vendas, retorno em mídia etc.;
- os mecanismos de divulgação utilizados tanto externa como internamente e a verba destinada a essa finalidade;
- os pavilhões de exposição comumente utilizados pela organizadora.

Munido dessas informações é possível analisar se a empresa organizadora da Feira possui um histórico favorável e que lhe confira a credibilidade necessária para cumprir com as promessas feitas.

Caso a Feira tenha-se realizado mais de uma vez, as informações retrocitadas deverão ser analisadas tomando-se como base as edições anteriores do evento.

Em ambos os casos procure obter opiniões e informações de expositores que já tenham participado anteriormente de Feiras organizadas pela empresa em questão. Ao fazê-lo verifique a qualidade dos serviços prestados sob vários aspectos como: infra-estrutura do local, serviços de limpeza, telefonia, recepção, divulgação e atendimento a expositores, entre outros.

O importante é que as decisões que venham a ser tomadas com relação a participações em Feiras tenham sido fruto de análise prévia, de planejamento, com definição de objetivos claros e estratégia bem composta e que toda a empresa se sinta confiante da decisão escolhida.

Convenções de vendas

São eventos destinados às equipes de venda interna, externa e aos canais de distribuição da empresa (revendedores, parceiros comerciais, representantes etc.), em local, data e horário definidos por ela.

Se a empresa trabalha com comercialização de produtos e serviços mediante canais de venda regionalizados e com uma grande equipe de vendas interna e externa, é importante que seja realizada pelo menos uma convenção anual de vendas, onde seja possível reunir toda essa força comercial em um único local em que os participantes possam discutir estratégias, planos, resultados, dificuldades e outros aspectos do negócio em comum.

As convenções devem ser realizadas no início ou no término do ano, caso sejam anuais. Se a intenção é realizar convenções semestrais, deve-se escolher para a segunda data a metade do ano, ocasião em que será possível desenvolver um acompanhamento das decisões tomadas no primeiro evento, planejando mudanças ou prevendo uma continuidade para o próximo semestre.

A convenção de vendas visa discutir aspectos comerciais da empresa. Mesmo assim é importante que todas as áreas envolvidas nesse processo contem com representantes no evento. Assim deve-se convocar pelo menos um profissional de cada área para participar, ouvindo sugestões referentes às atividades de sua responsabilidade e apresentando as estratégias da área previstas para o próximo período.

Diferentemente das Feiras, a convenção de vendas possui objetivos bem mais específicos, não relacionados à comercialização de produtos e serviços ao consumidor, mas às ações que toda a força de vendas deverá desenvolver para tornar a comercialização bem-sucedida. Dessa forma, mecanismos de atração do público, como promoções, estandes com programação visual inovadora, divulgação em mídia e outros, dão lugar a ações motivacionais para os profissionais e para as organizações que trabalham para os mesmos objetivos que os da empresa.

Os principais objetivos de uma convenção de vendas são:

. Manter contato direto e constante com toda a força de vendas da empresa, seja ela interna, externa ou realizada por canais de distribuição. Manter contato significa dar espaço para ouvir as sugestões, dúvidas e principais dificuldades que cada colaborador tiver na comercialização dos produtos e serviços. Se a empresa não possui um canal aberto às críticas e sugestões provenientes de seus colaboradores no decorrer do ano, esse é um momento não só oportuno para ouvi-los, como também para interagir com eles. É importante salientar que a convenção de vendas não é apenas mais um mecanismo para que a diretoria da empresa passe informações e críticas a seus colaboradores. Constitui também em um meio para que estes possam contribuir, com sua experiência de campo, para a definição de diretrizes e estratégias da diretoria para os próximos períodos. Portanto é o momento de saber ouvir.

A convenção de vendas visa, ainda, a integração de todos os colaboradores da empresa e de seus canais de venda, mantendo o bom relacionamento entre eles. Aqueles profissionais que somente se conheciam por telefone passam a ter um contato direto e pessoal mais próximo, garantindo melhor trabalho futuro;

. Estabelecer parâmetros e diretrizes para a definição dos planos estratégicos e táticos da empresa – Esse objetivo é uma conseqüência do anterior. Todas as informações coletadas durante o período de discussão aberta deverão ser condensadas e encaminhadas para a análise pela diretoria. Somente a partir desses dados é que poderão ser estabelecidas as novas diretrizes e estratégias da empresa para o próximo período. Além de garantir a colaboração de todos os envolvidos, ganha-se o comprometimento de cada um com as estratégias e objetivos traçados;

. Motivar a equipe comercial e ganhar sua confiança – Toda a equipe de vendas necessita de atenção especial da empresa no que se refere a ações motivacionais e à constante injeção de ânimo. As convenções de vendas têm por objetivo produzir ânimo novo aos seus colaboradores por meio de alguns mecanismos, como promoções, jogos, palestras etc. O importante é que ao final do evento todos estejam ávidos e prontos para voltar, com força total, a suas tarefas, acreditando que o negócio da empresa e o seu trabalho terão muito sucesso com as novas estratégias e ações previstas e apresentadas para o próximo período;

. Antecipar a apresentação de novidades e lançamentos – Apesar de a apresentação de novidades e lançamentos funcionar também como mecanismo motivacional, ela poderá vir a se constituir na principal meta da convenção, pelo fato de estar apresentando aos colaboradores e canais de venda da empresa novidades que irão resultar em uma grande mudança de mercado, em primeira mão, antes que venha a conhecimento do público em geral. Além disso há a oportunidade de discutir as ações e decisões que deverão ser tomadas pelas diferentes áreas da empresa e pelos colaboradores e canais de venda com relação ao impacto dessas mudanças. É possível aproveitar a presença de profissionais e empresas de confiança para realizar um *test-drive* do novo produto, verificando as reações, principais dúvidas, dificuldades e opiniões sobre o lançamento.

Nessas situações é importante salientar que o lançamento para o mercado deverá ocorrer, no mínimo, após um mês do término do evento, permitindo assim que os canais de venda possam-se preparar internamente – no retorno a suas empresas – para as conseqüências do lançamento. Esse período poderia servir para que a equipe técnica da empresa fizesse os ajustes necessários detectados no *test-drive*.

Além de apresentar o novo produto para o canal de vendas, pode-se pensar em aproveitar o evento para comercializá-lo a essas empresas, motivadas e propensas à compra, pelo fato de a apresentação ser altamente atrativa.

Congressos

São eventos em que profissionais de empresas da mesma área de atuação reúnem-se, em local fechado e restrito aos participantes, para discutir sobre temas em comum como: situação de mercado, novas tendências, conceitos etc.

Os congressos são eventos que sob alguns aspectos podem-se assemelhar bastante às Feiras. Quando realizados no mesmo local, com os mesmos participantes e organizados pela mesma empresa de uma Feira, passam a constituir sua parte integrante.

Na maioria das vezes existem vários aspectos que diferenciam esses dois tipos de evento e que fazem do Congresso um evento independente, muito mais abrangente, agregando-se a ele seminários, *workshops*, grupos de discussão e palestras em um único local. Mas existem ainda outras diferenças entre os congressos e as Feiras no que tange ao seu conteúdo e objetivos. Enquanto nas Feiras cada empresa busca apresentar seus produtos/serviços, expondo pontos fortes, principais diferenciais com relação à concorrência e melhores serviços, como atendimento, suporte e outros em um ambiente aberto, nos congressos essa comparação com outras soluções e outras empresas é eticamente proibida. No máximo podem-se apresentar casos de sucesso de empresas que se predispõem a abrir suas estratégias e ações utilizadas para o atingimento dos objetivos. Mesmo nesses casos o depoimento de toda empresa-caso é controlado com relação à ética no que se refere à exposição exagerada do produto/serviço utilizado. Muitas vezes os conferencistas conseguem driblar essa regra expondo os produtos e serviços de suas empresas de forma velada em suas palestras. Mas essa tática costuma não ser bem-vista pelos participantes, uma vez que é esperada a imparcialidade de todos os palestrantes. Estes foram convidados a participar como conferencistas devido ao conhecimento técnico e à vasta experiência no assunto e não para apresentar as soluções da empresa para a qual trabalham. Uma postura adequada para o conferencista é apenas citar a existência da solução e, no final de sua palestra, convidar todos os interessados a visitar o estande de sua empresa e conhecer melhor solução.

Com relação à organização desse tipo de evento, ela poderá ser de responsabilidade de uma empresa especializada em congressos, ou de qualquer empresa interessada em desenvolver um evento para discussão de novas tendências e temas da atualidade. Nesse último caso torna-se mais difícil a manutenção da imparcialidade e a empresa terá de apresentar também soluções de outras empresas. Para evitar essa situação sugere-se optar por outro tipo de evento – o *workshop*, por exemplo –, onde os produtos da empresa poderão ser o destaque da reunião.

Para garantir o destaque em congressos, quando estes são organizados por uma empresa especializada, é necessário atentar para a antecedência na compra de quotas de patrocínio. As empresas organizadoras de congressos costumam, com bastante antecedência ao evento, abrir quotas para que empresas do setor o patrocinem. As quotas variam desde a simples inserção da logomarca em material promocional a ser distribuído durante o evento até uma completa participação, com direito, além da inserção, a palestras, à divulgação do evento na mídia impressa ou televisiva, a convites para participar de demais palestras, como ouvinte, e à distribuição de pastas com conteúdo exclusivo da empresa, entre outros. Como essas quotas costumam ter valor bastante elevado, sugere-se que sejam analisados os custos/benefícios de cada uma delas para que se opte pela participação ou não e em qual nível.

Há vários objetivos para uma empresa participar enviando conferencistas a um congresso como:

. Conferir credibilidade a ela, demonstrando que possui profissionais com domínio técnico sobre o tema – Mesmo que não seja possível apresentar explicitamente os produtos/serviços da empresa nesses eventos, o fato de seu profissional estar palestrando sobre o mercado, novas tendências e técnicas da área, garante um prestígio bastante elevado, tanto ao próprio profissional, como também à empresa que o tem entre seus funcionários. Trata-se de uma publicidade institucional, sem custos e com grande poder de credibilidade;

. Seduzir o público presente e levá-lo a conhecer melhor a empresa e seus produtos/serviços – Este é um objetivo que pode ser atingido com facilidade, principalmente quando se tratar de um congresso em uma Feira e a empresa estiver com um estande de demonstração no local. Ao final da apresentação o palestrante poderá convidar todos a visitar o estande – fornecendo o endereço – e a conhecer as soluções existentes para os problemas e as dúvidas levantados durante o congresso. Mas o convite não se deve limitar a que conheçam a empresa, uma vez que, sendo um profissional com domínio técnico sobre determinado assunto, ele deverá ficar à disposição, no estande, para dirimir as dúvidas.

No caso de não haver estande da empresa ou Feira paralela ao congresso o palestrante deverá manter, ao final de sua apresentação – durante o período de perguntas e respostas –, uma transparência contendo os dados da empresa, para possíveis contatos. Além disso ele deverá ter em mãos quantidade suficiente de cartões de visita da empresa para distribuição aos interessados;

. Apresentar uma nova tecnologia, preparando o mercado para recebê-la com maior estusiasmo – Se a empresa estiver prestes a lançar ou tenha acabado de lançar novo produto ou serviço utilizando tecnologia ainda desconhecida ou pouco difundida no mercado, o congresso poderá servir para expor essa tecnologia, como uma tendência de mercado que deverá estar, em breve e, inevitavelmente, presente em todos os lares, empresas ou consumidores. Dependendo da maneira como esta for exposta, o público presente sairá do evento acreditando na nova tecnologia e na sua iminente aplicação global. Dessa maneira a empresa estará preparando o mercado a aceitar mais rapidamente o produto ou serviço por ela lançado, inclusive percebendo-o como pioneiro. Ao utilizar essa tática a empresa terá de tomar algumas precauções para que os concorrentes não tenham tempo suficiente para imitar a tecnologia e tirar seu pioneirismo. Por esse motivo deve-se evitar realizar a demonstração antes que o produto esteja totalmente pronto e preparado para o lançamento.

Além da participação de palestrante no congresso, é importante que outros profissionais das áreas técnica e comercial da empresa também estejam presentes no evento como ouvintes. São objetivos da participação, entre outros:

- Auxílio ao palestrante da empresa, se for o caso, na resposta a alguma pergunta que fuja ao seu conhecimento;
- Atualização técnica com relação a novas tecnologias e soluções.
Muitas vezes são convidados palestrantes internacionais que apresentam novidades que ainda não chegaram ao Brasil. Detectar oportunidades nessas palestras é uma das tarefas dos profissionais da empresa.

Na escolha dos que irão participar do evento devem-se adotar os seguintes critérios:
- Visão ampla do mercado de atuação da empresa;
- Conhecimento técnico e comercial da área;

- Capacidade de observação e anotação de informações e dados realmente relevantes.
- Abertura e receptividade, sem preconceitos, a novas tendências e tecnologias.

Essas características são fundamentais para que haja aproveitamento, por parte da empresa, com relação ao conteúdo do evento, pois o profissional escolhido será o porta-voz para todas as suas áreas. Para tanto ele deverá ser capaz de transmitir - nas linguagens específicas de cada área - um resultado condensado, porém completo e relevante, de todas as palestras do evento. Para facilitar esse trabalho ele deverá apresentar um relatório - por escrito - do conteúdo do Congresso.

. Acompanhamento da concorrência - Outra tarefa do participante do congresso é fazer um levantamento completo da atuação da concorrência baseado em suas apresentações. Essas informações poderão ser úteis na definição de estratégias comerciais para a empresa.

. Prospecção - O congresso é uma ocasião perfeita para se estabelecerem novos contatos para a empresa, como novos parceiros, clientes e fornecedores, entre outros. Uma das maneiras de fazer com que a empresa tenha destaque no evento, mesmo sem a apresentação de palestras, é elaborar questões inteligentes, relevantes e bem formuladas aos palestrantes. Dessa forma o profissional estará chamando a atenção à sua pessoa e à empresa a qual representa. Certamente outras empresas interessadas em manter relacionamento com a do profissional irão procurá-lo nos intervalos, uma vez que já conhecem, pelo menos, sua fisionomia. Ao retornar à empresa ele deverá distribuir os cartões de visita recolhidos durante o congresso para as áreas interessadas e manter, a partir desse momento, um contato periódico com os contatos feitos no evento.

Roadshows

Como o próprio nome diz, são eventos que viajam por diversas estradas, levando o mesmo conteúdo de apresentações - normalmente um lançamento de produto/serviço - e que necessitam atingir um público bastante abrangente, de todas as regiões de atuação da empresa. Um *roadshow* pelo Brasil poderia ter início, por exemplo, no Rio Grande do Sul e terminar em Manaus, dependendo da amplitude de atuação da empresa. Com esse tipo de evento, ao invés de o consumidor ter de se deslocar para uma determinada cidade onde a empresa esteja sediada, esta irá até o consumidor regional.

Os *roadshows* costumam fazer muito sucesso, particularmente fora do eixo São Paulo-Rio. Consumidores de outras regiões geralmente são ávidos e carentes de novidades e da participação em eventos de importância nacional.

A organização desse tipo de evento costuma ser bastante complexa. Como eles podem-se prolongar por meses e a cada data a equipe estará em um local diferente, é preciso que haja uma programação bem estabelecida e sincronizada, para que nada de errado ocorra durante toda a sua trajetória.

A primeira preocupação na organização de *roadshows* é quanto à(s) equipe(s) que atuará(ão) nos eventos. Não é necessário que uma mesma equipe participe de todos eles, pois estes poderão estar ocorrendo simultaneamente em diferentes cidades. É imprescindível que o conteúdo das palestras seja o mesmo.

Como o evento será regionalizado é fundamental que façam parte da(s) equipe(s) profissionais responsáveis comercialmente pela região. Assim será possível responder a questões referentes à situação regional de mercado, da empresa e de clientes.

Se a empresa contar com um escritório regional, será mais fácil montar a infra-estrutura do evento. Se não, esta deverá ser feita do escritório central. Neste segundo caso dicas e sugestões dos profissionais que conheçam a região e que possam orientar a empresa quanto aos serviços e locais mais interessantes serão muito importantes.

Como se trata de um conjunto de eventos que percorrerão várias regiões esse fato deverá ser comunicado ao cliente para que ele possa optar por datas ou locais de sua preferência. Além de dar opções ao cliente, a divulgação serve também como propaganda, na medida em que passa a informação de que a empresa possui ação nacional e se preocupa com o atendimento pessoal e local a todos os seus clientes, independentemente de sua localização geográfica.

Para que a informação de todas as datas e regiões por onde o *roadshow* irá passar conste do convite, sua programação geral deverá estar totalmente fechada antes da data prevista para o primeiro evento. Isso, dependendo do número de regiões previstas, pode significar, para uma determinada região mais afastada, seis meses de antecipação.

Com relação aos objetivos dos *roadshows*, podem-se destacar:

. Lançamento de produtos/serviços – Para lançar um produto nacionalmente é possível recorrer a três mecanismos: lançá-lo por meio de divulgação nacional, utilizando-se de comunicação impressa, televisiva e outros; por meio de um evento ou Feira realizados em uma única cidade – normalmente onde está situada a empresa – ou por meio de um *roadshow*. Neste último caso a principal vantagem concentra-se no fato de o lançamento respeitar o perfil do consumidor da região, seja pela escolha da data mais adequada para cada região, seja pelas ações de divulgação do evento, de equipes de profissionais conhecedores dos problemas e dificuldades locais e que, portanto, poderão melhor direcionar o conteúdo das palestras e os argumentos mais favoráveis para apresentar o lançamento. Essa vantagem é ainda maior quando, desde o início da concepção do novo produto, se pensou nessa regionalização. E quando se tem essa situação não é apropriado, ou mesmo possível, lançar o produto em um único evento ou divulgação nacional;

. Treinamento de clientes e/ou parceiros – Uma forma bastante produtiva e interessante de manter os parceiros comerciais regionais, ou mesmo clientes, atualizados com relação a produtos e serviços da empresa consiste justamente na utilização de *roadshows* como eventos para treinamento dos profissionais;

. Bom relacionamento com clientes/parceiros – Os *roadshows* são úteis também quando se deseja manter um relacionamento próximo com clientes e parceiros. Aproveitar esse tipo de evento como instrumento de coleta de opiniões, sugestões, dúvidas ou mesmo críticas pode gerar um sentimento de participação e comprometimento dos clientes e parceiros com o resultado final da empresa. O cliente se sentirá ainda mais importante e valorizado se a empresa demonstrar preocupação especial com as necessidades e anseios da região.

. Prospecção – Se o assunto do evento for de interesse geral, atraindo um número grande de empresas ou consumidores ainda não-clientes, os *roadshows* poderão ser úteis na obtenção de um cadastro interessante de *prospects* segmentados por região.

Workshops

A definição do dicionário para *workshop* é: "curso intensivo ou grupo experimental". Na prática, nesse tipo de evento profissionais do mesmo ramo, área de negócio ou até da mesma empresa reúnem-se em determinado local com o objetivo de solucionar um problema ou tema a eles apresentado.

Para desenvolver um *workshop* são utilizadas várias técnicas. Uma delas refere-se à experimentação. Nessa técnica é apresentado um problema que deverá ser respondido pelo grupo mediante tentativas e experimentos com o material fornecido, seja este o próprio produto – acabado ou inacabado –, sejam suas réplicas moldáveis ou qualquer outro material capaz de reproduzir uma situação real.

A utilização de um questionário aberto a ser preenchido individualmente pelos participantes após a apresentação do problema ou tema constitui-se em outra técnica bastante utilizada em *workshops*. Se for de interesse da empresa, o resultado do questionário poderá ser novamente colocado em pauta para discussão com o grupo e obtenção de um resultado final em comum.

A discussão entre os membros do grupo e a anotação das observações e conclusões pela equipe constitui-se em outro instrumento para atingir o objetivo desejado. É importante nessas reuniões propiciar uma comunicação aberta a todos os participantes, permitindo todo e qualquer tipo de comentário, sem críticas ou prejulgamento de idéias.

Com relação ao público a ser chamado para esse tipo de evento existem duas possibilidades: ou se monta um grupo formado por clientes e parceiros ou se reúnem profissionais da própria empresa para discussão. Mesmo nos casos em que haja interesse de colher informações de ambos os grupos devem-se desenvolver eventos separados. Unindo-os, os profissionais da empresa sentir-se-ão constrangidos de expressar suas opiniões sinceras sobre o tema em questão, com receio de denegrirem a imagem da empresa ou dos produtos perante os clientes. Da mesma forma os clientes não se sentirão à vontade para opinar abertamente, com receio de receberem duras críticas dos profissionais da empresa presentes na reunião.

O local escolhido para o evento deverá ser neutro, isto é, fora do ambiente da empresa de cada profissional participante, mesmo nos casos em que estejam envolvidos apenas funcionários. O ideal é escolher uma sala de hotel, onde, além de não serem incomodados, os profissionais não se sintam pressionados.

Vários objetivos podem ser previstos para a realização de *workshops*, entre eles:

A. Desenvolvimento ou aprimoramento de produtos – As empresas podem-se utilizar de *workshops* para testar e verificar a reação de clientes, *prospects* ou mesmo funcionários perante uma nova idéia de produto ou alguma alteração deste (embalagem, configuração, ingredientes, marcas etc.). Nesses casos o grupo participante deverá ser escolhido com critérios bastante aprimorados, que garantam resultado efetivo e real. Se o grupo for formado por clientes, sugere-se optar por aqueles que possuam o seguinte perfil:

- clientes completamente satisfeitos com a empresa;
- clientes de conhecimento da diretoria ou gerência da empresa e que estejam há, pelo menos, dois anos com ela;
- clientes com conhecimentos de mercado e capacidade de analisá-lo;
- clientes principalmente confiáveis, no que se refere à credibilidade das informações e opiniões prestadas durante o evento e à confiabilidade mantida perante o mercado com relação aos resultados obtidos.

Para os grupos formados por profissionais da própria empresa, deve-se buscar aqueles que:

- tenham capacidade de observação e análise minuciosa;

- mantenham confiabilidade das informações e resultados obtidos no evento;
- tenham conhecimento do mercado, dos produtos, de concorrentes e da filosofia da empresa.

É ainda interessante mesclar profissionais de diferentes áreas da empresa, desde o atendimento até a área técnica, priorizando aquelas que mantêm contato direto com o mercado. Deve-se aproveitar a contribuição gerada por profissionais de diferentes níveis hierárquicos da empresa e não somente os de primeiro e segundo escalões. Os de níveis inferiores terão a possibilidade e oportunidade de expor suas opiniões e sugestões, nem sempre ouvidas ou objeto da devida atenção por parte de seus superiores.

Para os grupos formados por prospects, deve-se tomar muito cuidado na condução da reunião. Falhas graves nos produtos expostos, mesmo que ainda não concluídos, poderão desmotivá-los a futuras compras e, por sua vez, transmitir esse fracasso ao mercado.

B. Discussão de temas relevantes para o futuro da empresa – Debates sobre tendências de mercado, levantamento de oportunidades e possíveis ameaças são também objetivos para a realização de *workshops*.

Reunir profissionais de mercado, especialistas em determinado tema, clientes e *prospects* participativos e bem informados e funcionários de nível estratégico da empresa, ainda que em grupos separados, contribui para que sejam analisadas situações e tendências de mercado que no dia-a-dia da empresa são esquecidas pela falta de tempo e pelo envolvimento em tarefas operacionais.

É necessário que de tempos em tempos os decisores estratégicos da empresa possam reservar um momento de reflexão e estudo da situação atual da empresa e que possam ouvir – de seus clientes, *prospects* e especialistas (normalmente consultores) – as novas tendências e opiniões sobre o futuro do mercado. Empresas que não permitem essa abertura, mantendo seus profissionais alheios ao mundo exterior, apenas preocupados com a solução de problemas operacionais da empresa, acabam por deixar escapar novas oportunidades e não considerar possíveis ameaças ao seu negócio.

C. Solução de problemas operacionais da empresa – Quando a empresa passa por dificuldades operacionais – seja com relação aos produtos em serviços prestados, seja no tocante à operação – é possível recorrer a *workshops* para tentar solucioná-las.

Com esse tipo de reunião será possível discutir, com profissionais envolvidos direta ou indiretamente no problema, alternativas para solucioná-lo. Excepcionalmente, clientes, desde que de extrema confiança da empresa, poderão participar da reunião, apesar de geralmente esse fato não ser aconselhável. É interessante ainda contar com a colaboração de um especialista no assunto, para que ele possa orientar o grupo na direção correta da solução.

Nessas reuniões alguns cuidados e etapas deverão ser considerados:

- Seleção de um mediador ou facilitador que deverá conduzir a reunião, fornecendo recursos aos participantes, controlando o tempo, evitando fugas quanto aos objetivos traçados e motivando o grupo a buscar soluções criativas, entre outras tarefas;
- Definição e análise do problema. O grupo que irá tentar solucionar a questão levantada deverá compreender e perceber o problema da mesma maneira. É preciso, antes que se parta para a busca da solução, definir e analisar cada aspecto do problema e verificar se todos o entendem da mesma forma. Além disso os membros do grupo devem comprar para si o problema;
- Inclusão no grupo dos reais envolvidos no problema. Se no grupo não estiverem as pessoas com o poder de interferir ou com a capacidade de resolver o problema, na prática, de nada adiantará a reunião;
- Levantamento de alternativas de solução. A busca de alternativas inclui criatividade e participação geral. Isso significa que todos devem ter a oportunidade de expor idéias, sem preconceitos nem limites. Quanto maior o número de idéias, maiores as possibilidades de chegar próximo à solução ideal.

D. Treinamento – O *workshop* pode ser útil para o treinamento de clientes, canais de venda ou funcionários da empresa, no que diz respeito às novas técnicas, novos produtos/serviços ou mesmo reciclagem dos produtos já existentes.

Se o treinamento for planejado regionalmente esse tipo de evento pode assemelhar-se muito aos *roadshows*. A diferença básica, entretanto, está no fato de que em *workshops* há a participação aberta e livre de todos os membros do grupo, durante todo o período da reunião, enquanto em *roadshows* o evento é desenvolvido através de palestras proferidas pelos profissionais da empresa, cabendo à platéia tirar suas dúvidas e fazer perguntas no final. Além disso o próprio conteúdo do *workshop* é desenvolvido pelo grupo, apenas com a orientação de um roteiro predefinido e com objetivo comum e limite de tempo para seu atingimento. Essa diferença pode ser observada até na maneira como são dispostas as salas para cada tipo de evento.

Enquanto nos *roadshows* as salas utilizadas são normalmente dispostas em auditório, nos *workshops* priorizam-se as disposições que facilitem a comunicação entre os participantes, como as salas em U ou as com mesas compostas por oito a dez pessoas.

Eventos sociais

Existem inúmeras possibilidades de eventos que – com atividades de cunho social – permitem às empresas atingir seus propósitos de forma eficaz e prazerosa ao mesmo tempo.

Empresas criativas e voltadas às novas tendências de mercado com relação a eventos estão buscando alternativas que complementem e quebrem a frieza e a formalidade dos eventos mais comumente utilizados, como congressos, *workshops* etc. Elas captaram o anseio dos profissionais por um tratamento mais próximo e mais voltado ao seu lado humano e social. A preocupação com a elevação da qualidade de vida dos profissionais, quebrando o rígido limite entre o trabalho e o lazer, passou a nortear as atividades escolhidas por essas empresas. Dessa forma surgiram os eventos de cunho social, não para atender a todos os objetivos da empresa, mas para aliar à finalidade técnica outros de relacionamento entre empresa, funcionários e clientes.

Alguns dos principais intuitos desse tipo de evento são:

. Lançamento de produtos/serviços – Os eventos de cunho social, por terem maior poder de atração do público-alvo, são muito eficazes para lançar um novo produto. Criado o ambiente adequado – seja ele em um hotel, danceteria ou outro local –, o lançamento será muito mais empolgante e memorável do que se fosse realizado em um evento formal com palestras intermináveis. O fator surpresa garante mais atenção e expectativa ao que será apresentado no evento, e a descontração do ambiente aproxima com maior facilidade os convidados à novidade apresentada;

. Estreitamento do relacionamento com clientes/parceiros – Valorizar o cliente, parceiro ou funcionário da empresa e mantê-los sempre próximos a ela – por meio de eventos de cunho social – é fundamental para que se garanta a sua satisfação e, conseqüentemente, bons negócios. Além disso a imagem institucional e dos produtos e serviços da empresa é alavancada, e ela pode ser a primeira a ser lembrada em futuras compras;

. Premiação por resultados alcançados – É interessante utilizar esse tipo de evento para a entrega oficial dos prêmios de promoções realizadas com clientes, canais de venda ou equipes internas da empresa. A premiação garante o estreitamento do relacionamento, uma vez que valoriza um resultado positivo alcançado durante um período previamente estabelecido.

Estando os demais clientes/parceiros não premiados no evento, motiva-os a lutar por resultados melhores em próximas promoções.

Para garantir a presença de todos, mesmo daqueles não premiados, deve-se deixar que o resultado final seja apresentado somente durante o evento, sem antecipá-lo a nenhum ganhador. A surpresa na entrega dos prêmios garantirá mais atenção de todos. Se o resultado da promoção já for de conhecimento geral, pode-se então anunciar, no convite, o adicionamento de outras categorias de premiações que somente serão apresentadas no evento, as quais poderão ser qualitativas ou quantitativas, dando mais oportunidade a outros vencedores.

Constituem exemplos de eventos de cunho social:

Café da manhã, almoço, coquetel ou jantar

Esses eventos costumam ser realizados em restaurantes ou hotéis de renome, onde os convidados se reúnem durante o horário da refeição para que lhes seja apresentado um novo produto ou qualquer novidade da empresa, ou, ainda, apenas para manterem um contato mais direto.

Por meio desses eventos é possível reunir executivos muito requisitados que disponham de pouco tempo para participar de todos os eventos a que são convidados. Ao realizar um evento de poucas horas – no máximo três – em horário de refeição e em local de fácil acesso, a empresa estará dando uma opção viável ao executivo.

Existem algumas dúvidas com relação a esse tipo de evento de cunho social. Uma delas refere-se ao dilema: garantir maior presença ou se aprofundar no conteúdo do evento. O fato de a empresa ter escolhido um período curto para o evento, favorecendo a presença de altos executivos, poderá, por sua vez, prejudicar uma apresentação mais alongada do lançamento ou novidade. Mas isso não deve constituir em preocupação, uma vez que o próprio perfil dos executivos que estarão presentes – normalmente alta gerência e diretoria – não permitiria de qualquer maneira explicações prolongadas sobre o mesmo. O conteúdo desse evento deverá ser direcionado à apresentação das vantagens e benefícios que a novidade trará às empresas presentes. Se as vantagens convencerem os gerentes e diretores, certamente estes solicitarão que seus funcionários procurem a empresa para buscar mais informações.

Se a empresa desejar, por outro lado, uma apresentação mais prolongada, esta deverá ser feita em eventos onde se disponha de mais tempo e onde o público-alvo englobe profissionais interessados em detalhes técnicos.

Café da manhã, almoço, coquetel ou jantar possuem, cada um deles, vantagens e desvantagens, cujas listas apresentadas a seguir ajudarão na decisão pelo tipo de refeição a ser privilegiada em cada caso:

- Café da manhã:

  . Vantagens:

    - Não atrapalha o expediente uma vez que, para executivos de primeiro escalão, normalmente não constitui problema chegar às 10 horas, por exemplo, na empresa;
    - Não há necessidade de deslocamento da empresa para o evento. O executivo sai de casa já com destino ao evento. Isso evita que problemas de última hora no escritório prendam-no e impossibilitem sua saída;
    - Pela manhã o executivo está bem mais disposto e sem a cabeça repleta de problemas acumulados durante um dia inteiro de trabalho. Assim será mais fácil expor qualquer novidade e fazê-lo assimilá-la com mais entusiasmo;
    - O café da manhã é uma refeição muito valorizada por executivos. Eles não a consideram desnecessária e não a vêem como perda de tempo.

  . Desvantagens:

    - Pode-se tornar desfavorável, caso o evento se prolongue em demasia, atrapalhando o dia de trabalho do executivo;
    - Muitos executivos permanecem até tarde da noite em seus escritórios, resolvendo problemas ou aproveitando a tranqüilidade da noite para a execução de reuniões mais produtivas. Nesses casos será difícil conseguir a presença deles logo cedo no dia seguinte. Muitos preferem trabalhar até tarde e chegar ao escritório após as 9 horas. Outros praticam esportes antes de se dirigir ao trabalho. Como o café da manhã costuma ter início entre 8h00 e 8h30, dificilmente contará com esses executivos. Antes de decidir pelo evento, verifique o perfil de seus convidados.

- Almoço:

  . Vantagens:

    - O horário de almoço é bastante valorizado por executivos de primeiro escalão. Eles costumam prolongar-se nessa refeição, aproveitando-a para a realização de negócios ou discussão com outros profissionais da empresa e de outras companhias. Assim, geralmente não há problema em permanecerem por três horas fora do local de trabalho durante esse período;
    - Não haverá problema com executivos que, por terem saído tarde do escritório no dia anterior, não estarão dispostos a chegar muito cedo ao evento.

. Desvantagens:

- Por se tratar de um evento no meio do período de trabalho, algum imprevisto poderá impedir que o executivo saia do escritório naquele horário;
- Pelo mesmo motivo o executivo, ainda que presente ao evento, não estará em condições de absorver todo o seu conteúdo, uma vez que as preocupações trazidas do escritório poderão superar a expectativa pela novidade.

- Coquetel:

. Vantagens:

- Se o local escolhido para o evento for de fácil acesso à maioria dos convidados, provavelmente eles irão preferir ir ao coquetel a ficar horas parados no congestionamento do trânsito. Nesses casos, o coquetel pode transformar-se em *happy hour* para que seja evitado o tráfego;
- Como o coquetel ocorre no final do expediente, não haverá a preocupação em retornar para a empresa, motivo pelo qual ele pode prolongar-se por mais tempo;
- Esse tipo de evento é mais favorável para profissionais que buscam uma vida social mais ativa e um conhecimento maior de outros profissionais e empresas. Se o perfil dos convidados for esse, é mais certa a presença ao evento.

. Desvantagens:

- Executivos de primeiro escalão não costumam freqüentar esse tipo de evento, por considerá-lo confuso e tumultuado. Preferem sossego em reuniões fechadas e seletivas. Além disso eles costumam sair tarde do escritório, quando provavelmente o coquetel já estará encerrado;
- Problemas na empresa poderão impossibilitar a presença de alguns profissionais;
- Muitos executivos com famílias constituídas preferem ir para casa o quanto antes possível, para descansar e aproveitar o convívio familiar;
- Se o local escolhido for de difícil acesso, ele poderá decidir-se logo por não ir ou desistir no caminho, devido à dificuldade de chegar ao evento. Isso ocorre principalmente nas grandes cidades, onde o tráfego é geralmente intenso.

– Jantar:

.Vantagens:

- O jantar não atrapalha o expediente de trabalho dos executivos;
- Se no jantar for permitida a presença de um acompanhante, é provável que um maior número de convidados compareça;
- O jantar permite que os executivos possam ir antes para casa, tomar um banho e, certamente, chegar mais tranqüilos e receptivos ao evento.

- Por não terem outro compromisso no dia, o evento poderá ter uma duração mais prolongada, apresentando com mais calma e mais detalhes as novidades e lançamentos. Isso é verdade, sobretudo se os executivos estiverem acompanhados, sem pressa para retornar a seus lares.

.Desvantagem:

- Permitir que os executivos retornem para casa para somente depois virem ao evento pode-se tornar perigoso. Ao chegar em casa, cansado de um dia inteiro de trabalho, ele poderá decidir-se por não mais sair e continuar descansando no aconchego do lar.

Eventos em casas noturnas

Está-se tornando cada vez mais comum a organização de eventos em danceterias, choperias ou bares badalados da cidade, atraindo um grande número de pessoas, sobretudo jovens.

Esses eventos têm como principal objetivo alavancar a imagem institucional da empresa. No entanto, se bem organizados, poderão ser úteis para muitos outros objetivos mais específicos, como o lançamento de um novo produto, a entrega de prêmios de campanhas de vendas, o lançamento de uma promoção envolvendo os canais de venda, o anúncio de uma fusão da empresa com outra de renome internacional e o lançamento de uma nova campanha publicitária nacional, entre outros.

O interessante nesses eventos é fechar a casa para a participação exclusiva dos convidados da empresa, sem a presença de pessoas alheias ao negócio. Assim será possível aproveitar todos os ambientes e montar uma infra-estrutura personalizada ao evento. Para que isso seja possível o evento não poderá ocorrer nos finais de semana e às sextas-feiras, quando as casas noturnas não costumam fechar para eventos.

Viagens nacionais e internacionais

Existem inúmeras possibilidades de realização de eventos, tanto em hotéis dentro do país – em cidades litorâneas ou no Interior – como também fora. Realizar um evento desse tipo requer investimentos consideráveis, dependendo do número de convidados e acompanhantes. A seguir apresentamos alguns exemplos:

- Viagens nacionais – É um evento interessante para aprimorar o relacionamento com clientes e parceiros ou mesmo entre funcionários da empresa. Durante um fim de semana, por exemplo, podem-se realizar atividades tanto relacionadas ao negócio da empresa – como conferências, *test-drives* de novos produtos – quanto de lazer, com programação para toda a família;

Para tornar esse fim de semana agradável para todos os convidados deve-se estabelecer, durante todo o período do evento, um máximo de 20% do tempo para uso de reuniões e atividades profissionais. Isso significa que, se o objetivo do evento for transmitir grande quantidade de informações em palestras e reuniões, esse tipo de evento não será apropriado. Existem empresas que utilizam 100% do período do evento para desenvolver atividades de lazer, apostando na satisfação e no relacionamento mais próximo e eficaz entre profissionais da empresa e seus clientes/parceiros;

- Viagens internacionais – Existem alguns eventos internacionais que são muito cobiçados por profissionais de áreas específicas. Um exemplo é o festival de Cannes, na França, que é realizado anualmente e conta com a participação de profissionais da área de publicidade e propaganda. Receber um convite para participar desse evento será, sem dúvida, uma surpresa muito agradável a um cliente de uma empresa de propaganda.

As Feiras que ocorrem fora do País também podem ser de interesse de clientes VIP da empresa. Caso a empresa esteja expondo na Feira deverá convidar os seus principais clientes e parceiros a visitar o seu estande, bem como recebê-los na matriz regional da empresa, o que lhe poderá garantir um relacionamento próximo, além de possibilitar que conheçam novos produtos e tendências do mercado mundial.

Algumas empresas de atuação mundial e que contam com escritórios no Brasil convidam seus principais clientes e parceiros a participar anualmente de suas convenções de vendas ou de congressos internacionais realizados, normalmente, a cada edição em um local diferente.

Há ainda a possibilidade da realização de eventos em navios de cruzeiro, quer os de rota normal, quer os fretados pela empresa. Apesar da boa imagem gerada por esse tipo de viagem, o evento poderá ser prejudicado pela dificuldade de conseguir maior comparecimento dos convidados a palestras e reuniões da empresa durante o passeio.

Eventos culturais

Para impressionar clientes e parceiros, notadamente se estes gostarem de arte, será possível convidá-los a participar de um evento cultural, já em cartaz, ou patrocinado pela empresa.

Existem várias possibilidades de realização de eventos culturais. Como exemplos:

- . Carnaval – Se houver interesse em agradar clientes ou parceiros estrangeiros ou mesmo nacionais, uma opção é a empresa reservar um camarote no Carnaval do Rio, São Paulo ou qualquer região do Brasil e convidá-los a participar – com todas as despesas incluídas – desse espetáculo típico;
- . Shows/Peças/Filmes – Convidar os clientes/parceiros para assistir a um espetáculo – seja show, filme, peça, dança etc. – que esteja em cartaz irá trazer muitos benefícios à imagem da empresa e ao seu relacionamento com os convidados. É possível utilizar-se, inclusive, no convite, de um tema que transmita a preocupação da empresa com relação ao bem-estar e à qualidade de vida de seus parceiros, clientes ou funcionários, justificando o evento.

    Se o espetáculo estiver sendo patrocinado pela empresa ou por um de seus produtos, essa informação deverá constar de todos os ambientes, inclusive com cartazes e banners espalhados pelo palco e pelos corredores.

    Se a empresa conseguir organizar um espetáculo exclusivo para seus convidados o retorno será ainda maior. Dessa forma será possível envolver o público com um espetáculo interativo e personalizado, durante o qual poderá ser dado algum destaque ao lançamento de um novo produto e à importância dos clientes para a empresa, entre outros. Se esta for a opção, deve-se contratar um espetáculo que realmente chame a atenção do público, com atores renomados, peças consagradas, shows mundialmente conhecidos etc.;

- . Comemorações em Festas do Calendário como: Juninas, Natal, Dia da Criança, Páscoa etc. – A empresa poderá promover festas de congraçamento nos dias ou nas vésperas dessas datas, oferecendo presentes ou brindes típicos aos que comparecerem.

Eventos desportivos

Da mesma forma que nos eventos culturais, é possível organizar eventos desportivos com a participação exclusiva dos convidados da empresa, bem como aproveitar algum já existente, participando como patrocinador.

Nesses tipos de eventos incluem-se, particularmente, os jogos de futebol, as corridas de Fórmula 1, os rodeios, as maratonas etc. É importante lembrar que os eventos desportivos em que houver a participação ativa dos convidados devem contar sempre com a colaboração de profissionais habilitados, da área de esportes, além de cuidados de natureza médica.

Uma opção muito valorizada pelas empresas é a organização de caminhadas em trilhas realizadas em locais distantes das grandes cidades, onde é possível relaxar e eliminar o estresse causado pelo dia-a-dia de trabalho. A preocupação com o bem-estar de clientes, parceiros e funcionários é facilmente percebida.

Corridas de *kart* e campeonatos de golfe ou de tênis são também ótimos eventos esportivos, nos quais é possível reunir profissionais com perfil competitivo e com alto nível de desejo por aventura. Se o objetivo do evento é gerar maior motivação à equipe de vendas da empresa ou anunciar uma mudança de impacto que trará novos desafios aos seus profissionais, esta é, sem dúvida, ótima opção.

PARTE II

ETAPAS DE PLANEJAMENTO DA ORGANIZAÇÃO DE EVENTOS

Planejar eventos com sucesso não é tarefa simples. Tal planejamento envolve muitas providências de natureza diversa, que devem ser tomadas em determinada ordem e geralmente em curto espaço de tempo. Qualquer esquecimento, atraso ou falha em relação a uma delas poderá comprometer o sucesso do evento.

Para que tal fato não ocorra torna-se importante ter presentes os passos, ou etapas, a serem seguidos. A simples listagem dessas etapas já constitui, por si só, uma ajuda, dando mais segurança ao organizador. No caso de evento organizado por terceiros, ela pode ser utilizada como um *check-list* para a empresa acompanhar – e até ir pagando – sua preparação. Se o evento for organizado pela própria empresa, além da verificação da listagem das etapas na ordem em que deverão ser executadas, também a atenção com cuidados específicos a serem tomados, em relação a cada item da lista, servirá para evitar os problemas mais comuns ou, pelo menos, para tornar possível lidar com eles em momentos menos inoportunos que no decorrer do evento.

A partir do momento em que a diretoria da empresa aprova a participação ou organização de um ou mais eventos e leva essa decisão ao conhecimento do Departamento de Marketing, deve-se começar imediatamente o planejamento dessa(s) participação(ões) ou organização(ões). As providências começam com muita antecedência – muitas vezes até um ano antes de cada evento – e vão-se intensificando à medida que se aproxima a data dele(s).

Cada tipo de evento possui características peculiares, motivo pelo qual os passos e, às vezes, a sua ordem diferem, apesar de haver alguma coincidência. A Feira é a que mais difere e que possui maior complexidade dentre os vários tipos de eventos, razão pela qual se optou por apresentar o seu planejamento em capítulo separado daquele dos demais.

Os dois capítulos desta Parte tratam, passo a passo, respectivamente, do planejamento da organização de eventos para Feiras e para outros eventos.

CAPÍTULO 4

PLANEJAMENTO DA PARTICIPAÇÃO EM FEIRAS

Neste capítulo, são fornecidos os passos ou etapas para o planejamento da participação em Feiras, obedecendo a ordem em que deverão ser executados. São fornecidos, também, modelos e várias "dicas", baseados na experiência da autora na organização de eventos.

Os passos do planejamento para a participação em Feiras, na ordem, são:

1. Definir objetivos da Feira;
2. Verificar e analisar o orçamento disponível;
3. Definir estratégias para a participação na Feira e apresentar o plano à Diretoria da empresa;
4. Fechar espaço com a organizadora oficial;
5. Solicitar e preencher o Manual do Expositor;
6. Ampliar a participação na Feira;
7. Solicitar crachás e convites;
8. Enviar os convites;
9. Definir o projeto do estande;
10. Reunir os envolvidos;
11. Fazer o levantamento dos equipamentos;
12. Contratar serviços de terceiros;
13. Definir mecanismos para a divulgação da participação da empresa na Feira;
14. Verificar o estoque de material promocional;
15. Preparar o sistema de cadastro dos visitantes;
16. Fazer o levantamento do estoque de produtos;
17. Definir mecanismos para a divulgação da empresa nas dependências da Feira;
18. Definir regras gerais e de despesas com alimentação, transporte e estacionamento dos funcionários da empresa;
19. Levantar o investimento total previsto para a Feira;
20. Elaborar o Manual de Atuação na Feira;
21. Preparar formulários de controle;
22. Preparar formulários e questionários de avaliação.

1º Passo: Definir objetivos

Para que a Feira atinja os objetivos da empresa estes devem ser traçados, discutidos com a diretoria e dados a conhecer, pelo responsável da empresa nesse tipo de evento, a todos nele envolvidos, direta ou indiretamente. Definir objetivos significa saber o que se pretende de resultados quantitativos e qualitativos, estabelecendo, a priori, mecanismos para mensurá-los.

Já foi visto neste livro que, antigamente, as Feiras eram tidas apenas como meios de divulgação, em que a disseminação da imagem da empresa e de seus produtos constituía-se no único objetivo esperado. Hoje, com os altos custos de preparação e execução de Feiras e o grande envolvimento de estruturas inteiras destinadas somente à organização e à participação nelas, as empresas passaram a atribuir à Feira a finalidade de vendas, até de curto prazo, além da geração de uma boa imagem no mercado. Essa recente tendência no cenário nacional deve-se, em grande parte, ao reflexo e à influência da posição adotada por empresas internacionais, acostumadas a utilizar as Feiras, nos EUA principalmente, como instrumento de vendas, por intermédio de promoções especiais e estandes direcionados a esse objetivo. Por causa da nova finalidade agregada à Feira surgiu a necessidade de avaliar seus resultados quantitativa e qualitativamente.

Alguns objetivos esperados em Feiras podem referir-se por exemplo: ao incremento de vendas naquele período, aproveitando para zerar estoques remanescentes de períodos anteriores; ao lançamento de novos produtos/serviços e sua apresentação ao mercado (aliás, as Feiras são excelentes ocasiões para lançamentos); ao aumento do *share-of-mind* do produto e da própria instituição; ao aumento de credibilidade da empresa; ao encontro e ao prestígio perante os clientes; à geração de um cadastro de *prospects*; à alavancagem de negócios a médio e longo prazos, dentre muitos outros.

Alguns ou todos esses objetivos, além de outros mais, podem ser esperados em relação a um determinado evento. Se houver vários deles em questão convém estabelecer, se possível, uma hierarquia de importância entre eles.

2º Passo: Verificar e analisar o orçamento disponível

Antes de iniciar a definição das estratégias a serem adotadas na organização da Feira, deve-se conhecer e analisar o orçamento disponível para tal evento, levando em consideração os resultados esperados e as possibilidades de investimento da empresa.

Como o orçamento disponível é estipulado normalmente pela direção da empresa, é preciso verificar com ela o valor total previsto e analisar, diante das perspectivas de resultados, a viabilidade de atingimento deles, utilizando-se da verba disponível. Isso significa saber se o orçamento disponibilizado pela diretoria será suficiente para desenvolver uma estratégia capaz de garantir os objetivos esperados.

Para efetuar a análise de viabilidade do orçamento será necessário preparar uma simulação prévia das principais atividades e fazer um levantamento dos gastos previstos com elas. Apesar de exigir certa experiência na organização da participação em Feiras, para se ter um *feeling* da viabilidade ou não do orçamento, já que ainda não terão sido definidos os fornecedores dos serviços que terão de ser feitos, a análise poderá ser realizada considerando os itens de maior valor financeiro e, portanto, de maior peso no orçamento, e realizando com um único fornecedor – de preferência de conhecimento pessoal do organizador – uma rápida consulta para saber o valor estimado do serviço. Caso a empresa já tenha-se utilizado do serviço anteriormente, pode-se recorrer ao valor pago na ocasião fazendo uma projeção para a Feira atual. Dois itens que consomem grande parte do orçamento para a participação em uma Feira são a locação do espaço e a montagem do estande. Eles representam, juntos, normalmente mais de 80% do valor total gasto com a Feira. Caso a empresa pretenda desenvolver uma campanha de mídia para divulgar a sua participação na Feira, este item costuma ser um dos mais dispendiosos do orçamento.

Assim, se uma consulta prévia a uma empresa de montagem de estandes apresentar um valor estimado maior do que, por exemplo, 80% da verba disponível, já se terá uma noção de que esta não será suficiente.

Quando na análise da verba, em comparação com a estimativa, for verificada uma inadequação, deve-se tomar uma de três alternativas: redimensionar junto à diretoria, o orçamento disponível; ajustar a estratégia à verba estipulada, lembrando que poderá ser prejudicado o atingimento dos resultados esperados ou, ainda, convencer a diretoria a desistir da participação daquela Feira, quando não for possível ou interessante aumentar a verba, reservando esta, talvez, para participação mais eficaz em outro evento.

A primeira alternativa costuma ser a mais lógica, considerando que participar de uma Feira sem o mínimo de recursos constituirá, certamente, prejuízo de resultados para a empresa e de imagem desta e do organizador. Porém, para convencer a diretoria desse fato, o organizador deverá apresentar justificativas objetivas e irrefutáveis que demonstrem a necessidade de mais verba. Essa tarefa é bastante complexa e exige um estudo preciso e pormenorizado dos vários aspectos da Feira.

Às vezes, quando a diferença de valores não é demasiadamente grande, é possível evitar essa discussão com a diretoria, verificando com ela qual o grau de flexibilidade da verba com relação a prováveis ajustes. Caso se possa conhecer o limite máximo aceitável pela diretoria para um ajuste no orçamento disponibilizado inicialmente, pode-se evitar uma discussão desnecessária, desgastando e até indispondo ambas as partes entre si.

3º Passo: Definir estratégias para a participação na Feira e apresentar o plano à diretoria da empresa

Definidos os objetivos e conhecido e ajustado o orçamento disponível para a Feira, parte-se para a estratégia a ser adotada para atingi-los, não esquecendo que deverão ser considerados todos os produtos/serviços que a empresa pretende expor ou comercializar na Feira, além dos lançamentos, bem como o *target* visado, isto é, o público-alvo. Dependendo do *target* que se pretende atingir torna-se mais adequado outro tipo de estratégia. Por exemplo, se o público-alvo constitui-se de empresas de grande porte, onde os principais executivos destas serão os visitantes da Feira, e se o principal objetivo for iniciar um processo de vendas de sistema de automação industrial, o estande deverá ter características especiais, como ser mais "fechado", com atendimento totalmente personalizado em um ambiente fino e confortável, discreto e reservado, com um serviço de bufê requintado e de qualidade. Se por outro lado os visitantes esperados para a Feira forem consumidores finais procurando produtos de uso diário – varejo – e o propósito principal for incrementar as vendas no período e zerar o estoque, o estande e todas as atividades nele desenvolvidas deverão ser o mais promocionais possível, com um leiaute basicamente "aberto", muitas promoções pela Feira e dentro do espaço da empresa, cores fortes nos uniformes das recepcionistas e na própria decoração do ambiente interno e externo. Estes constituem apenas dois exemplos simples que ilustram a importância da consideração dos objetivos esperados e das relações entre eles, o *target* proposto e as estratégias a serem adotadas.

Quando as estratégias para a Feira estiverem predefinidas será necessário apresentar à direção da empresa um plano de atuação para a aprovação. Desse plano deverão constar:

- os objetivos da Feira já discutidos com a direção da empresa;
- as estratégias a serem adotadas: para cada objetivo deverão ser apresentadas as estratégias a serem empregadas para o seu atingimento;
- os recursos necessários: deverão ser listados os recursos internos (físicos e humanos) e externos para o desenvolvimento das estratégias apresentadas;
- o orçamento previsto.

A partir do 4º passo serão apresentados os itens constantes da estratégia de participação da empresa na Feira.

4º Passo: Fechar espaço com a organizadora oficial

Definidos os objetivos e a disponibilidade financeira para a Feira, passa-se a ter um parâmetro para avaliar as características necessárias ao espaço a ser reservado com sua organizadora.

Fechar espaço significa definir o tamanho que o estande deverá ter e sua localização na planta geral da Feira. Dentro dos pavilhões de exposição existem ruas ditas principais e secundárias. As principais são mais largas e, portanto, mais disputadas. Como não existe na maioria dos casos diferenciação de custo para os locais, é interessante reservar o espaço antecipadamente. Às vezes tal reserva deve ser feita com muita antecedência, pois muitas Feiras têm todos os espaços esgotados um ano antes do seu início, ou até mesmo na versão anterior do evento.

Além do tamanho e da localização na planta será preciso definir a configuração desejada, ou possível, para o estande da empresa. Existem vários tipos de disposição. Há os de uma frente, com ou sem abertura nos fundos para a rua paralela, os de esquina, os de três faces e os totalmente abertos.

O tipo mais simples de estande é o de uma única frente. São estandes localizados entre dois outros, onde apenas uma face fica disponibilizada para acesso externo (frente de rua). Esses estandes não são muito apropriados, pois acabam ficando trancados entre outros dois e o espaço para exposição a visitantes fica limitado. Podem ser utilizados quando a empresa pretende ter um ambiente mais reservado, aproveitando-se das paredes geradas nessa configuração. Mesmo assim a divulgação da empresa torna-se difícil pelo fato de o estande ficar escondido. A figura a seguir ilustra um estande de uma única face.

– Figura Ilustrativa de Estande de uma Única Face

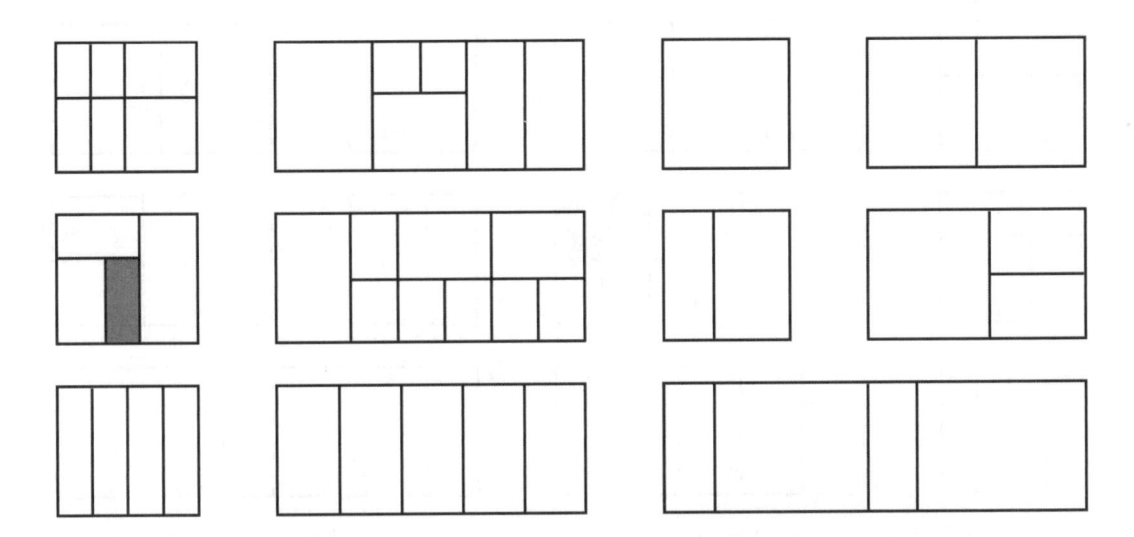

Uma variação do estande de uma única face poderá ser encontrada quando este, apesar de se manter fechado entre dois outros estandes, ganha nova área de circulação, com as suas costas voltadas para outra rua, conforme ilustrado na figura seguinte.

– Figura Ilustrativa de Estande de "Duas" Faces Paralelas

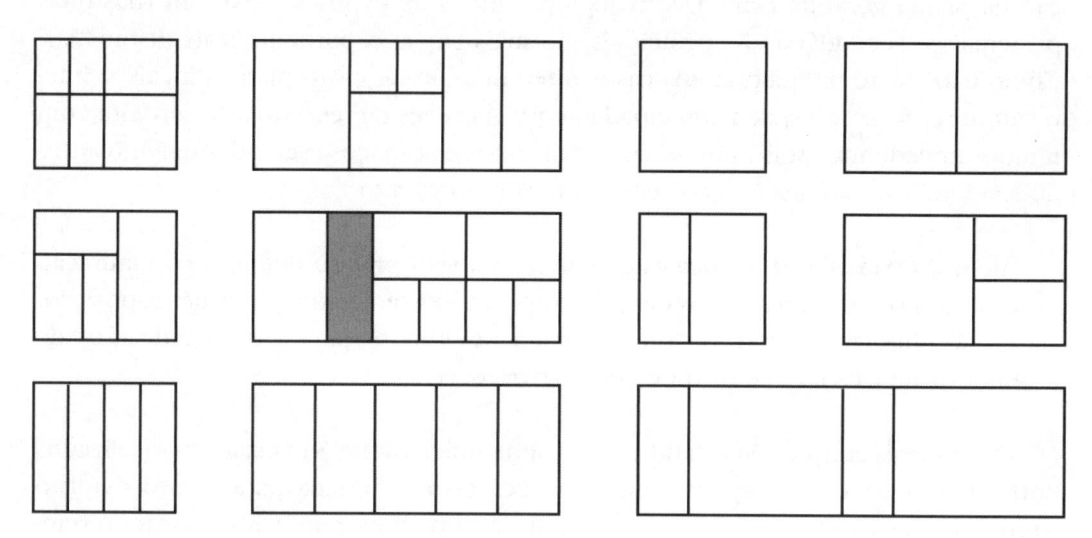

O estande de esquina já apresenta duas faces voltadas para ruas e duas voltadas para as costas de outros estandes vizinhos. É uma das melhores opções para empresas que buscam ambientes mais abertos e de maior visibilidade, mas que, por outro lado, não desejam usar verba para adquirir espaços maiores. A figura a seguir mostra um exemplo de estandes de esquina.

– Figura Ilustrativa de Estande de Esquina

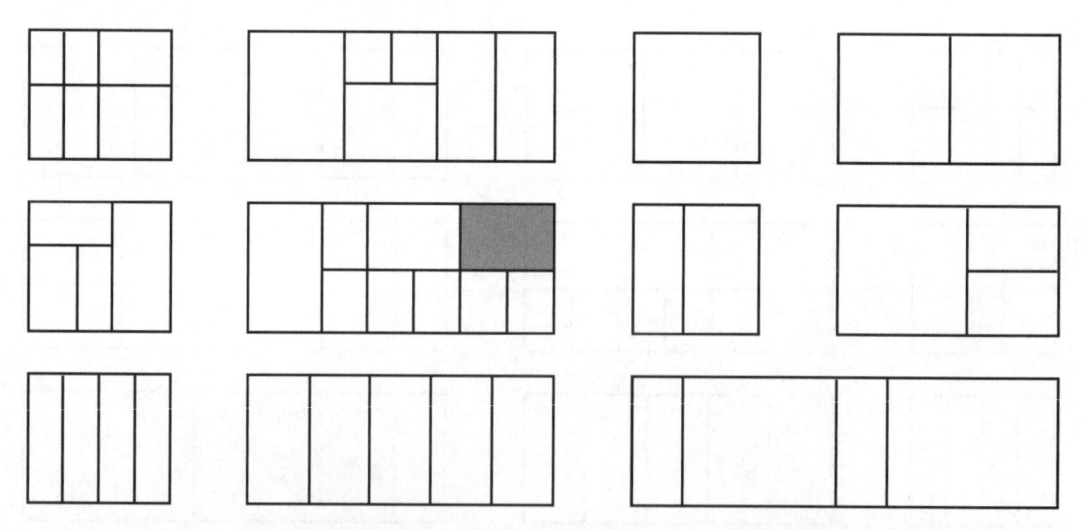

Dependendo do tamanho do espaço a ser contratado e da planta da Feira, é possível que se tenha um posicionamento em que três faces do estande estejam direcionadas a ruas. Isso significa que a empresa dispõe de apenas uma lateral fechada com parede e três laterais abertas ao público. Interessantíssimo nos casos em que a principal estratégia da empresa seja a exposição aberta e indiscriminada a qualquer visitante que esteja passando pela Feira.

– Figura Ilustrativa de Estande de Três Faces

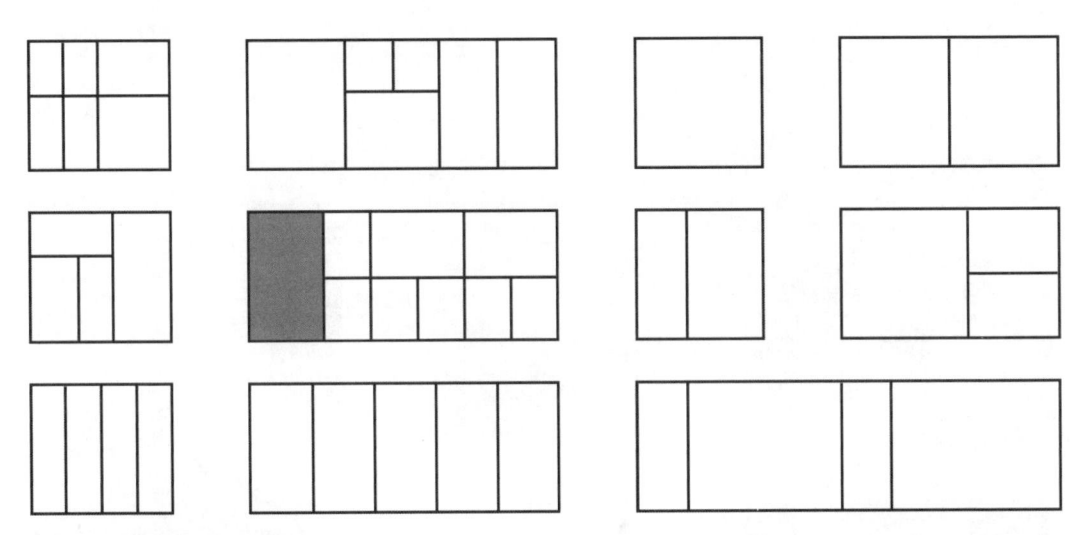

O estande totalmente aberto ficará disponível somente nos casos em que é reservado um espaço muito grande, normalmente uma quadra inteira da planta. Apesar de se obter vantagem importante no tamanho do estande e na exposição ao público, tal disposição poderá dificultar a construção de salas, uma vez que para isso a empresa precisará providenciar paredes. É mais adequada para lançamentos de produtos de grande porte como: carros, geladeiras etc. A figura a seguir mostra um exemplo de estande totalmente aberto.

– Figura Ilustrativa de Estande Totalmente Aberto

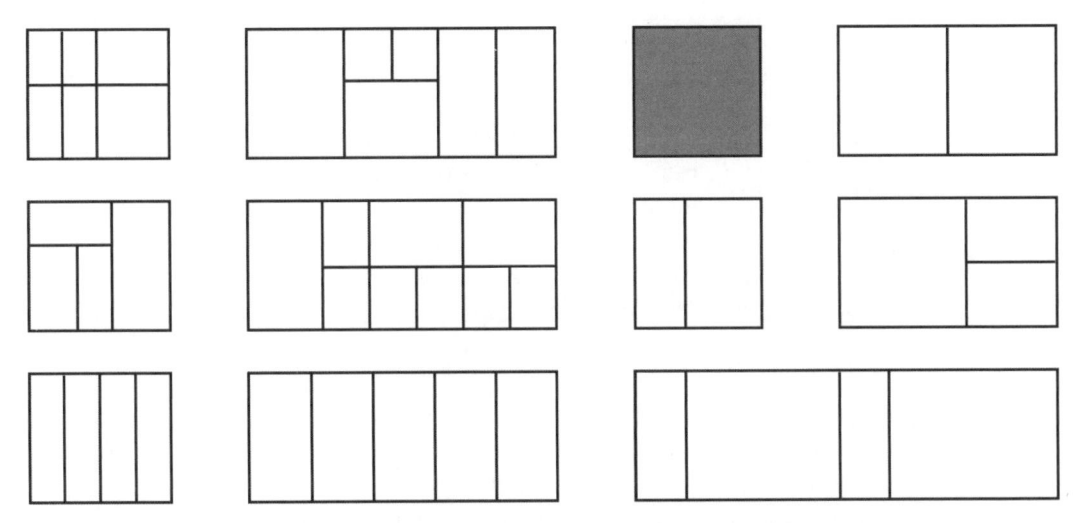

Apresenta-se a seguir exemplo de estande de esquina, cedido pela Diveo do Brasil Telecomunicações, onde é possível verificar o ganho de exposição da marca, com a utilização de um estande com três faces abertas, cores "limpas" e de pouco mobiliário em sua área externa.

Foto do estande desenvolvido para a participação da Diveo do Brasil Telecomunicações Ltda. na Feira Telexpo 2001, realizada no Pavilhão de Exposições Expo Center Norte.

DICAS:

- Caso haja dúvida da empresa quanto à sua participação em determinada Feira, ela deve, mesmo assim, efetuar a reserva do espaço, garantindo pelo menos uma abertura posterior para negociação. Normalmente não se paga nada no ato da reserva, dando à empresa mais tempo para avaliar a conveniência de sua participação.

- Independentemente de outros fatores, a localização do estande na planta pode vir a definir o sucesso ou o fracasso da participação da empresa em uma Feira. Portanto procure escolher uma localização central, não muito distante da entrada principal e próxima às principais empresas que estejam expondo. Vale lembrar que as empresas de maior importância na Feira costumam ficar concentradas em uma determinada região, geralmente central.

- Apesar de a organizadora oficial oferecer, normalmente, uma planta baixa do local da Feira, é imprescindível verificar pessoalmente os melhores pontos de exposição. Na planta pode não estar desenhado, por exemplo, algum possível obstáculo à entrada no estande.

- Procure estabelecer-se nas ruas principais, pois isso lhe proporcionará maior espaço para exposição de produtos, promoções e atrações para o público que estiver passando pela Feira.

5º Passo: Solicitar e preencher o Manual do Expositor

Toda organizadora oficial de Feira elabora um **Manual do Expositor**, no qual são definidas as regras de participação e os procedimentos necessários a partir do momento em que se fecha o espaço na Feira. O Manual costuma ser remetido, via correio, bem antes da data de abertura do evento. Caso não tenha sido recebido após um mês do fechamento de espaço, deve-se solicitar à organizadora o seu envio.

No Manual do Expositor é possível encontrar informações importantes como:

- Local e data de entrega dos equipamentos;
- Data de abertura da Feira para as montadoras;
- Prazo, valor e formulário para pagamento de telefone, energia, água, impostos etc.

Nos próximos passos serão descritos os itens mais importantes constantes do Manual do Expositor. O não-atendimento às instruções contidas no Manual pode dar ensejo a multas.

> **DICAS:**
>
> - Atente a todos os itens e prazos constantes do Manual. Eles devem ser cumpridos de acordo com o estabelecido para que não se paguem multas.
>
> - Trace um cronograma contendo todas as atividades, formulários e pagamentos que deverão ser efetuados, preenchidos e pagos. O Manual constitui importante ajuda para que não sejam esquecidos pormenores da Feira que envolvam, inclusive, diferentes áreas da empresa.

6º Passo: Ampliar a participação na Feira

A maioria das Feiras atualmente vem acompanhada de congressos ou seminários técnicos, em que são abertos tópicos de discussão relacionados ao tema principal da Feira.

Muitas vezes é dado ao expositor o direito de participar como palestrante do congresso. Portanto deve-se procurar informações sobre as possibilidades dessa participação, trazendo novas oportunidades de divulgação dos produtos/serviços da empresa na Feira.

Muitas empresas têm tido sucesso em realizar palestras, pois o palestrante poderá convidar todos a visitar o seu estande para que conheçam, com mais detalhes, os seus produtos e serviços.

As observações e cuidados que deverão ser tomados com relação à participação em congressos ou palestras são apresentados no Capítulo 5 deste livro, referente à organização de outros eventos.

7º Passo: Solicitar crachás e convites

Normalmente encontra-se no Manual do Expositor um formulário destinado à solicitação de crachás de expositores. Tais crachás, exclusivos das empresas expositoras, permitem a entrada no pavilhão por local especial. Eles são distribuídos a todos os funcionários da empresa e aos contratados, como garçom, segurança, recepcionistas etc., que irão trabalhar no estande, para que possam entrar na Feira todos os dias sem custo e sem enfrentar filas na entrada principal do pavilhão. Os itens necessários à solicitação de crachás são: nome da empresa, nome do funcionário e cargo.

Para a entrada dos convidados da empresa na Feira poderá ser preciso solicitar à organizadora um determinado número de convites, que poderão vir como um formulário que o convidado deverá preencher e enviar para a organizadora – via fax ou correio –, para somente então ele receber o ingresso que vale a entrada no pavilhão de exposições. Nesses casos, além do convite formal da empresa, ela deverá enviar esse formulário para preenchimento por parte de seus convidados.

Se a Feira tiver entrada gratuita não haverá necessidade de o convidado apresentar um convite para seu ingresso. Nesse caso os organizadores oficiais procedem ao levantamento das informações do visitante na própria entrada do pavilhão de exposições, para que se possam elaborar os crachás que permitirão seu ingresso na Feira.

DICAS:

- Não se esqueça de solicitar crachás a mais do que considera necessários. Apesar de as organizadoras levarem em conta o tamanho do estande para estipularem o número de crachás e convites, poderá solicitar uma quantidade extra, que servirá para aqueles que trabalharão para você na Feira e cujos nomes ainda não os possua.

- Quando preencher os crachás dos vendedores da empresa, é mais usual colocar no cargo, em vez de vendedor, consultor.

- No que se refere à solicitação de convites vale a mesma regra utilizada para os crachás. Solicite quantidade superior à planejada, pois muitas vezes irá necessitá-los durante a Feira.

8º Passo: Enviar os convites

Os convites deverão ser enviados tão logo a empresa tenha definido a estratégia e a localização de seu estande.

Do convite é importante constar:

- Formulário-convite da organizadora que, quando preenchido pelo convidado, dará direito ao ingresso à Feira (se for o caso);
- As novidades e os produtos que serão exibidos;
- Mapa da Feira com a localização do estande e a melhor forma de chegar até ele.

A seguir um exemplo de carta-convite que acompanha formulário necessário para o ingresso na Feira.

DUPRAT SOFTWARE

São Paulo, xx de xxxx de xxxx.

CONVITE

Caro sr. _____,

É com grande satisfação que gostaríamos de convidá-lo para a Xª FENASOFT, a se realizar no Pavilhão de Exposições do Anhembi, entre os dias xx e xx de xxxxx de xxxx. Aproveite e venha visitar o estande da Duprat Informática – distribuidora do produto xxxxxxxx.

Neste importante evento da área de informática, onde estarão reunidas as mais modernas tecnologias de hardware e de software, a Duprat Software estará apresentando a sua última novidade: o _____

Não deixe de visitar nosso estande, especialmente preparado para receber nossos convidados especiais. Além de muitas atrações e surpresas que estaremos oferecendo, você poderá ser um dos contemplados no sorteio que será organizado dentro do estande.

Nosso endereço é: Rua ____, estande número ____ e ____. Para facilitar a localização anexamos o mapa.

Obs.: Para que o seu ingresso na Feira seja gratuito envie o formulário anexo para a FENASOFT, pelo fax (11) xxx-xxxx ou no endereço abaixo, até o dia ____/____/____.

Endereço FENASOFT: Av. das Nações Unidas, xxx – conj. xx

Um grande abraço e esperamos por você,

_____
DUPRAT SOFTWARE LTDA.

80 – Organização de Eventos: Teoria e Prática

A seguir é apresentado exemplo de convite para uma Feira (Comdex 98, no caso), cedido pela empresa Ingram Micro, em que é possível conhecer sua programação de participação. Note a importância dada ao convite (conteúdo, qualidade etc.), mesmo para uma Feira onde não é necessária sua apresentação para o ingresso. Além disso, é importante verificar que a empresa apresenta um diferencial ao disponibilizar serviço de Van para seus convidados, facilitando a locomoção deles até o local.

> **DICAS:**
>
> - Não se esqueça de que você está fazendo um convite para uma empresa ou pessoa especial – seu cliente, fornecedor, futuro parceiro ou imprensa. Portanto, o tratamento no convite deve ser especial, isto é, personalizado. No envelope e na carta deve constar nome completo e correto da pessoa e da empresa.
>
> - Ao enviar o convite prepare-se para um retorno. Muitas vezes, receberá ligações de convidados solicitando mais informações ou até novos convites. Esteja preparado para atendê-los.
>
> - Não se esqueça de convidar a imprensa para visitar seu estande e comprovar as novidades. Lembre-se de que a imprensa está direta e unicamente interessada em saber das reais novidades e lançamentos de sua empresa.
>
> - Se a empresa possuir clientes VIPs, procure se informar se a organizadora está vendendo ou distribuindo ingressos VIPs, com direito a horário exclusivo de visitação e estacionamento em local especial.
>
> - Ao receber os formulários dos convites seja rápido no envio deles aos seus convidados, pois na maioria dos casos eles são cobrados de acordo com determinadas datas-limite de recebimento. Assim, por exemplo, se o convidado enviar o formulário com até seis meses de antecedência, o ingresso poderá ser gratuito. Já, quatro meses antes, ele poderá pagar algo em torno de US$ 5; dois meses antes, US$ 10; e no dia da Feira o ingresso pode chegar a valer até US$ 30, mesmo apresentando o convite enviado pela sua empresa. Portanto tenha muito cuidado ao enviar o convite, para que o seu cliente não se decepcione com a sua empresa. Verifique a data-limite para não-pagamento do ingresso e informe ao seu convidado essa data.

9º Passo: Definir o projeto do estande

Esta é uma das principais e mais complexas fases da organização de Feiras, pois é o momento em que será discutida e decidida a forma de apresentação da empresa ao público visitante.

Tudo começa com um bom e pormenorizado *briefing*, isto é, tópicos descritivos de como e o que a empresa espera de seu estande. Nesse instante deve-se recorrer aos objetivos e estratégias definidos e ao formato escolhido para o estande (três faces, aberto etc.).

– Gerar o *briefing*

O *briefing* deve conter as seguintes informações:

- Rápida descrição da empresa e dos produtos/serviços que serão apresentados;
- Rápida descrição dos objetivos traçados pela empresa para a Feira;
- Tamanho, localização e formato do estande;
- Necessidades básicas:
    - pontos de demonstração dos produtos, com tamanho mínimo necessário às bancadas, prateleiras e mesas, os furos necessários para passagem de fios etc;
    - decoração (idéias da empresa para a decoração, como piso, cor etc.);
    - padrões e logotipos de todos os produtos em exposição e da própria empresa.
- Valor máximo previsto ao projeto e à montagem do estande.

Briefing para a Feira: Fenasoft xxxx

Descrição do estande:
Tamanho: 100m²
Formato: esquina, quadrado
Localização: rua A, B, estandes 40 e 41

Descrição da empresa: A Duprat Software é uma empresa de prestação de serviços de automação industrial, atuando há mais de 20 anos no mercado e com uma carteira de clientes com mais de 10 mil empresas. Possui soluções para grandes corporações, cujo faturamento anual ultrapassa 150 milhões de dólares e está ampliando o mix de produtos para atingir, a partir deste ano, empresas também de médio porte.

Serviços/produtos que serão apresentados na Feira: Como as soluções são customizadas, dependendo das necessidades específicas de cada cliente, a Duprat apresentará dentro de seu estande os principais módulos desenvolvidos para a automação industrial e, com o consentimento de alguns grandes clientes, exemplos práticos das soluções específicas de cada um. Além disso estará apresentando sua nova versão do produto, agora destinada a médias e pequenas empresas.

Principais objetivos: Alavancar novos negócios junto a grandes empresas.
Apresentar a nova versão para pequenas e médias empresas, gerando um cadastro de *prospects* destes segmentos.
Melhorar a imagem corporativa da empresa.

Estratégia global para o estande: Como nosso público-alvo é constituído por corporações de grande porte, mas ao mesmo tempo desejamos entrar para o mercado de pequenas e médias empresas, deverá ser considerado um estande que possibilite tanto garantir a privacidade dos atuais e possíveis clientes (de grande porte), com áreas fechadas e decoração sofisticada, como encorajar diretores e proprietários de médias e pequenas empresas a entrar para conhecer nossa nova versão.

Necessidades básicas:
A) Pontos de demonstração: Espaço para demonstração do serviço xxxxxxx e seus módulos (10), em bancadas com microcomputadores.
Espaço para demonstração da nova versão voltada a pequenas e médias empresas, em bancadas com microcomputadores

B) Salas: 2 salas fechadas de vidro, para 4 ou até 6 pessoas, com mesa redonda e ar-condicionado.
Sala VIP, com decoração requintada, moderna e com balcão de serviço direcionado à copa.
Depósito fechado a chaves para abrigar material promocional, malas, bolsas etc.

C) Decoração: As bancadas para os microcomputadores deverão medir, no mínimo, 0,70 cm de profundidade por 1,20 de altura.
Para cada bancada de demonstração deverão ser consideradas 3 banquetas com encosto.
Prever, nas bancadas, furos para passagem de fios, os quais deverão ficar totalmente escondidos.
O piso deve ser bonito, montado com material nobre, de alta qualidade e que seja de fácil manutenção.
No depósito deverá haver estantes para abrigar, organizadamente, todo o material.
Deverão ser espalhadas floreiras pelas salas VIP e de reuniões.
Todas as salas e ambientes fechados deverão possuir ar-condicionado.
Cada módulo e serviço apresentado deverá ser representado por um luminoso ou material similar dando-lhe destaque.
Os sofás da sala VIP deverão ser de couro nobre e todas as cadeiras das salas de reunião e da sala VIP, confortáveis e novas.

D) Anexo seguem os padrões de cores da empresa e de seus produtos e serviços.

E) Valor previsto para o estande: R$ xxxx,xx

> **DICAS:**
>
> - No *briefing* ressalte a importância de um estande confortável, solicitando, por exemplo, poltronas novas e bem acabadas. Informar sobre esse tipo de desejo pode parecer um exagero e detalhista demais, mas se não for especificado nem demonstrada a preocupação com esses pormenores você pode terminar com mobílias velhas, sujas e desconfortáveis.
>
> - Não se esqueça do conforto das pessoas que estarão realizando as demonstrações, afinal, permanecerão no mínimo oito horas de pé, por dia, diante de bancadas, mesas ou prateleiras, expondo os produtos/serviços da empresa. Solicite, para cada bancada ou mesa de exposição, três banquetas ou cadeiras bastante confortáveis, com encosto para apoio às costas.

– Escolher a montadora

Com o *briefing* do estande em mãos devem-se escolher no mínimo três empresas para elaborar o projeto e o orçamento. Há aquelas especializadas na elaboração de projetos de estandes e outras na montagem. Muitas, no entanto, executam tanto o projeto quanto a montagem. Essas são, na visão da autora, as melhores opções. O que acontece quando se tem uma empresa que desenvolve o projeto e outra que o monta é que, muitas vezes, se evidencia uma completa falta de sintonia e coordenação entre as duas, comprometendo a sua viabilização. O projetista desenvolve um modelo de estande que atende à sua necessidade de estética; porém, quando este chega às mãos da montadora, pode ser inviabilizado pela falta de recursos de que ela dispõe para desenvolver tal arquitetura. Como conseqüência ocorre o inevitável atraso na montagem e/ou até um estande totalmente comprometido e fora de suas pretensões de qualidade.

Na escolha da empresa que irá montar o estande, não se deixe influenciar somente por custos menores. As empresas de montagem de estande de maior qualidade possuem, naturalmente, um custo mais elevado. Isso porque utilizam-se de materiais de primeira linha e garantem a entrega do estande no prazo estipulado. As montadoras que prometem um preço "baratinho" podem estar vendendo, na realidade, um estande muito caro. Mas existem empresas que, com muita qualidade e respeito a prazos, possuem um preço acessível e que são normalmente de porte médio-alto, mas que, para garantir um serviço bem feito, optam por trabalhar com um número limitado de clientes.

Antes de contatar as três empresas que farão parte da concorrência é importante buscar informações a respeito delas como: clientes que já foram atendidos por elas, outros estandes fechados na Feira, tempo de existência etc.

O prazo médio para uma empresa apresentar o projeto e o seu orçamento pode variar de uma a duas semanas, dependendo da complexidade exigida e das informações que lhe são passadas. Algumas montadoras preferem apresentar um esboço inicial, no qual a opinião do cliente irá melhor direcioná-las para uma proposta mais concreta. Outras preferem apresentar, desde o primeiro projeto, uma maquete com todos os seus componentes. Com a maquete tem-se uma visualização melhor do espaço ocupado para cada área prevista.

Na análise dos projetos apresentados deve-se observar a capacidade de transformar as informações passadas no *briefing* em um projeto estrategicamente coerente com as expectativas da empresa. Além disso devem analisar:

- a proposta de distribuição do espaço, com a previsão de todos os ambientes necessários para a apresentação e a demonstração dos produtos/serviços da empresa;
- o material utilizado no estande (qualidade e quantidade de cadeiras, bancadas, piso, luminárias, ar-condicionado etc.);
- a proposta de comunicação visual do estande (colocação de logotipos, painéis luminosos). O logotipo da empresa deve ficar bem aparente e destacado;
- a existência e qualidade de geladeira, pia, armários para estoque de material de cozinha, papelaria, produtos etc.;
- a decoração do estande. No projeto deve estar descrita, pormenorizadamente, a quantidade de conjuntos florais e plantas ornamentais destinados ao estande. Cada sala e/ou ambiente deve conter um arranjo de folhas e/ou flores. Não se deve esquecer da estética.

DICAS:

- Planeje o estande de forma que tenha a certeza de que ficará pronto no máximo um dia antes do início da Feira. Para tanto a simplicidade poderá ser fundamental, principalmente quando não se tem muita experiência na montagem de estandes.

- Você pode com o passar do tempo, isto é, a cada Feira, ir aumentando a complexidade do projeto. Isso após um conhecimento maior da empresa responsável pela montagem e da credibilidade gerada pelos trabalhos desenvolvidos para a sua empresa.

- Não permita que o projetista elabore um estande 100% construído. Opte pela mistura bem planejada de padrões octanorme (material pré-montado), nas partes menos visíveis e material construído (normalmente madeira) nas demais. Além de um custo menor, o tempo para montagem do estande será também inferior. Cabe ressaltar que hoje em dia, com o aumento do número de empresas participantes em uma Feira e a busca por parte das montadores por maior número de clientes/Feira, o tempo de montagem para cada estande está-se tornando muito curto.

- Se optar por utilizar-se de empresa especializada na elaboração de projeto do estande, separadamente da montagem, procure escolher duas que já tenham trabalhado juntas antes e que conheçam o procedimento de trabalho de cada uma. Assim ambos poderão desenvolver juntos o projeto, sem incorrer na falta de coerência entre o projetado e o montado.

- Às vezes a montadora cobra um custo adicional da produção da maquete. Nesse caso verifique se o custo vale os benefícios que ela lhe trará. Na opinião da autora deve-se solicitar a maquete, pois o projeto no papel pode ficar bem distante da realidade, tornando difícil a sua visualização. Porém, se houver custo adicional, somente a solicite quando estiver quase certo da viabilidade daquele projeto apresentado primeiramente no papel, deixando a análise da maquete como ponto de decisão final.

- Simule, mental ou virtualmente, as atividades que ocorrerão no estande, para verificar sua adequação a todas elas.

- Após passar o *briefing* e receber as propostas, procure analisá-las com olhos críticos. Lembre-se das dicas apresentadas no item "Gerar o *briefing*", à p. 82.

– Fechar contrato com a montadora

Escolhida(s) a(s) empresa(s) que irá(ão) desenvolver o estande, o próximo passo consiste na elaboração de um contrato do qual constem todas as obrigações e deveres da(s) mesma(s). Para isso sugere-se orientação jurídica adequada.

Alguns itens que não poderão faltar no contrato são:

- Data da entrega do estande, com previsão de multa, caso o prazo não seja cumprido;
- Material utilizado na montagem;
- Condições de pagamento.

> **DICAS:**
>
> - Procure jogar a maioria das prestações de pagamento do projeto e da montagem para período posterior à Feira. Isso lhe dará poder de cobrar a execução do projeto no prazo e na qualidade estabelecidos. Caso venha a ter, por uma infelicidade, problemas com a montadora, o seu poder de negociação torna-se maior à medida que restarem prestações de pagamento. Jamais pague o projeto do seu estande à vista, mesmo que a empresa ofereça descontos tentadores.
>
> - Qualquer mudança no projeto ou acordo realizado entre a sua empresa e a montadora deverá ser formalizada, por escrito, com a assinatura de ambas as partes. Evite acordos informais e de palavra.

10º Passo: Reunir os envolvidos

Quando estiverem definidas as estratégias e o estande estiver projetado, deve-se fazer um levantamento, dentre os funcionários da empresa, de todos os envolvidos na execução direta ou indireta da Feira. Começa-se traçando um plano de ação para a empresa, com tarefas e responsabilidades internas. Passa-se, então, a todos os envolvidos um comunicado avisando da participação da empresa na Feira, com datas, horários e local e convocando-os para uma rápida reunião de apresentação dos objetivos, estratégias e definição de cronograma de atividades e responsabilidades. Ao efetuar a convocação não se deve esquecer daquelas áreas indiretamente envolvidas, como financeira/contas a pagar, técnica, produção etc.

Caso a empresa vá contar com a participação de parceiros de negócios, representantes de vendas ou revendas no estande, ela deverá convocá-los para uma reunião com os mesmos objetivos da realizada internamente.

Na(s) reunião(ões) será importante que sejam apresentados:

- o objetivo geral do evento;
- a participação de cada um na execução e no sucesso do evento;
- o projeto do estande e o espaço de responsabilidade de cada membro presente;
- as novidades e produtos/serviços que serão apresentados.

Das duas reuniões deverá resultar um cronograma das atividades necessárias à organização do estande, contendo responsabilidades diretas e secundárias. Esse cronograma deverá ser acompanhado semanalmente e, mais próximo ao evento, diariamente. No cronograma não devem faltar, além das atividades com responsabilidades internas, aquelas que serão desenvolvidas por terceiros, como agências de propaganda, assessoria de imprensa etc.

A seguir é apresentado um modelo de formulário para ser utilizado na elaboração do cronograma de atividades.

– Formulário para Elaboração de Cronograma

Número	Atividade	Responsável Direto	Responsáveis Secundários	Data Prevista para Término	Status
1					
2					
3					
4					
5					
6					

Caso as atividades envolvam vários passos, com responsáveis diferentes para cada um e com uma interdependência muito grande entre eles, será necessário que se desenvolva um fluxograma das atividades, para o melhor acompanhamento de sua execução e para que sejam evitados conflitos entre os responsáveis.

11º Passo: Fazer o levantamento dos equipamentos

Qualquer Feira envolve a utilização de equipamentos, quer próprios, quer emprestados ou alugados. Tomar conhecimento antecipadamente de todos os que serão nela utilizados é outra importante tarefa. Listá-los será útil para que se possa contratar a transportadora e manter o controle dos equipamentos durante a Feira.

Todos os equipamentos que estiverem sendo levados à Feira, por meio de transporte próprio ou alugado, deverão possuir nota fiscal de exposição, constando a data e o local de saída e devolução deles, valor e seguro obrigatório.

Após a listagem completa dos equipamentos procure passá-la com antecedência aos profissionais da área da empresa responsável pela instalação no estande.

Vários detalhes devem ser considerados em relação aos equipamentos como: tipo de voltagem, padrão utilizado no pavilhão, esquema de fiação do estande e necessidade de estabilizadores, entre outros. Antes de iniciar a montagem do estande confira com a área técnica responsável pelas instalações as informações necessárias para que possam ser instalados os equipamentos sem nenhuma dificuldade. A instalação da parte de fiação e cabos é desenvolvida logo no início da montagem do estande, quando é erguido o piso. Por esse motivo é preciso informar à equipe a localização exata de cada equipamento na planta.

Caso sejam emprestados ou alugados equipamentos de terceiros, verifique com o fornecedor o local e a data de retirada e devolução dos mesmos. Caso se trate de empréstimo, não se pode deixar de agradecer, após a Feira, o empréstimo e a atenção dispensada à empresa. Agradar ao fornecedor e agradecer-lhe, reconhecendo a importância que este empréstimo teve no contexto geral da participação da empresa na Feira, além de ser ato educado, garantem novos fornecimentos em outras ocasiões e um bom relacionamento com o mercado.

As mesmas considerações referentes aos equipamentos podem ser estendidas a todo o material que a empresa venha a utilizar na Feira, incluindo folhetos, embalagens para demonstração e produtos para venda, entre outros. É importante ressaltar que esses materiais exigem nota fiscal se transportados em grandes quantidades.

12º Passo: Contratar serviços de terceiros

Essa etapa é fundamental para o bom andamento da Feira. Além disso, é nessa fase que se tem melhor noção do que se vai realmente gastar durante o evento. Os serviços contratados dependem do que se planeja realizar com relação a: recepção, bufê e transporte, além dos serviços básicos de limpeza e segurança. A seguir serão descritos os serviços comumente contratados nessas ocasiões.

– Transporte

Caso a empresa possua materiais pesados, como máquinas e equipamentos, para serem levados à Feira, não deve economizar com transporte. Convém contratar uma transportadora de credibilidade e que esteja habituada a trabalhar em Feiras.

Ao contratar a transportadora é fundamental fornecer a ela as seguintes informações:

- Os locais de recebimento e entrega, bem como as datas para a entrega dos equipamentos. Se forem retirados ou entregues em mais de um endereço, discriminá-los separadamente;
- A quantidade de equipamentos descritos um a um. Nos casos em que o equipamento é separado por partes, convém descrever todas elas. Por exemplo, se precisar levar um microcomputador, especificar o vídeo (monitor), o teclado, o mouse e a impressora separadamente;
- O valor de cada equipamento;
- O peso de cada equipamento;
- No caso de materiais de papelaria, a descrição por caixa fechada.

As transportadoras utilizam-se dessas informações para orçar o custo do transporte e efetuar o seguro dos bens. Um exemplo de solicitação de transporte é:

Feira: Fenasoft

Empresa 1: _____
Endereço de saída: _____
Data: _____/_____/_____ Horário: _____
Endereço de entrega: _____
Data: _____/_____/_____ Horário: _____

Relação dos Equipamentos

Item (partes separadas)	Valor Unitário	Peso Unitário	Quantidade	Valor Total	Peso Total

Empresa 2: _____
Endereço de saída: _____
Data: _____/_____/_____ Horário: _____
Endereço de entrega: _____
Data: _____/_____/_____ Horário: _____

Relação dos Equipamentos

Item (partes separadas)	Valor Unitário	Peso Unitário	Quantidade	Valor Total	Peso Total

Observações_____
_____

> **DICA:**
>
> - Normalmente as transportadoras possuem horário certo de entrada e saída do pavilhão de exposições. Verifique essa informação no Manual do Expositor ou se informe com a organizadora. Caso a Feira seja fora da cidade ou do Estado onde se localiza sua empresa, ou se a entrada no pavilhão estiver prevista para um fim de semana e sua empresa não trabalhar nesse dia, procure se informar com a transportadora sobre armazenamento de seu material e equipamentos em estoque da própria transportadora. Muitas delas realizam esse serviço sem custo adicional. Elas guardam o conteúdo integral em galpões de sua propriedade e realizam o transporte com o horário previsto de entrega.

– Recepcionistas

A seleção adequada e o preparo de recepcionistas, isto é, das promotoras e/ou promotores que irão recepcionar e apresentar aos visitantes a empresa, o estande e as pessoas responsáveis pela solução de suas necessidades ou dúvidas, além de muito importante é bastante complexa, envolvendo decisões como: que tipo de profissional escolher, como trajá-los, que treinamento dar, qual a quantia e as formas de remuneração, qual o transporte previsto, como planejar as refeições etc. A seguir serão tratados esses pontos.

Quem contratar

Muitas empresas agenciam modelos e recepcionistas para eventos e Feiras. Mas existem também modelos e recepcionistas que trabalham de forma autônoma. Quem já vivenciou as duas alternativas deve ter tido experiências positivas e negativas com ambas. A diferença está no fato de a empresa agenciadora poder apresentar várias opções de recepcionistas, ter a facilidade de encontrá-las a qualquer momento e ser responsável pelo seu gerenciamento. Costuma ser interessante utilizar a agência quando se pretende contratar um número razoável de pessoas e não se deseja ou não se tem condições de administrá-las, pois cada uma possui sua própria política de trabalho. Todavia deve-se considerar que por essa facilidade paga-se o valor do agenciamento, que costuma variar entre 20% e 30% do valor total.

Na seleção dessas pessoas não considere somente o seu aspecto estético. A boa comunicação, simpatia e responsabilidade são características essenciais ao perfil de um(a) bom(a) recepcionista. Se a empresa espera receber estrangeiros, adicione-se a essas características a necessidade de ser bilíngüe, ou mesmo trilíngüe.

O estilo da pessoa contratada deverá seguir o da empresa. Assim, se a empresa for jovem, competitiva e moderna, devem-se privilegiar pessoas arrojadas, jovens, bonitas e dinâmicas. Se a empresa busca, por outro lado, transmitir um estilo mais conservador e sério, tem de contratar pessoas que apresentem tais características.

A seleção terá de levar em consideração também o trabalho que essas pessoas irão desempenhar no estande. É possível contratá-las apenas como recepcionistas, prestando um atendimento inicial, ou contratá-las para desempenhar o papel de demonstradores/vendedores dos produtos da empresa. No primeiro caso priorize pessoas arrojadas e que abordem com mais perspicácia os visitantes que estejam circulando pelo estande. No segundo caso, pessoas que sejam diretas, objetivas e que tenham facilidade de negociação e de aprendizado, uma vez que deverão conhecer a empresa e seus produtos como se estivessem há anos trabalhando nela.

Quando se trata do assunto "recepcionistas" por costume é citado o cargo no feminino, pois na maioria das vezes são utilizadas moças para a função. Mas não precisa ser necessariamente dessa maneira. A autora já teve a oportunidade de contratar homens como promotores e recepcionistas com bons resultados. A escolha dependerá da filosofia e das características da empresa. Empresas que gostam de se diferenciar partem para essa possibilidade. Vale a pena experimentar, principalmente se o público da Feira for composto, em sua maioria, por mulheres ou se for comercialmente interessante a contratação de homens para o produto/serviço em questão.

Quantas pessoas contratar

Para estimar a quantidade adequada de pessoas necessárias para o estande deve-se, além de considerar seu tamanho, partir da análise de quantos pontos estratégicos serão usados, isto é, salas VIPs e de reunião, auditório, bancadas de exposição e apresentação dos produtos e entradas para o estande, entre outros. Pode-se considerar, como regra geral, que para cada 100 m² é apropriado ter três recepcionistas. Mas caso a empresa deseje que elas(es) desenvolvam um trabalho mais abrangente, como a demonstração e a venda de produtos, a quantidade de recepcionistas deverá ser maior.

Como as(os) recepcionistas deverão estar trajadas(os)

As roupas podem ser produzidas em empresas de confecções ou nas próprias agências de contratação que possuem, normalmente, confecção própria.

Da mesma forma como ocorre na escolha das pessoas, a vestimenta para recepcionistas deverá estar de acordo com o perfil da empresa, o qual, se for arrojado, moderno e jovem, essa imagem poderá ser passada também pela roupa dos(as) recepcionistas. Assim roupas descontraídas e jovens farão muito sucesso e estarão combinando com o conjunto do estande.

O tipo de Feira também é um item que deve ser analisado. Para Feiras de público corporativo, as(os) recepcionistas estarão mais bem vestidas(os) com roupas sérias e pouco despojadas, a não ser, é claro, que a intenção seja se diferenciar das demais empresas, partindo para o estilo arrojado. Se o público, por outro lado, for constituído de jovens, donas de casa, enfim, público não-corporativo, pode-se abusar da cor e descontração das roupas, inclusive com toques de sensualidade. Fará sucesso, com certeza, se não houver exageros e se for mantido o bom gosto.

A temperatura prevista para a época do ano e para o local onde será realizada a Feira deve ser levada em consideração. Se estiver frio é adequado o uso de roupas quentes. Ao contrário do que muitos pensam, roupas de inverno transmitem muita sensualidade e compostura. Para o calor, abuse de tecidos leves. Convém lembrar que há locais em São Paulo, por exemplo, onde a temperatura costuma ser imprevisível. Por esse motivo há a necessidade de estar preparado de alguma forma para mudanças bruscas na temperatura ou para níveis que nada têm a ver com a estação do ano. O ideal nesses casos é um conjunto de três peças, sendo optativo o uso de malha ou paletó.

Quadro-resumo de como recepcionistas devem se trajar

Tipo de Roupa	Clima		Tipo de Feira		Perfil da Empresa	
	Inverno	Verão	Varejo	Corporativa	Moderna	Conservadora
Arrojada, sensual, colorida e quente	X		X		X	
Séria, comportada, com poucas cores e quente	X			X		X
Arrojada, sensual, colorida, curta e leve		X	X		X	
Séria, comportada, com poucas cores e leve		X		X		X

Treinamento

O treinamento das pessoas que trabalharão na Feira como recepcionistas deve ser aprofundado e pormenorizado, pois serão elas as primeiras a recepcionar e interagir com os atuais e potenciais clientes da empresa. Hoje em dia espera-se muito mais de um(a) recepcionista do que beleza e elegância. Ele(a) deve ter, entre outras qualidades, habilidade e conhecimentos necessários para dar, se não um completo atendimento, pelo menos a primeira ajuda ao visitante como: localizar a pessoa que este estiver eventualmente procurando; dar explicações, ainda que preliminares, sobre a empresa, produtos e serviços e sobre política de comercialização, como preço, condições de pagamento etc.

Portanto o treinamento dos(as) recepcionistas é fundamental. Eles(as) deverão conhecer todos os profissionais da empresa, presentes no local ou não, sobretudo os diretores; todos os produtos da empresa; os procedimentos de venda e a quem recorrer em cada caso, além daquilo que se refere especificamente ao seu trabalho durante a Feira, como horário de chegada e saída, de almoço, lanche e jantar, rodízio para saída do estande, se necessário, responsabilidades no estande, regras de comportamento, entre outros. Esse treinamento deverá ser dado na semana anterior à Feira, dentro da empresa, e ser relatado por escrito o que foi tratado no treinamento, para que seja assimilado posteriormente e consultado durante a Feira. Essa é a oportunidade adequada para verificar também os uniformes.

Segue uma lista das informações que deverão ser repassadas, durante o treinamento, às(aos) recepcionistas contratadas(os):

- Valor acordado para as refeições e o transporte;
- Esquema de rodízio de horários de refeições durante a Feira;
- Datas e horários de chegada e saída na Feira, que deverão ser obedecidos. É importante lembrar que no primeiro dia as(os) contratadas(os) deverão estar no pavilhão, uniformizadas(os), pelo menos duas horas antes do início da Feira, para conhecerem e se familiarizarem com o estande e se prepararem para o trabalho;
- Relação de todos os participantes da empresa na Feira, com nome, cargo e horário em que cada um poderá ser encontrado no estande;
- Nomes e cargos da diretoria da empresa, caso não esteja prevista a presença dela no estande;
- Horário e assunto das palestras, se houver;
- Produtos e serviços expostos na Feira, os responsáveis por eles e os locais de demonstração de cada um;
- Como preencher a ficha cadastral do cliente/visitante;
- Telefones do estande e da empresa;
- Responsabilidades de cada um(a) durante a Feira. Nesse item cabe relembrar quais são as responsabilidades atribuídas especificamente à função de recepcionista, isto é:

    . prestar um atendimento inicial, com solução;
    . distribuir folhetos dentro e fora do estande, se for o caso;
    . chamar pessoas que estejam circulando na Feira para conhecerem o estande, se for o caso;
    . preencher ficha cadastral de todos os clientes, *prospects* e visitantes do estande;
    . controlar a saída de folhetos, repondo estoques e deixando as bancadas e pontos de demonstração sempre organizados;
    . encontrar e apresentar o visitante ao profissional da empresa responsável pela solução de suas necessidades;
    . coordenar o auditório onde serão realizadas as palestras, preenchendo ficha cadastral ou solicitando cartão de visita do público presente e mantendo o local organizado e bem apresentado;

. demonstrar os produtos/serviços da empresa. Dependendo do produto é possível obter muito sucesso se as(os) próprias(os) recepcionistas puderem apresentá-lo. É o caso, por exemplo, de produtos que requeiram uma demonstração da facilidade de sua utilização, não necessitando de pessoa técnica ou especializada para o seu funcionamento adequado. Se o produto exigir um domínio mais apurado, é desejável manter junto à(ao) recepcionista um técnico que possa esclarecer dúvidas mais específicas do visitante.

Essas são as atividades mais comuns que se exigem das(os) recepcionistas. Deve-se, entretanto, adaptar a função às necessidades específicas de cada caso, obtendo, assim, mais proveito desse serviço.

A seguir é apresentado um modelo de quadro contendo as principais informações passadas no treinamento, para consulta diária das(os) recepcionistas.

Esquema de presenças, no estande, de funcionários da empresa

Funcionário	Cargo	Dias de Atuação					Horário Almoço	Intervalo Lanche	Horário Jantar	Ponto de Demonstração Produto	Dia de Visita*
		1º	2º	3º	4º	5º					

* Caso o funcionário não vá atuar o tempo todo na Feira, mas irá visitá-la, deve-se informar também o dia da visita.

Pagamento

O pagamento das(os) recepcionistas, como já foi visto, depende da forma como são contratadas(os), isto é, por intermédio de agência ou diretamente.

Esse serviço é cobrado por diária de Feira e costuma variar entre US$ 80 e US$ 150 por dia, dependendo do nível de exigência da empresa quanto às qualificações da(o) recepcionista.

Normalmente, quando se contrata por intermédio de agência, o pagamento é feito integralmente até cinco dias após o último dia de Feira. Esse procedimento é o mais interessante, pois o pagamento será realizado de uma só vez e com a garantia de um bom serviço. O valor da diária inclui, na maioria das vezes, apenas o serviço de recepcionista. Como gasto adicional haverá o transporte e as refeições de cada um(a).

O valor do transporte para cada recepcionista será combinado antecipadamente com a agência e deverá ser o mesmo para todas(os), independentemente do local de partida de cada um(a). O dinheiro poderá ser entregue antecipadamente à data de início da Feira ou durante sua realização. A sugestão é que seja antecipado e, se possível, repassado sob a forma de vale-transporte.

No que se refere às refeições, seria oportuno, caso a empresa trabalhe com vale-refeição, aproveitar e separar alguns blocos para entregar às(aos) recepcionistas. Mas antes é importante verificar se no pavilhão é aceito aquele tipo de vale-refeição.

Se o horário da Feira for das 14 às 22 horas, há a obrigação de oferecer lanche e jantar. Caso ela se inicie às 12 horas e termine às 22 horas, fica a critério da empresa oferecer almoço ou não, mas o lanche e o jantar são obrigatórios. Nesse caso, como sugestão, pode-se solicitar que as(os) recepcionistas já venham de casa almoçadas(os).

Assim como no caso do transporte, o valor total acordado poderá ser entregue antes do início da Feira.

– Bufê, segurança e limpeza

Os serviços de bufê, segurança e manutenção (limpeza) do estande são normalmente terceirizados e podem ser executados por uma só empresa. Contratar uma única empresa para a prestação de todos esses serviços sob as forma de "pacote" tem vantagens como: ser possível maior controle de atuação da mesma, facilitando o operacional, e permitir negociação mais favorável na formação dos custos dos serviços.

A segurança é responsável pela guarda dos bens da empresa durante a montagem e a desmontagem do estande e em todos os dias da Feira. Assim, ao contratar esse serviço, deve ficar claro, mediante contrato específico, a total responsabilidade da empresa contratada perante qualquer dano sofrido pelo material ou a retirada deste do estande, por terceiros.

O trabalho diário da segurança tem início uma hora antes do término do horário da Feira e finaliza uma hora após a sua abertura no dia seguinte.

Ao contrário do que ocorre com recepcionistas, não é preciso se preocupar com horário de almoço e jantar do(s) funcionário(s) da segurança e não há a responsabilidade pelas despesas com transporte.

> **DICAS:**
>
> - Conheça o(s) segurança(s) que irá(ão) trabalhar no estande. Antes de contratá-lo(s), mesmo no caso de este(s) pertencer(em) à empresa que prestará serviços de bufê e limpeza, verifique para quais empresas ele(s) já trabalhou(aram) e solicite referências. Os seguranças que tra-

> balham em Feiras, em sua maioria, são conhecidos da organizadora oficial e muitas vezes até credenciados por esta. Procure dar preferência a esses profissionais;
>
> • Tenha sempre em mãos o bip, celular, telefone ou *walkie talkie* do(s) segurança(s) contratado(s), para eventuais contatos durante a Feira.

O serviço de limpeza é importante para o bem-estar e conforto dos convidados, bem como dos funcionários que estarão trabalhando todos os dias, o dia inteiro, dentro do estande. Um estande limpo, organizado e bem-conservado transmite para o mercado uma imagem com as mesmas características da empresa e faz com que as pessoas que estão trabalhando o façam com mais prazer, orgulho e tranqüilidade. Não economize com esse tipo de serviço para que aborrecimentos desnecessários nessa área venham a exigir esforços e atenção no seu controle, deixando de lado assuntos estratégicos, como garantir o bom atendimento aos clientes.

Para os serviço de bufê existem três níveis possíveis:

• Bufê completo servido à francesa. Se o estande comportar a circulação interna de garçons servindo coquetéis e lanches, essa é uma boa opção. Nesse caso é fundamental atenção especial na seleção dos garçons;
• Bufê completo com sistema self-service. Nesse tipo de atendimento o garçom posiciona-se na parte de trás do balcão, servindo as bebidas e executando a reposição dos lanches e a organização da mesa/balcão;
• Serviço básico de lanches. Quando o estande não comporta um serviço de bufê, devido à restrição de tamanho, verba ou por decisão estratégica da empresa, há ainda a opção de manter nas salas VIPs, ou de reunião, bandejas com salgados prontos. O serviço de garçom nesse caso fica dispensado, mantendo apenas uma copeira encarregada da reposição dos salgados e das bebidas.

O importante na escolha de uma das opções apresentadas é, mais uma vez, ter claro o objetivo e a estratégia de atuação da empresa. Se o estande estiver montado apenas para a exposição de produtos/serviços, sem espaço dedicado a reuniões ou locais para conversas reservadas, não há motivos nem necessidade de manter um serviço completo de bufê. Às vezes, quando se trata de empresa de produtos alimentícios ou ligados a produtos dessa natureza, onde há grande circulação de consumidores, as empresas costumam oferecer amostras para degustação. Empresas que não têm nem bufê nem degustação podem manter cafezinho ou biscoitos e, nos casos mais simples, balas.

Para exemplificar cada situação são apresentados a seguir três menus:

Exemplo 1 Serviço de bufê completo à francesa

Menu:

CANAPÊS
De patê de fígado
De musse de ricota
De musse de salmão

MINISSANDUÍCHES
Minibaguetes de gergelim com frios variados

CARPACCIO

SALGADOS QUENTES
Empadas de palmito
Croquetes de carne
Coxinhas de frango
Rissoles de queijo
Bolinhos de bacalhau
Maravilha de queijo
Croquete de milho
Cajuzinho de lombo

DOCES VARIADOS

BEBIDAS
Refrigerantes
Água mineral com e sem gás
Gelo
Vinhos branco e tinto

Exemplo 2 Serviço de bufê completo – self-service

Menu:

CANAPÊS
De patê de fígado
De patê de presunto
De musse de ricota
De musse de atum
Patê de azeitonas

```
PETISCOS
Salgadinhos variados (amendoim, batatinha chips, cajuzinho etc.)
Azeitonas
Queijos variados

CARPACCIO

MINISSANDUÍCHES
Minibaguetes de gergelim e frios variados

BEBIDAS
Refrigerantes
Água
Gelo
```

Exemplo 3 Serviço básico de lanches

```
Menu:

PETISCOS
Salgadinhos variados (amendoim, batatinha chips etc.)
Azeitonas
Queijos variados

MINISSANDUÍCHES
Minibaguetes de gergelim e frios variados

BEBIDAS
Refrigerantes
Água
Gelo
```

Para solicitar orçamentos de bufê – e sugere-se que sempre sejam considerados os de três empresas –, informe o número estimado de convidados que irão circular internamente pelo estande por dia, o número de dias e o horário do evento, indicando, inclusive, os horários de maior interesse para que o serviço seja intensificado.

Quanto ao número estimado de convidados/dia pode-se afirmar que, apesar da quantidade de convidados variar muito de um estande para outro e de evento para evento, uma vez que depende de variáveis difíceis de ser dimensionadas, a experiência diz que uma estimativa inicial de 80 convidados/dia para Feiras de grande porte e estande de 100m^2 é bastante razoável de se considerar.

Uma vez que a definição da quantidade exata de bufê a contratar é tarefa complexa, é preferível fazer um acordo com a empresa de maneira que se feche inicialmente apenas a quantidade prevista para o primeiro dia. Ao passar a quantidade inicial, deve-se ser moderado, pois as empresas trabalham sempre com uma margem de até 20% a mais do solicitado. Isso significa que se for solicitada quantidade para 80 pessoas haverá o suficiente para até 96. Após a experiência e a amostra do primeiro dia, serão feitos os ajustes necessários para mais ou para menos, podendo fechar com a empresa a quantidade definida para os demais dias da Feira. Assim, a probabilidade de erro torna-se inferior ou quase nula.

Claro que ao fazer essa projeção deve-se ter em conta que, normalmente, os dois últimos dias de Feira e os fins de semana possuem maior freqüência de visitas.

No que se refere ao horário de interesse do serviço, são apresentadas, no quadro a seguir, algumas sugestões, de acordo com a duração diária do evento.

Quadro sugestivo para definição dos horários de serviço do bufê

Horário da Feira	Horários de serviço do bufê	
	Básico	Completo
Das 10h00 às 22h00	Ininterrupto	13h00–15h00/19h00–21h30
Das 14h00 às 22h00	Ininterrupto	15h00–16h00/19h00–21h30
Das 10h00 às 20h00	Ininterrupto	13h00–15h00/18h00–20h00
Das 14h00 às 20h00	Ininterrupto	15h00–16h00/18h00–20h00

– Serviço de filmagem e fotografia

Existem duas possibilidades para a contratação de serviço de fotografia do estande: ou a empresa contrata um fotógrafo já conhecido, antes do início da Feira, para trabalhar por um período fixo – normalmente apenas por um dia tirando fotografias do estande, dos convidados e de situações específicas de interesse da empresa – ou contrata fotógrafos que oferecem seus serviços no próprio local da Feira. Cada uma dessas opções apresenta vantagens e desvantagens, que deverão ser analisadas pelo organizador para a tomada de decisão.

Contratar um fotógrafo já conhecido, acordando o valor e o período de trabalho antes do início da Feira, garante maior personalização do serviço, ao mesmo tempo em que se tem noção exata do valor a ser pago, que pode ser incluído no orçamento, e da qualidade do trabalho que será desenvolvido. Além disso, contratar o serviço antecipadamente pode garantir maior flexibilidade de negociação com o fotógrafo, uma vez que nesse momento a empresa ainda pode contar com outros fornecedores e, portanto, realizar uma concorrência do serviço.

Ao deixar para contratar o serviço durante a Feira a empresa estará se arriscando em não encontrar um fotógrafo de boa qualidade disponível para atuar no momento de interesse do evento. E mesmo se encontrar poderá ter de pagar o valor solicitado por ele, independentemente se será justo ou não. Se a oferta do serviço na Feira for maior do que a demanda, e se considerarmos que a maioria das empresas contrata esse serviço antecipadamente, será possível conseguir um trabalho de qualidade por um preço menor. Como o risco é alto, essa opção somente deverá ser utilizada quando a empresa ou desconhece um bom fotógrafo para contratá-lo antecipadamente ou não considera o serviço essencial, acreditando valer o risco.

Caso a empresa não atribua grande valor às fotos há ainda a possibilidade de um funcionário providenciá-las, o que possibilitará maior número de flashes, nas mais variadas ocasiões e situações, com a posterior escolha das melhores. Entretanto, por se tratar de trabalho amador, a qualidade das fotos poderá ser pior que as obtidas por um profissional.

Quanto ao serviço de filmagem, raras são as empresas que o contratam para Feiras. Esse recurso é comumente utilizado em outros tipos de eventos, como congressos, convenções etc. Mesmo assim, é possível contratar o serviço de filmagem ou em conjunto com o de fotógrafo – utilizando-se da mesma empresa – ou separadamente.

13º Passo: Definir mecanismos para a divulgação da participação da empresa na Feira

Na divulgação da participação na Feira devem-se considerar dois públicos distintos: o interno, constituído por funcionários, diretoria, parceiros comerciais e fornecedores, e o externo, formado por clientes, *prospects*, amigos, imprensa e outros.

Por divulgação da participação da empresa internamente deve-se entender mais do que uma simples comunicação para a empresa, parceiros e fornecedores. É preciso fazer com que todos "comprem" a idéia da participação e entendam perfeitamente os objetivos e o porquê de tal investimento. É preciso ainda que cada um deles sinta-se parte dessa ação e com responsabilidade sobre o seu sucesso, para conseguir a cooperação e o comprometimento de todos durante a realização da Feira.

Na divulgação interna considera-se toda a empresa, mesmo aquelas áreas ou setores não envolvidos diretamente na participação da Feira, bem como todos os parceiros comerciais e fornecedores. Existem vários mecanismos internos para essa comunicação, sem a necessidade de altos investimentos e com muita simplicidade, rapidez e eficiência. Pode-se, por exemplo, utilizar-se dos murais da empresa para colocar cartazes ou um comunicado sobre a Feira ou enviar um e-mail com as mesmas informações. É possível ainda produzir, na própria empresa, folhetos para distribuição entre os funcionários, parceiros e fornecedores, ou até mesmo aproveitar-se dos jornais e boletins internos já existentes na empresa.

No que se refere ao público externo, além do envio dos convites, outras formas de divulgação da participação na Feira deverão ser desenvolvidas, principalmente quando se pretende estender o convite a um público-alvo mais abrangente – não constante do *mailing* da empresa –, quando se deseja reforçar o convite formal e feito pessoalmente e, ainda, quando há o interesse em divulgar promoções, atividades ou novidades que serão apresentadas no estande da empresa, alavancando sua imagem institucional.

A divulgação externa da participação da empresa na Feira pode ser realizada por meio de duas atividades: campanha de mídia e assessoria de imprensa. Para desenvolver uma campanha de mídia é preciso estabelecer, inicialmente, qual será o objetivo da divulgação com relação à Feira. Ela poderá ter um foco institucional, visando apenas gerar uma boa imagem da empresa, informando de sua participação em uma Feira de importância nacional, ou mesmo internacional, ou ter um foco de persuasão, com o objetivo de induzir o público-alvo a visitar o estande da empresa na Feira e até adquirir seus produtos ou serviços.

Após definidos os objetivos, é possível estabelecer o orçamento para a campanha, o qual já deverá ser previsto e estimado quando da definição do orçamento geral para a Feira.

Dependendo do objetivo esperado com a divulgação e do público-alvo tem-se um tipo de mensagem a ser transmitida; nela estão inclusos o desenvolvimento da chamada ou título, o texto, e as ilustrações/fotos. Para ter uma mensagem eficiente convém que ela: desperte Atenção, gere Interesse, crie Desejo e obtenha Ação (essa configuração é conhecida como o modelo AIDA).

Após definida a mensagem escolha o canal apropriado para transmiti-la, o que significa selecionar as mídias e os veículos utilizados para a campanha. A mídia pode ser: impressa, televisiva, de rádio ou alternativa. Cada um desses tipos possui vantagens e desvantagens que deverão ser consideradas quando da sua escolha. Os veículos a serem utilizados deverão ser selecionados segundo os seguintes aspectos:

- A audiência do veículo – Características, como perfil, tamanho e distribuição geográfica deverão ser analisadas;
- O perfil do veículo – Características como linguagem adotada, temas tratados e estilo de formatação, entre outras, servirão para averiguar se são adequadas ao desejado pela empresa;
- Os custos do veículo – O custo/benefício do veículo deverá ser analisado em função do orçamento disponível e dos objetivos traçados.

O período de divulgação da campanha é outro fator de decisão para a empresa. Para obter um resultado eficaz, no caso de Feiras, é preciso que a divulgação englobe um período anterior e posterior às mesmas, tratando de diferentes aspectos em cada um destes. A campanha deverá ter início pelo menos um mês antes do período da Feira e poderá se estender por semanas após o seu término.

A campanha desenvolvida após o término da Feira normalmente tem como objetivo divulgar os resultados alcançados durante o período e pode ser utilizada também para agradecer aos visitantes que estiveram no estande. A empresa Ponto Frio, por exemplo, utilizando-se da oportunidade de divulgação pós-Feira, agradeceu a todos os que estiveram em seu estande e adquiriram seus produtos durante a Feira, e aproveitou o ensejo para apresentar o grande sucesso de vendas alcançado. Foi utilizada uma mídia impressa – o jornal – com um anúncio de página dupla em um veículo de grande expressão nacional.

O trabalho de assessoria de imprensa deve ser executado por um jornalista credenciado, do ramo (funcionário da empresa ou contratado por ela), ou por uma empresa especializada. O importante é que o profissional responsável possua bons contatos entre as principais mídias do setor de atuação da empresa. Vale lembrar que a concentração de notícias é grande nas Feiras, o que significa que para ter espaço na mídia torna-se necessário criar notícias atrativas e contratar um jornalista eficiente ou uma empresa renomada.

O primeiro passo para desenvolver um trabalho eficaz de assessoria de imprensa é desenvolver um *press release*, isto é, um texto jornalístico, preparado pela empresa, já em formato e linguagem pronto para ser inserido em pautas de jornais, revistas ou demais mídias. Muitas vezes o *press release* é acompanhado de algum material fotográfico do produto, folhetos trazendo mais explicações técnicas e fotos do executivo da empresa responsável pelas informações prestadas.

Para preparar um *press release* eficiente siga algumas regras básicas:

- O texto deve ser claro, objetivo e sucinto, não se estendendo por mais de duas folhas;
- As frases devem ser curtas e o conteúdo não pode ser exageradamente técnico, pois os clientes do *release*, isto é, os jornalistas, estão mais preocupados com os principais benefícios oferecidos pelo produto/serviço e com a repercussão que a matéria irá gerar do que com suas especificações técnicas.
- Se o material for entregue já impresso, a cada palavra e a cada linha é importante deixar um espaçamento duplo. O mesmo se aplica ao espaçamento dos parágrafos. Essa regra é importante, pois permite ao jornalista que receber o *press release* incluir informações e observações de próprio punho, sem que necessite redigir todo o texto novamente. Além disso o texto fica mais fácil para leitura.

- A melhor fonte e tamanho de letra para o texto de um *press release* é o Arial 12.
- O título do *release* deve ser criado como se fosse uma chamada de um anúncio de propaganda, pois é ele que despertará ou não o interesse imediato do jornalista para a leitura.
- Informações quantitativas são o principal atrativo para jornalistas. Deve-se, sempre que possível, adicionar ao texto dados reais e quantitativos que justifiquem os resultados positivos da empresa, seu negócio e seus produtos. Mas atenção: não se deve citar dados que não tenham sido colhidos e divulgados por fontes conhecidas e de credibilidade.
- O *release* deve ser impresso em papel timbrado, com todas as informações como: endereço, telefone e razão social da empresa. Além disso devem constar na parte inferior do papel os dados da assessoria de imprensa, para futuros contatos e esclarecimentos. Caso queira que o jornalista procure diretamente a empresa e não a assessoria de imprensa, pode-se optar por inserir no *release* a pessoa responsável por quaisquer esclarecimentos ou informações adicionais.

Por estar "vendendo" o *release* para a imprensa no momento em que ela está sendo bombardeada de informações de várias empresas atuantes na Feira, algumas dicas poderão ajudar nesse processo:

DICAS:

- O *release* deve ser sempre enviado com no mínimo uma semana de antecedência ao início da Feira. Ele pode ser enviado por fax, correio ou e-mail. Mas, como sugestão, peça à sua assessoria de imprensa para entregá-lo pessoalmente, em uma visita rápida ao jornalista. Dessa maneira você estará se certificando de que as informações constantes no *release* chegarão ao jornalista, havendo ainda a possibilidade de mais explicação sobre elas. Caso você opte pela entrega não pessoal, confirme o recebimento do *release* por meio de uma rápida ligação aos jornalistas constantes de seu *mailing*;
- Anexe ao *release* todos os folhetos que descrevem, com mais detalhes, a sua empresa e seus produtos e os serviços que estarão sendo expostos na Feira. Concentre-se nas novidades e lançamentos;
- Entregue o material com uma bela apresentação, em pasta timbrada e com programação visual bastante atraente.

Segue um modelo de *press-release*, cedido pela empresa Rosa Arrais Assessoria em Comunicação, para ser enviado à imprensa:

Modelo de *press release*

HyperX

HyperX participa da BGS 2016 com lançamentos e muitas máquinas para visitantes jogarem à vontade

Público poderá experimentar e adquirir novidades como SSDs, memórias e headsets de alta performance, jogar em máquinas poderosas, acompanhar disputas com atletas profissionais de times de e-Sports patrocinados pela HyperX e assistir a sessões de overclock

São Paulo, x de x de 2016 – A **HyperX**, divisão da Kingston de produtos de alta performance, prepara muitas atrações para sua quinta participação consecutiva na **BGS - Brasil Game Show**, a maior feira de games da América Latina, que acontece de 1 a 5 de setembro no São Paulo Expo, em São Paulo. Os visitantes do estande da HyperX (Rua ...) poderão testar lançamentos como o headset ... e a linha de memórias e SSDs ..., conhecer produtos recentes como o ... e o ..., ficar frente a frente com e-atletas dos times ... e ... patrocinados pela HyperX, e assistir a sessões de overclock, entre outras atrações.

"Preparamos o estande para que os gamers tenham uma experiência imersiva e completa. Além de produtos inéditos e da presença de ídolos do e-Sport, teremos ... máquinas equipadas com nossos componentes e acessórios, de modo que o visitante possa conhecer e experimentar nossas linhas de produtos e jogar à vontade", diz...., diretor da Kingston no Brasil.

Depois de se divertir, o público que for à BGS também poderá adquirir os produtos HyperX, que estarão à venda no próprio estande, por preços especiais. São soluções para gamers e entusiastas de tecnologia, em geral, que precisam de máximo desempenho em suas aplicações. Entre os destaques estão o headset HyperX Cloud Core, ideal para jogar ou ouvir música em total imersão e conforto, com muito estilo e alta qualidade sonora, seja no PC ou em consoles.

Como já é tradição, especialistas da HyperX também tentarão quebrar recordes mundiais de overclocking, demonstrando ao vivo o processo para aumentar o desempenho do hardware, inclusive com cilindros de nitrogênio líquido.

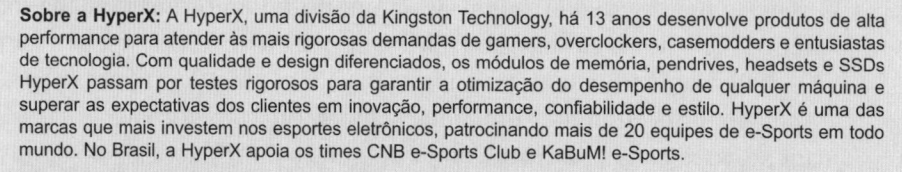

Sobre a HyperX: A HyperX, uma divisão da Kingston Technology, há 13 anos desenvolve produtos de alta performance para atender às mais rigorosas demandas de gamers, overclockers, casemodders e entusiastas de tecnologia. Com qualidade e design diferenciados, os módulos de memória, pendrives, headsets e SSDs HyperX passam por testes rigorosos para garantir a otimização do desempenho de qualquer máquina e superar as expectativas dos clientes em inovação, performance, confiabilidade e estilo. HyperX é uma das marcas que mais investem nos esportes eletrônicos, patrocinando mais de 20 equipes de e-Sports em todo mundo. No Brasil, a HyperX apoia os times CNB e-Sports Club e KaBuM! e-Sports.

Acompanhe a HyperX em:
Site: http://www.kingston.com/br/hyperx
Facebook: www.facebook.com/HyperXBrasil
YouTube: www.youtube.com/user/KingstonHyperXBR
Twitter: www.twitter.com/HyperXBrasil

Informações para a imprensa:

rosa arrais
comunicação

Victor Ribeiro – Tels.: (11) 3672.3531 ramal 18 ou (11) 96385-9973 - victor@rosaarrais.com.br

Se você não deseja mais receber nossos e-mails, cancele aqui

Foi descrito o primeiro passo de todo um trabalho de assessoria de imprensa, ou seja, a elaboração e o envio do *press release*. Para que sejam obtidos resultados expressivos e completos da ação, esteja atento não somente ao período pré-Feira, mas também mantenha um trabalho durante os dias de exposição e após a Feira.

Os pavilhões de exposição possuem uma sala de imprensa onde ficam concentrados os jornalistas dos principais veículos. É interessante solicitar à assessoria de imprensa que seja entregue nessa sala o mesmo *press release* elaborado e enviado com antecedência, pois é possível que os jornalistas ali presentes não sejam todos constantes do *mailing* da empresa. É importante que a assessoria permaneça na sala acompanhando o trabalho da imprensa e procurando incentivar os jornalistas a se dirigirem ao estande da empresa.

A função de receber o jornalista no estande deverá ficar restrita a apenas um executivo da empresa. O critério da escolha não deve ser apenas o domínio técnico sobre as características dos produtos, mas principalmente a capacidade didática e comercial que ele possui. Deve-se procurar por um profissional que saiba "vender" a empresa e seus produtos de maneira agradável, porém firme, objetiva e decisiva (vale lembrar que o jornalista dispõe de muito pouco tempo para ouvi-lo).

O que mais interessa ao público de uma Feira e, por conseqüência também aos jornalistas, são as novidades apresentadas. Se a empresa, entretanto, não possuir, por ocasião da Feira, nenhuma novidade de produto/serviço para apresentar, deve-se criar um diferencial que, mesmo assim, chame a atenção para ela e para o respectivo estande. Uma história real vivenciada pela autora ilustra essa preocupação. Certa vez, visitando uma Feira de informática, ela deparou-se com uma empresa que para ganhar a atenção do público, montou uma choperia em pleno estande. Especialistas podem criticar tal idéia não ortodoxa, mas, pelo menos a autora – que nem é fanática por chope – até hoje lembra-se do fato e do nome da empresa em questão. A imprensa registrou essa ousadia colocando em destaque a empresa e o seu perfil arrojado e inovador. No nível institucional esta teve um ganho de imagem bastante elevado. A imprensa, por sua vez, não se restringiu apenas a registrar o inusitado da situação, mas acabou, por conseqüência, apresentando um dos produtos daquela empresa.

Geralmente as Feiras possuem um dia de inauguração oficial (na maioria dos casos o primeiro dia), em que as principais autoridades da área realizam um rápido *tour* pelos estandes. Os esforços da assessoria de imprensa devem-se concentrar nesse dia, pois a maioria dos profissionais de imprensa restringe-se a ele para obter todas as informações que serão convertidas em pautas de matéria para as próximas edições de seus veículos.

O pós-Feira também é muito importante de ser trabalhado pela assessoria. Nesse caso a assessoria deverá se concentrar nos principais resultados atingidos durante a Feira e nas expectativas geradas a partir de contatos e negócios estabelecidos naquela ocasião. Um novo *press release* deverá ser preparado, com fotos do estande e dos produtos, contendo o número de vendas efetuadas durante a Feira e as previstas após sua realização, os principais acontecimentos e os futuros lançamentos. Mais uma vez, cabe aqui a lembrança de que, quanto mais informações e dados quantitativos forem acrescidos ao release, maior a atenção gerada nos jornalistas.

14º Passo: Verificar o estoque do material promocional

É comum ocorrer, dias antes ou mesmo durante a Feira, a constatação de que o estoque do material promocional não será suficiente. Além de sua reprodução ser normalmente demorada – dependendo das adaptações necessárias e da quantidade prevista –, as gráficas em épocas de pré-eventos ficam sobrecarregadas e retardam ainda mais as entregas dos impressos. É, portanto, fundamental rever todos os estoques a tempo e fazer uma previsão da quantidade que será distribuída durante o evento.

Independentemente do porte da empresa e da Feira, pode-se dizer que é possível calcular uma quantidade média diária de 500 folhetos a serem distribuídos. É claro que esse volume tende a ser maior se a empresa decidir, estrategicamente, distribuí-los fora do ambiente do estande, estendendo-se às ruas do pavilhão. Da mesma maneira, por decisão da empresa, pode-se optar por distribuí-los somente aos visitantes que se tenham aproximado do balcão de apresentação do produto e assistido à demonstração, o que viria a diminuir quantidade.

Além da parte de folheteria existem outros materiais promocionais que devem ser considerados e produzidos. Um exemplo são os *displays* de acrílico, para apresentação resumida e em tópicos dos produtos e serviços expostos no estande. Eles costumam ser colocados ao lado de cada produto para que o visitante possa, com o resumo apresentado, ser atraído a conhecê-lo melhor. Outro material previsto são as fichas de cadastro, utilizadas para registrar os interessados por algum produto/serviço específico, para que se possa, posteriormente ao evento e com maior atenção, apresentar o produto de interesse.

Um aspecto ao qual profissionais com pouca experiência na área de eventos geralmente não dão atenção e que muitas vezes acaba gerando uma grande dor-de-cabeça refere-se ao levantamento de todo o material de apoio à Feira. Esse levantamento, aparentemente corriqueiro e que conseqüentemente não demandaria muita atenção, deverá ser efetuado com cautela. Quando se está no pavilhão de exposições e se descobre, por exemplo, que foram esquecidas as canetas com as quais as(os) recepcionistas irão cadastrar os convidados ou o grampeador para anexar à ficha o cartão de visita, a situação torna-se complicada. Portanto liste todo o material que deverá ser levado para o estande, para não se defrontar com problemas de última hora.

15º Passo: Preparar o sistema de cadastro dos visitantes

Uma Feira que não resulta em um número razoável de fichas cadastrais é um investimento transformado em despesa. Se ao final do evento não tiver conseguido colher um mínimo de informações dos interessados nos produtos/serviços, mesmo nos casos em que a visita já tenha resultado em uma venda imediata, jamais se poderá mensurar, com exatidão, os resultados da atuação. A Feira não pode ser pensada como mero instrumento de divulgação institucional. Está-se investindo pesado e é preciso colher frutos quantitativos do investimento para justificar a uma Diretoria a participação em outras Feiras.

Existem quatro métodos de se colherem os dados cadastrais dos visitantes do estande, cada um com suas características próprias. A seguir são descritos esses métodos com a apresentação de modelos:

– Cartão de visita

O método mais simples de conseguir os dados dos visitantes do estande é solicitar o seu cartão de visita, sem a necessidade de preenchimento de ficha cadastral. Mas caso as informações contidas no cartão não sejam suficientes, elas poderão ser completadas com a utilização da ficha cadastral. Nesse caso somente deverá ser solicitado o preenchimento dos campos que não constem do cartão.

– Ficha simples de cadastro

Esse método é o mais usual entre empresas expositoras. É elaborada uma ficha cadastral contendo as informações básicas do visitante, como nome completo, empresa e cargo, endereço completo e telefone para contato. Essa ficha é guardada em local reservado e, após o período da Feira, passada para o computador e distribuída à área responsável por vendas.

Exemplo de Ficha Cadastral Simples

Nome: _____	Cargo: _____
Razão Social: _____	CGC: _____
Endereço: _____	Compl.: _____
Bairro _____ Cidade: _____	UF: _____
CEP: _____ Tel: _____	Fax: _____
E-mail: _____	Celular: _____
( ) Gostaria de receber as últimas novidades da empresa por e-mail.	

– Ficha cadastral completa

Dependendo das características da empresa é interessante buscar, ainda em um primeiro contato, informações mais detalhadas do visitante. Nesses casos é comum utilizar uma ficha cadastral mais abrangente, buscando identificar todas as informações desejadas. Dessa ficha podem constar dados como: faturamento anual, segmento de atuação, produtos/serviços que a empresa possui dentro de sua área de atuação (levantamento da concorrência) e base tecnológica existente, entre outras informações. Estas serão úteis para que se possa qualificar, com mais precisão, o visitante e até priorizar o atendimento, notadamente em períodos de pico, quando o estande fica sobrecarregado, com mais visitantes do que demonstradores. O preenchimento da ficha costuma, nessas ocasiões, ser realizado antes de o visitante ser direcionado ao vendedor/demonstrador que irá atendê-lo. Assim é possível identificar o perfil e orientar melhor o vendedor quanto à forma mais adequada de atendê-lo e quais produtos/serviços devam ser oferecidos e com qual configuração. Quando o visitante for então atendido, o vendedor já saberá quais pontos tratar na demonstração, tornando-a mais eficaz e rápida.

Atenção: Esse método só deve ser utilizado nos casos em que a empresa atenda a um nicho específico de mercado e a um perfil definido de cliente, em que as informações constantes da ficha são imprescindíveis para apresentar soluções personalizadas. Caso não haja restrições desse âmbito, o visitante não deverá ser incomodado com perguntas que não serão aproveitadas para se tomar nenhuma decisão quanto à demonstração de soluções específicas.

Exemplo de Ficha Cadastral Completa

```
Nome: _____   Cargo: _____
Razão Social: _____   CGC: _____
Endereço: _____   Compl.: _____
Bairro _____ Cidade: _____ UF: _____
CEP: _____ Tel: _____ Fax: _____
E-mail: _____   Celular: _____
Faturamento Anual: _____   Segmento do mercado: _____
Já possui produto similiar ou concorrente?
                        ( ) Sim. Qual?
                        ( ) Não.
Possui projeto para aquisição da solução/produto?   ( ) Sim   ( ) Não
Valor estimado do projeto (em US$) _____
Prazo previsto para compra: _____
Tipo de solução desejada: _____
Gostaria de conhecer: _____
        ( ) Gostaria de receber as últimas novidades da empresa por e-mail.
```

– Ficha cadastral informatizada

Esse método, apesar de ainda pouco utilizado, é o mais eficiente e rápido. Os dois métodos descritos pressupõem uma digitação, pós-Feira, das fichas cadastrais em um banco de dados. Essa operação demanda tempo e muitas pessoas envolvidas, além de exigir presteza, pois é preciso que o departamento comercial entre rapidamente em contato com o visitante para não perder o momento.

Assim é proposto nesse item um método híbrido, em que há a preparação de um banco de dados e, no próprio período da Feira, é feito o cadastro diretamente no computador. A digitação dos dados poderá ser realizada tanto na presença do visitante como após a demonstração, em um horário em que seja possível a digitação sem atrapalhar o andamento da Feira. O importante é que, para a utilização desse método, será necessária a reserva de um microcomputador dentro do estande e, caso a digitação venha a ser feita após a demonstração, uma ou mais pessoas – que poderão ser esquematizadas em rodízio – responsáveis pela digitação dos dados. É possível alocar um(a) recepcionista para desempenhar essa tarefa, ou os próprios vendedores/demonstradores, nos momentos em que o estande estiver vazio ou com poucas demonstrações.

Esse método traz a vantagem de se poder ter a certeza de que os dados fornecidos pelo visitante estão completos e corretos, uma vez que foram fornecidos no momento da digitação ou próximos a este. Outra vantagem é que, quando a Feira termina, todos os visitantes já estão cadastrados no banco de dados e os contatos poderão ser realizados quase de imediato. É importante ressaltar que o tempo requerido para cadastrar dez clientes/dia, por vendedor, é muito pequeno e pode ser realizado por ele mesmo ou qualquer pessoa da empresa. Além disso as Feiras em geral têm início às 10 horas, garantindo assim pelo menos uma hora para a digitação no sistema. Por outro lado a digitação de 500 fichas cadastrais após a Feira, por exemplo, torna-se tarefa demorada e cansativa para uma ou duas pessoas.

Se os micros para as apresentações dos produtos estiverem ligados a uma rede fica ainda mais fácil a digitação, na presença do visitante, dos seus dados. Assim como no caso do preenchimento de ficha completa de cadastro, atente para o tempo que está sendo tomado ao cliente. Se demorar mais do que 1 minuto e 30 segundos para preencher a ficha, é preferível realizar essa atividade após a demonstração e o preenchimento manual da ficha cadastral.

Quando houver nota fiscal de vendas, caso em que a participação na Feira envolve processo de venda de produtos/serviços, não será preciso cadastrar em fichas os clientes que adquiriram qualquer produto, uma vez que todas as informações necessárias já estarão registradas na nota fiscal de vendas ou no pedido. É importante não esquecer, no momento de se fazer o levantamento total de visitantes do estande, de considerar os cadastros via ficha, cartão de visita e via nota fiscal de venda ou pedido. Somente com a soma de todos esses elementos é que se terá o balanço geral do número de pessoas que passaram pelo estande.

Caso o visitante já seja cliente sua presença deverá também ser anotada, para saber de sua visita. O fato de um cliente visitar a empresa em seu estande significa que ele é mais do que um cliente interessado; ele está buscando novidades e maior atenção por parte da empresa, fato que merece ser registrado. Para efeito de cadastro, por ele já ser cliente, não será necessário o preenchimento completo de uma ficha, já que seus dados farão parte do banco de dados da empresa.

Todos esses métodos de cadastro dos visitantes têm o mesmo objetivo, isto é, avaliar o resultado imediato da participação na Feira e alavancar resultados a médio e longo prazos. Dessa maneira é imprescindível que os visitantes sejam registrados e qualificados e que essa informação permaneça armazenada em um banco de dados em que se possa, a qualquer momento, acessá-la e de onde se possa extrair a procedência de novos clientes.

> **DICA:**
>
> - Uma tática bastante utilizada e que gera um resultado mais satisfatório consiste em vincular o preenchimento das fichas cadastrais à promoção de sorteios e concursos. Dessa maneira você garante a participação de grande parte dos visitantes e alavanca um *mailing* muito mais completo e abrangente. Essa tática é utilizada para quebrar a natural barreira dos executivos em se identificar para a empresa, com o receio de serem incomodados com constantes telefonemas e envios de malas diretas.

16º Passo: Fazer o levantamento dos estoques de produtos

Se a participação na Feira envolver venda de produtos no local, esteja preparado para atender à demanda. Nesse caso comece selecionando todos os produtos que irão ser apresentados e verificando o estoque atual. Depois faça uma previsão do volume esperado de vendas durante a Feira e no seu período subseqüente e, então, é checado se esse estoque será suficiente para atender à demanda estimada.

Uma previsão razoável do que será alavancado de vendas durante o período da Feira pode ser calculada pela seguinte fórmula:

$$VDE = VDN \times 1,30$$

Onde:
VDE: Venda Diária Estimada
VDN: Venda Diária Normal
1,30 (taxa de crescimento de 30%)

Se estiver previsto algum tipo de promoção essa relação será elevada de acordo com o objetivo esperado com a ação. O levantamento e cálculo devem ser realizados com antecedência em relação ao início da Feira, para que não ocorram surpresas desagradáveis e haja tempo hábil para produzir ou solicitar maior quantidade de produtos.

Com relação à montagem do estande, caso a empresa esteja participando com vendas, é importante reservar um espaço adequado ao estoque dos produtos. O espaço terá de ser separado dos demais ambientes e fechado à chave. Deve-se solicitar à montadora conjuntos de prateleiras para a disposição organizada dos produtos e para que o espaço – que geralmente é reduzido – tenha o melhor aproveitamento possível.

Antes do início da Feira liste, numere e classifique todos os produtos que serão estocados no estande. Por segurança algumas empresas procuram manter no estoque apenas a previsão diária de vendas e, a cada dia, é reposta a mesma quantidade. Se houver suficiente confiança no trabalho da segurança e se o estoque for mantido trancado durante o período noturno e, ainda, se houver um controle rigoroso sobre as quantidades estocadas, nada impede que no primeiro transporte possa ser levado todo o volume necessário para o período integral da Feira. É claro que, além dessas considerações, é preciso analisar o valor e o volume/peso dos produtos.

Quando as vendas são geradas em grande volume e a entrega de produtos é imediata convém que as pessoas responsáveis pelo estoque e pelas vendas permaneçam algumas horas a mais do período da Feira para realizarem o balanço do dia e verificarem a necessidade de reposições.

Além dos produtos comercializados, merece atenção o estoque de material para embalagem deles.

17º Passo: Definir mecanismos para a divulgação da empresa nas dependências da Feira

Os *press releases*, a divulgação na mídia e o convite por parte da empresa tiveram a finalidade de trazer o público à Feira e ao estande. Cumpridas com sucesso essas etapas é preciso estar preparado para conduzi-lo adequadamente até o estande e, posteriormente, para atender às suas expectativas.

– Conduzir o público até o estande

Ao aceitar o convite para a Feira o convidado provavelmente estará interessado não somente em visitar o estande da empresa, mas também os de vários outros expositores. Com o envio do convite consegue-se despertar um interesse inicial por conhecer o estande da empresa. Se não houver um reforço dentro do ambiente da Feira, é possível que o convidado se disperse e vá visitar outros estandes, inclusive de possíveis concorrentes, que conseguiram atraí-lo com mais eficiência.

Por isso são importantes alguns mecanismos de divulgação, que têm por objetivo atrair o convidado a dirigir-se, inicialmente, ao estande da empresa, tais como:

a. Na entrada do Pavilhão de Exposições é possível colocar *blimps* (grandes balões) com o logotipo da empresa e produtos, chamando a atenção dos visitantes da Feira logo que ingressem no Pavilhão ou no estacionamento. Para instalar um *blimp* como esse, deve-se pagar à organizadora do evento uma taxa de divulgação. Os valores e procedimentos poderão ser encontrados no Manual do Expositor;

b. No Pavilhão de Exposições, dentro do ambiente da Feira, é possível pendurar *banners* com o logotipo da empresa e dos produtos, ou qualquer tipo de informação desejada, no teto correspondente aos corredores da Feira. Nesses *banners* é importante colocar o endereço do estande para reforçar o convite e atrair outros visitantes que não receberam o convite da empresa, mas que se interessam por seus produtos/serviços. Da mesma forma que os *blimps*, os *banners* são afixados pela organizadora da Feira e é necessário seguir algumas normas e procedimentos constantes do Manual do Expositor;

c. Panfletagem, cujo trabalho consiste na distribuição de material promocional, de maneira organizada e especializada, aos visitantes da Feira. É possível realizar a panfletagem no ambiente do estande, limitando-se às ruas que o circundam ou em vários pontos do Pavilhão como: entrada principal, ruas de acesso, lanchonetes etc. Ao optar por esse mecanismo a quantidade de folhetos a ser distribuída será muito mais elevada em função da previsão do total de visitantes da Feira. Algumas dicas são importantes para o sucesso desse mecanismo:

DICAS:

- Não utilize o folheto padrão do(s) produto(s). É mais eficaz e menos custoso desenvolver um panfleto simplificado, com apenas uma lâmina, mas que tenha uma chamada inicial "imperdível". Pode-se aproveitar alguma promoção ou novidade e apresentá-la no panfleto. Por exemplo, se o preço do produto estiver visivelmente abaixo da concorrência e do preço normal de mercado é importante divulgá-lo com destaque no panfleto, o qual deve ser uma "isca" para o visitante e não apenas uma apresentação dos produtos e serviços. Quem vai a uma Feira busca preços abaixo dos praticados pelas empresas no mercado, além de novidades ou outras promoções. Se não tiver o que oferecer nem vale a pena se dar ao trabalho de investir nesse mecanismo. O custo será elevado para pouco retorno;
- Quem estiver com a responsabilidade pela distribuição do panfleto deverá ter a capacidade de atrair o público para si. Assim, devem ser colocados nessa posição promotores(as) bem apresentados(as), com o uniforme de destaque da empresa e com o perfil adequado para o que esse tipo de trabalho exige: dinamismo, simpatia e abordagem firme. Algumas empresas têm-se destacado nessa atividade, colocando promotores com patins para realizar a distribuição de panfletos. Essa característica diferenciada de apresentação facilita muito a locomoção

dos promotores, inclusive gerando maior produtividade. A única dificuldade será encontrar promotores com todas as qualidades necessárias já descritas no item anterior e que, além de tudo, saibam andar muito bem sobre patins. Atente para o fato de que, a partir do momento em que os promotores estiverem trabalhando para a empresa, ela passa a ser responsável por tudo o que possa acontecer durante o período do trabalho. Isso inclui contusões simples ou complicadas. A análise da lei trabalhista sobre esse ponto fornecerá elementos para avaliar benefícios e riscos antes de se decidir por essa atividade;

- Se a panfletagem tiver por objetivo atrair o visitante até o estande, é fundamental a informação da sua localização. Além do endereço deve ser colocado um ponto de referência facilmente identificável;
- Um sistema de cuponagem mostra-se bastante eficiente para atrair o público ao estande. Pode-se anexar ao panfleto um cupom oferecendo, por exemplo, um desconto em um dos produtos expostos, se apresentado no momento da compra.

Esse é apenas um exemplo de ação promocional que pode ser utilizada na distribuição de panfletos no Pavilhão de Exposições. Outras ações poderiam ser consideradas com sucesso. É importante, porém, avaliar os custos de cada ação e o retorno esperado para se decidir entre uma ou outra;

- Como a panfletagem envolve custos razoavelmente elevados, podem-se limitar sua distribuição por meio de uma seleção do público-alvo com o perfil mais desejado. Se a empresa trabalha, por exemplo, com produtos para um público do sexo feminino e com peso acima do normal, podem-se orientar os promotores a entregarem os panfletos somente às pessoas que possuam esse perfil. Assim, o investimento será mais bem direcionado, garantindo maior eficácia desse mecanismo.

d. A distribuição de amostras grátis, que é outro mecanismo de atração do público ao estande, apresenta-se bastante eficaz quando o produto é novidade, passível de experimentação – mesmo em pequenas quantidades –, e possui vantagens visíveis evidentes e perceptíveis em relação à concorrência.

Esse mecanismo é bastante apreciado pelo público, que o considera um presente e um ato de muita simpatia da empresa. Todavia um ponto importante a ser considerado quando da utilização dessa ação refere-se ao elevado custo unitário das amostras, sobretudo quando é necessário o desenvolvimento de embalagens especiais para essa finalidade.

Para garantir o sucesso desse mecanismo alguns cuidados devem ser tomados:

- A embalagem utilizada deverá reproduzir fielmente a embalagem original do produto;

- A amostra deverá vir acompanhada por uma descrição do produto e pelo endereço do estande onde ele poderá ser encontrado;
- O produto deverá estar com um preço promocional para aquisição no estande, a fim de que seja reforçado o estímulo à sua compra. Essa promoção deverá ser informada no momento da entrega da amostra;
- O(a) promotor(a) que estiver distribuindo a amostra deverá argumentar rapidamente sobre as vantagens ou benefícios do produto e direcionar as pessoas ao estande da empresa;
- A distribuição de amostras deverá ocorrer nas proximidades do estande, para que a pessoa não deixe a visita para depois, perdendo o estímulo gerado naquele instante e esquecendo a promoção;
- A amostra deverá ser entregue selecionando-se, sempre que possível, o público-alvo. Assim como na distribuição de panfletos citada no item anterior, é possível direcionar a entrega da amostra para aquelas pessoas que se enquadrem no perfil de consumo desejado pela empresa desde que a seleção seja feita de tal forma a não aborrecer as pessoas que não receberem a amostra.

– Cumprir e superar as expectativas

Após a chegada do convidado ao estande, graças a um trabalho correto de divulgação, alguns cuidados, apresentados a seguir, deverão ser tomados para garantir o cumprimento das promessas feitas e para satisfazer às expectativas do visitante como:

a. Inovação

Os lançamentos deverão estar expostos de maneira visível e destacada na parte frontal do estande. Deve-se fazer com que o visitante, ao se aproximar do estande, perceba e direcione toda a sua atenção àquele(s) produto(s) novo(s). Essa preocupação inicia-se na divulgação e deve ser mantida na programação visual do estande e na sua apresentação por uma promotora bem treinada e eficiente. Se, ao se aproximar do estande, o visitante não visualizar a novidade ou o lançamento, de nada terá adiantado todo o esforço para atraí-lo. Além disso, o esforço poderá gerar um efeito contrário ao desejado, afetando negativamente a imagem da empresa. Uma expectativa muito elevada, gerada pela divulgação, poderá resultar em uma decepção maior por parte do visitante. Essa situação pode-se agravar se a empresa participar de todas as edições de uma mesma Feira e em nenhuma delas apresentar novidades ou lançamentos. A cada participação estará perdendo mais e mais credibilidade e poderá ser lembrada como "a empresa que traz todo ano as mesmas coisas e não inova";

b. Programação visual do estande

Pode não parecer, mas a beleza do estande, tanto externa quanto internamente, conta muito para torná-lo atrativo ao público. O cuidado com a estética é especialmente relevante quando se considera que no Pavilhão de Exposição existem pelo menos cem outros estandes competindo com a programação visual daquele da empresa. Normalmente são utilizadas cores fortes e vibrantes para atrair o público. Assim o pavilhão pode tornar-se um verdadeiro "circo" de cores e de espalhafatos criados pelas montadoras.

Contudo, é importante manter a sobriedade e a simplicidade da programação visual externa.

Na programação visual interna estão incluídos aspectos da decoração como: cores utilizadas nas paredes e no carpete; vasos, flores e plantas dispostos pelos ambientes; quadros, cartazes, posteres, adesivos afixados nas paredes, além das peças decorativas espalhadas por todo o estande e sobre as mesas e da vestimenta dos funcionários da empresa. Dentre todos esses itens dois serão destacados aqui: os cartazes e o traje dos funcionários.

- Cartazes – São considerados mídias alternativas da propaganda, dirigidas e eficazes quando utilizadas da maneira correta. O cartaz deve apresentar o(s) produto(s) de forma bastante simplificada e clara para que, na sua primeira leitura, seja possível identificar suas características, vantagens e diferenciais. Para tanto, atente para a forma de apresentação com relação a:

    . texto: deve ser simples, evitando termos técnicos ou científicos – a não ser no caso de um público-alvo composto por técnicos – direto, sem rodeios para expor a sua idéia (o ideal é utilizar-se de tópicos e itens em destaque), e conciso, com poucas informações, mas suficientes para atrair o leitor;

    . cor: deve-se levar em conta a visibilidade e a psicologia das cores na criação do cartaz. Alguns tons são mais perceptíveis do que outros como, por exemplo, o amarelo e o vermelho. Além disso, a cor deve adequar-se ao produto e às suas características. O vermelho, por exemplo, traduz força e poder e pode ser utilizado para exposição de produtos de ginástica. O azul traduz calma, bem e frieza, podendo ser aplicado a produtos farmacêuticos e assim por diante;

    . imagem: na medida do possível deve-se considerar no cartaz uma imagem próxima do real, ou até mesmo a foto do produto ou empresa. Essa proximidade traz maior veracidade e visualização do produto e da mensagem que está sendo transmitida.

Foram apresentadas aqui algumas informações necessárias para a criação de cartazes e posteres a serem fixados no estande. Sugere-se que se busque uma boa agência de propaganda especializada para essa tarefa. Assim se terá a certeza de estar recebendo um trabalho estudado e especializado.

Os cartazes e posteres, após confeccionados, devem ser afixados nas salas de reunião, na entrada do ambiente interno do estande, no bar, sala VIP, ou seja, em todo o local de visibilidade ao público.

- Traje dos funcionários da empresa – A maneira como as pessoas que estão trabalhando no estande se apresentam é uma característica da programação visual interna, uma vez que elas serão percebidas como parte integrante do estande. No passo 10 deste capítulo foram apresentadas as características de vestimenta das recepcionistas. Nesse item será tratada a maneira como se devem vestir os funcionários da empresa responsáveis pela apresentação e pela venda dos seus produtos.

   A roupa utilizada por esses profissionais também deve adequar-se à estratégia adotada para a Feira. A seguir serão apresentadas duas possibilidades (A e B) de se manter uma apresentação correta dos funcionários:

   A) Vestindo a camisa da empresa – Essa opção resume-se na utilização, por parte de todos os participantes da empresa na Feira, de um "uniforme" elaborado especialmente para a ocasião. Pode fazer parte do uniforme: uma camiseta ou camisa pólo da empresa, uma calça ou saia azul (por exemplo) e um sapato tipo mocassim. Se a Feira permitir e a empresa estiver disposta a inovar, pode-se até consentir o uso de jeans e tênis, acompanhando a camiseta com o logotipo da empresa. Nesse caso é importante que a empresa forneça o "uniforme" em quantidade suficiente para o uso, com boa apresentação, por todo o período da Feira.

   Saber quando utilizar um uniforme arrojado é essencial para não incorrer em uma programação visual inadequada. Assim, algumas perguntas podem ajudar na escolha ou não dessa opção, das quais estão listadas a seguir:

PERGUNTA	SIM	NÃO
1. O estande tem um estilo e uma programação visual arrojada, descontraída e moderna, com cores vivas e muitas atrações e promoções?	❑	❑
2. A Feira é de varejo e o público-alvo é jovem, de espírito ou idade, dinâmico e atualizado?	❑	❑
3. A empresa vende produtos de consumo de massa?	❑	❑
4. A maioria dos funcionários da empresa é jovem de idade e de espírito?	❑	❑
5. Foi realizada uma enquete junto aos funcionários e a idéia foi aceita por todos?	❑	❑
6. A empresa tem condições de arcar com o custo de confecção desses uniformes, na quantidade suficiente para atender todo o período da Feira e ainda considerar uma sobra para distribuição como brinde?	❑	❑
7. Esse estilo não interferirá com o adotado para as roupas das recepcionistas? Os dois estilos serão considerados conjunto de uma programação visual única?	❑	❑

Respondendo **SIM** às questões apresentadas, garante-se a adequação do uso desse tipo de uniforme pelos funcionários que estarão trabalhando no estande.

Na questão 5, foi levantado um ponto muito importante para a escolha da vestimenta de funcionários da empresa durante a Feira: a opinião dos funcionários. Se for apresentada a eles uma roupa que os desagrade, estará se criando uma situação de desconforto e até de vergonha por estarem vestidos "daquela maneira". E quando alguém se sente mal com seu próprio visual não consegue transmitir um sentimento positivo com relação a qualquer coisa, notadamente com relação a um produto da empresa que o colocou naquela situação.

Para responder à questão 6 saiba a quantidade correta para manter uma boa apresentação do primeiro ao último dia da Feira. A seguir, é apresentada uma sugestão referente à quantidade ideal para cada funcionário para cinco dias de Feira:

Item de Vestuário	Quantidade
Camiseta ou camisa pólo	03
Tênis ou sapato tipo mocassim	02
Casaco ou malha quente para o inverno	01
Calça ou saia	02
Meia-calça (se necessário)	03
Cinto	01
Boné (se for o caso)	01

Outra opção no estilo "vestindo a camisa da empresa" é adquirir ternos e *tailleurs* para os funcionários da empresa responsáveis pela apresentação, demonstração, venda e atendimento ao público. Assim eles não terão a preocupação de adquirir roupas novas, especialmente para a ocasião, e a empresa garante uma boa apresentação, uniforme e "chique".

No quadro a seguir sugere-se a quantidade ideal para cada peça do vestuário desse tipo de uniforme, por funcionário, em uma Feira com duração de cinco dias:

Item de Vestuário	Quantidade
Terno ou *tailleurs*	02 (iguais)
Sapato	02
Camisa	03
Cinto	01
Meia-calça	03
Gravata ou lenço	01

O uso de ternos ou *tailleurs* iguais por todos os funcionários da empresa é permitido nesse caso, uma vez que, em se tratando de "uniforme", o padrão deve ser mantido durante todos os dias da Feira. Essa opção é muito charmosa e mostra o profissionalismo e a atenção da empresa para com seus funcionários e o respeito com relação ao público. Como o sucesso dessa opção depende muito da qualidade do tecido e do acabamento do terno ou do *tailleur*, se a verba disponibilizada não for suficiente para cobrir o custo de roupas de qualidade, é preferível não adotar esse estilo. O resultado poderá ser o inverso do desejado, além do possível descontentamento por parte dos funcionários. A seguir, são apresentadas algumas características para se manter a qualidade e a boa apresentação do terno e do *tailleur*:

• Cor – Para escolher a cor do *tailleur* ou do terno que comporá o uniforme dos funcionários deve-se verificar aquela que melhor se adeque ao estilo da empresa e à imagem que se deseja transmitir, além de manter uma uniformidade e um mesmo padrão visual com relação ao uniforme das recepcionistas, mesmo estas tendo de se diferenciar dos demais, e aos tons de toda a decoração interna do estande;

• Acabamento – Com relação ao acabamento devem ser analisados o tecido e o caimento da roupa.

. Tecido – A escolha do tecido irá depender da estação do ano em que está sendo realizada a Feira. No inverno deve-se optar por tecidos quentes, como a lã e o algodão reforçado. No verão a melhor opção fica por conta do algodão fino, viscose, seda etc. Não é recomendável, em nenhuma estação do ano, o uso do linho como tecido, pois apesar de ser considerado um tecido nobre e leve para o verão requer muitos cuidados para a sua manutenção.

. Caimento – Para homens é recomendável um caimento reto, com um terno de dois ou três botões, dependendo da moda. A barra italiana garante um charme adicional ao terno. Para mulheres, *tailleur* acinturado com o comprimento da saia de acordo com a moda.

B) Estilo formal, individual – O traje formal individual consiste no uso de terno e gravata pelos homens e *tailleur* pelas mulheres, respeitando-se, no entanto, o estilo próprio de cada funcionário e deixando a cargo deles a escolha da roupa. Para esse estilo vale a mesma regra de padrão de cor e acabamento descritos no item "A" como sugestão aos funcionários.

Independentemente da escolha do estilo de roupa dos funcionários alguns complementos são importantes para se dar um "charme" adicional a ela:

- Pin – Constitui-se em um *bottom* pintado com as cores da empresa e com o logotipo dela ou de seu produto. Não é por acaso que esse pequeno complemento é bastante utilizado nos Estados Unidos e está "virando onda" aqui no Brasil. Afinal ele é bonito, charmoso e dá um destaque adicional a ternos e *tailleurs* de uma cor só, servindo também como opção de brinde para clientes e visitantes da Feira. É relativamente barato e valorizado como objeto de coleção por algumas pessoas.

- Crachá – Apesar de a organizadora da Feira fornecer crachás a todos os funcionários que estarão trabalhando no estande, estes costumam ser demasiadamente grandes e feios. Portanto é possível utilizá-los somente para garantir a entrada no Pavilhão para depois substituí-los por um crachá desenvolvido pela empresa. Existem várias opções interessantes. A escolha entre elas deverá levar em consideração seu tamanho e as informações nele contidas como: logotipo da empresa, nome e cargo do funcionário.

- Caneta – Uma bela caneta colocada no bolso do terno ou do *tailleur*, com o logotipo da empresa impresso, confere uma atração especial à roupa. O único problema é que, provavelmente, ela não permanecerá por muito tempo no local. Se clientes ou visitantes da empresa a virem e solicitarem, não terá como negar esse brinde.

c. O apresentador

O apresentador, isto é, o demonstrador do(s) produto(s), será, na Feira, um dos principais responsáveis pela venda imediata ou pela geração de uma boa imagem com relação à empresa e a seus produtos. Assim ele deverá ser escolhido adequadamente e ser bem preparado para assumir essa responsabilidade. Isso significa que se o apresentador se mostrar simpático, atencioso, amável e dedicado será esta a imagem percebida pelo visitante com relação à empresa e àquele produto por ele apresentado. Se ele se apresentar impaciente, desrespeitoso e arrogante todas essas características serão automaticamente transferidas à empresa. Na seleção é importante procurar profissionais com as seguintes características:

- Capacidade de chamar atenção sobre sua pessoa, atraindo o visitante para uma apresentação;
- Agressividade (sem exageros), perseverança e persuasão;
- Capacidade de captar informações esboçadas pelo visitante, definindo problemas e identificando, rapidamente, necessidades e soluções e, acima de tudo, satisfazendo-as de maneira objetiva e real;
- Paciência e simpatia ao mesmo tempo em que se mostre convincente e conhecedor profundo do assunto;
- Poder de comunicação, sendo sucinto e fornecendo apenas informações suficientes para transmitir a mensagem;
- Boa aparência.

d. Promoções e atrações

Essa é a parte mais divertida e animada da Feira, podendo, conforme a estratégia adotada, ser decisiva para seu sucesso.

Um dos maiores preconceitos com relação a esse item refere-se a empresas que não vendem produtos de varejo, como as de vendas corporativas. Acredita-se que as ações promocionais, atrações e brincadeiras dentro de seus estandes irão denegrir sua imagem e colocá-las em posição de inferioridade com relação aos seus concorrentes, por não estarem apresentando seus produtos com a devida seriedade. Este é, na opinião desta autora, que possui experiência nas áreas de informática e telecomunicações – em que esta percepção é ainda maior – um paradigma que deve ser vencido. Existem inúmeras formas de organizar uma atividade desse tipo sem que a imagem da empresa ou do produto seja prejudicada, mas, pelo contrário, alavancando uma situação favorável a ela. Deve-se lembrar que os executivos de hoje são modernos, jovens de idade ou de espírito, arrojados e são pessoas comuns. Não existe essa barreira imaginária entre executivos de empresas e outras pessoas. Eles também gostam dos prazeres da vida, de se divertir e, às vezes, até de despertar a criança dentro deles. Muito mais do que imaginamos são pessoas que, pela dureza do dia-a-dia, estão mais propícias a aderir a promoções, espetáculos e atrações quando realizados com eficiência.

A seguir são apresentadas algumas das diversas possibilidades de ações promocionais ou atrações mais comumente utilizadas em Feiras, com sucesso, por diversas empresas. A opção por uma dessas ações, ou qualquer outra, deve levar em consideração as características da empresa e de seus produtos/serviços, bem como a estratégia de comercialização destes durante a Feira.

– Atração musical com conjunto de dança

Essa ação tem sido utilizada por empresas que participam de Feiras ditas de varejo como: UD, Fenit e Feira do Automóvel, entre outras. Para torná-la viável é imprescindível que o estande possua espaço suficiente para a montagem de um palco elevado. É uma ação que traz como resultados a geração de uma imagem inovadora, moderna e agressiva para a empresa. É ótima para estimular vendas de produtos comprados, inclusive por impulso. Mas se a apresentação for muito barulhenta, se atrair um número exagerado de pessoas e se o estande não for suficientemente grande, é possível que o conjunto musical prejudique o trabalho, atrapalhando o acesso ou ofuscando as demonstrações.

– Piano-bar

Para empresas que lidam com o mercado *business-to-business*, ou seja, com a venda de produtos/serviços corporativos, a montagem de um piano-bar dentro do estande parece ser bastante apropriada. Este constitui um convite a um drinque, no local, com amigos e parceiros.

Para tornar essa ação possível a empresa tem de estar disposta a investir em bebidas caras e petiscos sofisticados, além, é claro, do custo/hora do pianista. É uma ação que traz como resultados a geração de uma imagem sofisticada, de credibilidade e profissional da empresa, tornando-se, portanto, importante ferramenta de divulgação institucional.

– Jogos eletrônicos

Costumam ser utilizadas roletas eletrônicas, com prêmios decorrentes da posição sorteada.
A participação nessa brincadeira pode estar atrelada à compra de um dos produtos da empresa, à participação em algum treinamento ou apresentação em auditório do estande, à entrega do cartão de visita (útil no levantamento de cadastro), ou simplesmente à entrada no estande. O importante é que se mantenha uma política de relação entre uma dessas ações citadas com a participação na brincadeira. Se não houver restrições à participação o seu custo poderá se elevar consideravelmente, além de trazer pouco ou nenhum retorno financeiro ou institucional para a empresa.
Para escolher entre uma dessas ações verifique a que trará resultados mais úteis. Assim, por exemplo, se para a empresa for interessante o levantamento

do cadastro dos visitantes à Feira, para uma posterior ação de telemarketing ou de mala direta, pode-se optar por atrelar a participação na brincadeira à entrega do cartão de visita do profissional ou a um preenchimento de uma ficha cadastral de pessoa física.

– **Sorteios**

Os sorteios de prêmios podem ser utilizados com sucesso e ter pelo menos, duas finalidades:
- Para levantamento de cadastro – Nesse caso, a empresa coloca, à frente do estande, uma pequena urna para que o visitante deposite seu cartão de visita. No último dia da Feira, ou a cada dia, é sorteado um grande prêmio para aqueles que depositaram seus cartões. Após o término do evento, a empresa consegue, com base nessa urna, montar um banco de dados bastante rico. Caso queira levantar outras informações, como faturamento da empresa, perfil pessoal (idade, *hobbies* etc.), basta solicitar que, em vez de o visitante somente depositar o seu cartão de visita na urna, ele tenha de preencher uma ficha anexada a este.
- Para alavancagem de vendas na Feira – Nesse caso somente participarão do sorteio as pessoas que adquirirem qualquer produto da empresa, ou algum produto específico do qual se tenha desejo de alavancar as vendas. O procedimento para o sorteio assemelha-se ao primeiro caso. Se a opção for por esta estratégia, vale lembrar que o prêmio a ser sorteado deverá ser bastante atrativo e superior ao sorteado no primeiro caso, uma vez que pretendem gerar vendas com essa ação.

Tanto no primeiro quanto no segundo caso é importante que o prêmio esteja exposto no estande e que haja uma divulgação agressiva da existência do sorteio.

– **Promoções de vendas**

Há inúmeras ações promocionais possíveis de ser realizadas em uma Feira, mas são poucas as que se enquadram perfeitamente e com sucesso à estratégia e aos objetivos de cada empresa. Antes de escolher uma promoção deve-se levantar o custo/benefício esperado com ela, segundo os objetivos estabelecidos para a Feira. Apenas para exemplificar algumas promoções, podem-se citar:
- Leve dois produtos e pague apenas um.
- Ganhe um brinde na compra de um produto;
- O comprador de número "x" de determinado produto ganha um prêmio ou o próprio produto;

- Adivinhe quantas bolas foram depositadas no carro e leve-o para casa;
- Desconto de 30% nos preços dos produtos etiquetados;
- Desconto de 50% em qualquer produto do estande, quando for dado um apito pela promotora.

– Brindes

A distribuição de brindes dentro do estande é praticamente uma ação obrigatória. Mesmo as empresas que não dispõem de verbas elevadas para a Feira poderão se sentir ausentes caso não presenteiem, mesmo que com um brinde, os visitantes e convidados de seus estandes. É o mesmo que ir a uma festa de aniversário e não levar um presente ao aniversariante. É muito mais constrangedor do que possa parecer. Como praticamente todas as empresas desenvolvem algum brinde que represente e que simbolize a sua imagem, mais uma vez irão prevalecer a inovação e a criatividade.

Se a empresa deseja permanecer dentro de um padrão de mercado, poderá distribuir canetas e chaveiros com o logotipo dela ou de algum de seus produtos. É o que a maioria faz. O custo unitário de uma caneta com essas características pode variar de US$ 0,5 a US$ 2, dependendo da da qualidade do produto.

Se a empresa pretende inovar, existem inúmeras opções de brindes que poderão ser distribuídos. Antes de optar por uma delas atente para o seguinte:

DICAS:

- Procure relacionar o brinde distribuído a alguma característica da empresa ou de seu(s) produto(s). Esse procedimento é importante para que o consumidor assimile, a cada utilização do brinde, o produto ou o nome da empresa;
- Procure brindes que possam ser utilizados várias vezes, isto é, que tenham vida útil prolongada. Assim garante-se a memorização da empresa/produto. Distribua brindes que sejam de utilidade no dia-a-dia do consumidor, garantindo a freqüência de sua lembrança;
- Coloque sempre o logotipo da empresa ou do produto no brinde.

– Sugestões de brindes:

Há uma série de brindes geralmente distribuídos. Entre eles:

- Bexiga de ar com o logotipo da empresa – Esse é um brinde que, apesar de ter seu uso restrito praticamente ao dia da Feira, é muito eficiente se distribuído em grandes quantidades e em uma Feira onde a participação infantil e juvenil seja bastante elevada. Se a empresa conseguir espalhar pequenas bexigas dentro de um pavilhão, a sua visibilidade será grande, mormente em pavilhões pequenos. Apesar de ser indicado para Feiras com público infantil, vale lembrar que muitos pais e mães que participam de Feiras gostam de levar um "presentinho" aos seus filhos na volta a casa;

- Sacola com logotipo da empresa – Opção um pouco mais cara, mas com o mesmo objetivo da anterior, é a distribuição de sacolas plásticas. A vantagem desta com relação às bexigas é a sua utilidade dentro da Feira. Existem muitas opções de sacolas, que podem ter a durabilidade de uma utilização ou de várias. Essa distribuição é muito eficaz nos casos em que se tem de carregar muito material promocional e/ou produtos distribuídos pelas empresas participantes da Feira. Se tiver características que a tornem útil após a Feira a visibilidade da empresa será grande;

- Bonés – É uma opção ainda mais cara, por isso devem ser distribuídos com algum critério de seleção. Se a Feira possui um público jovem, nada mais indicado do que um boné "chegado". Existem épocas em que o boné vira moda e todos passam a utilizá-los. Se a empresa estiver atenta a essas épocas, terá muito sucesso com esse brinde, que é de grande visibilidade dentro e fora da Feira;

- Blocos de anotações – São brindes de baixo custo e muito eficientes, uma vez que são utilizados diariamente e têm uma vida útil prolongada. Se o público-alvo for composto por empresas, esse é um brinde interessante. Os profissionais os mantêm sobre suas mesas e, por esse motivo, os blocos adquirem visualização diária;

- Agenda – Se a Feira estiver acontecendo no final ou no início do ano, pode-se aproveitar para presentear os convidados VIPs com uma agenda, calendário ou folhinha. Eles ficarão muito agradecidos com um presente tão útil. Assim como no caso dos bonés, faça uma seleção criteriosa de quem receberá cada um desses brindes. A visibilidade deles é bastante prolongada;

- Pin da empresa – Se estiver sendo adotada a política de utilização de pins por todos os funcionários da empresa, deve-se estar preparado para a solicitação, por parte de clientes e visitantes, desses como brindes. Eles são bastante requisitados;

- Brindes diferenciados de acordo com novas oportunidades e novidades – Deve-se sempre inovar atentando para oportunidades e/ou novidades que surgirem. Esta autora se lembra de uma Feira em que foram distribuídos porta-moedas, na época em que as moedas estavam voltando, após um longo tempo, a ser utilizadas no Brasil em grandes quantidades. Esse foi um brinde de oportunidade, não dispendioso, com muito sucesso na divulgação da empresa que o distribuiu.

A distribuição de brindes pode ser feita em cinco âmbitos:

- aberta a todos os que estiverem passando próximo ao estande, funcionando como mecanismo de atração;
- aberta a todos os visitantes do estande;
- fechada a todos os que assistirem a uma apresentação ou entrarem em contato com funcionários da empresa e que, portanto, tenham preenchido a ficha cadastral;
- fechada somente aos que adquirirem algum produto da empresa;
- mixada, reservando alguns brindes para distribuição aberta e outros para distribuição fechada. Essa é a melhor opção, pois atende a toda demanda de brindes, sem recair em custos elevados se distribuírem brindes caros para todos ou na insatisfação de clientes VIPs com um brinde pouco valioso para eles.

A escolha de uma dessas cinco formas de realizar a distribuição de brindes dependerá da verba disponível para esse trabalho, do objetivo da distribuição e das características da empresa e de seus produtos.

– Manter o cliente

Se a empresa conseguiu atrair seu potencial cliente ao estande, satisfazer e superar suas expectativas, efetuando a venda (seja ela de um produto/serviço ou institucional), ela cumpriu parte da tarefa para garantir o sucesso integral de sua participação na Feira. A outra parte refere-se à manutenção e ao bom atendimento do seu "novo cliente".

Se a venda foi efetuada durante a Feira, porém a entrega foi programada para uma próxima data, significa que o cliente ainda não está totalmente atendido. Para isso ainda falta a entrega do produto, no prazo estabelecido, com a qualidade esperada e com um atendimento técnico perfeito. Mesmo se cumpridas todas essas etapas com sucesso, a empresa deverá manter um atendimento pós-venda, de suporte ou assistência técnica à altura das expectativas do novo cliente.

Se houver falha em qualquer uma dessas fases ou serviços, poderão até ser comprometidos os resultados da Feira. Se ela foi somente capaz de gerar a venda, sem que o cliente volte a comprar da empresa, de nada ou quase nada terá adiantado todo o investimento.

Manter o cliente, portanto, passa a ser passo fundamental para atingir os objetivos da empresa que participou, com sucesso, de uma Feira. Para tanto, é preciso estar preparado para gerar uma autêntica interação com o cliente, criando um relacionamento duradouro e vantajoso para ambas as partes. Recomenda-se que se esteja preparado para verificar, constantemente, esse relacionamento, bem como para garantir que as promessas realizadas durante a Feira estarão sendo cumpridas de modo completo e adequado ao cliente.

18º Passo: Definir regras gerais e de despesas com alimentação, transporte e estacionamento dos funcionários da empresa

Mensurar e coordenar as despesas dos funcionários da empresa com alimentação, transporte e estacionamento durante a Feira constitui-se, também, em atribuição do organizador. Essa etapa é imprescindível para que a empresa imponha limites e estabeleça os mesmos critérios e as mesmas regras para todos os profissionais que irão trabalhar no evento. Estabelecer regras significa definir como, quando e quanto poderá ser gasto para cada item retromencionado.

Para estipular um valor das despesas com alimentação faça um levantamento do preço médio de uma refeição no local onde será realizada a Feira. Essa apuração poderá ser realizada com uma rápida visita ao local e aos restaurantes próximos ao pavilhão. Na maioria dos pavilhões já existe infra-estrutura para que os profissionais e visitantes possam fazer suas refeições sem sair do ambiente da Feira. Em muitos casos os refeitórios, restaurantes ou lanchonetes aceitam, como forma de pagamento, vale-refeição. Se a empresa trabalhar com vale-refeição aceitos no local, além do controle tornar-se mais fácil não será necessário realizar desembolsos em espécie.

Saber se existe infra-estrutura no local da Feira é útil, também, para estabelecer o período reservado para cada refeição. Se o profissional tiver de se deslocar do ambiente da Feira para realizar suas refeições, deverá ser calculado um tempo maior de tolerância, levando em conta o tempo para chegar ao restaurante. Esse tempo maior poderá, entretanto, prejudicar o atendimento dentro do estande. Uma possível alternativa seria, em vez da refeição fora, a distribuição, dentro do estande, de lanches preparados por empresa terceirizada. Podem encomendar sanduíches de frango, peru ou carne e muitas frutas ou doces. Dessa forma ganha-se tempo e economia nas refeições. Mas se a empresa optar por essa alternativa convém que seja respeitado, mesmo assim, o descanso, de pelo menos 30 minutos, para que os profissionais suportem o próximo período inteiro da Feira com o mesmo pique. Muitas vezes os profissionais ficam horas de pé realizando atendimento ao público, demonstrando produtos para várias pessoas ao mesmo tempo e tentando, no meio da multidão, atrair visitantes ao estande. Pensando em uma Feira que ocorra das 10 às 22 horas, em um período de cinco dias, significa trabalhar no mínimo – se não houver rodízio – 12 horas por dia, 60 horas no período. Se não for concedido a esse profissional um horário ou dois de descanso, fora do estande, a produtividade irá cair durante os últimos dias da Feira.

Para organizar as refeições de maneira que não haja prejuízo no atendimento aos visitantes do estande é interessante estabelecer uma política de rodízio com os funcionários, muito bem definida, evitando que pessoas com as mesmas funções coincidam nos horários escolhidos.

No caso de estacionamento, como o custo é fixo e determinado pelo próprio local da Feira, a regra é muito fácil de ser estabelecida. Geralmente o espaço no estacionamento para ingressos VIPs localiza-se bastante próximo à entrada do pavilhão ou local de exposição. A empresa poderá solicitar alguns desses ingressos para sua distribuição à diretoria e aos principais clientes, tornando-os assim especiais.

Quanto às despesas com combustível a política deve ser bem definida e com critérios justos e únicos. Como na maioria dos casos os profissionais partirão de suas residências para o local da Feira, o critério mais razoável é estabelecer a verba de acordo com a quilometragem percorrida todos os dias. Nesse caso vale a dica de verificar o local de moradia do funcionário para averiguar a quilometragem por ele fornecida. Uma alternativa razoável e muito mais simples consiste em estabelecer um valor fixo, considerando a quilometragem entre a empresa e o local da Feira. A justificativa para adotar essa política refere-se ao fato de que o trajeto percorrido pelo funcionário até a empresa todos os dias é parte integrante de seu trabalho. Dessa forma, a empresa somente ficaria obrigada a reembolsar o adicional do percurso até o local da Feira.

Para garantir uma redução significativa nas despesas com combustível e estacionamento, é possível definir um esquema de *pool* de carros, partindo de um local fixo, ou mesmo contratar uma condução tipo Van para transportar todos os funcionários para o local da Feira. Neste último caso cada funcionário se dirige à empresa conforme sua condução normal diária e de lá um ônibus ou Van, dependendo do número de pessoas, o transporta à Feira. Considerando o custo de estacionamento, que em geral é não inferior a R$ 8,00 e o custo do combustível de cada carro (a este custo adiciona-se uma taxa de desgaste do automóvel), fica bastante viável considerar uma solução como essa. Assim economiza-se com combustível, estacionamento e, sobretudo, garante a chegada de todos ao mesmo tempo ao estande. Além disso torna o controle das despesas bem mais simples, podendo, inclusive, efetuar o pagamento de uma só vez após o período da Feira.

Após o estabelecimento das regras e dos limites para essas despesas analisadas, pode-se criar um quadro, como o sugerido a seguir, com o orçamento global dos gastos.

Despesas com Alimentação, Transporte e Estacionamento

Funcionário	Nº de dias de trabalho na Feira	Valor diário da refeição	Valor total das refeições	Valor diário do transporte	Valor total do transporte	Valor diário de estacionamento	Valor total de estacionamento
Total							

Valor total das despesas	
(Valor total das refeições + valor do transporte + valor total de estacionamento)	

O pagamento das despesas com alimentação, estacionamento e condução dos funcionários que irão trabalhar na Feira poderá ser feito de duas maneiras:

- Reembolso – Nesse caso, respeitando o valor máximo diário preestabelecido para cada item e mediante a apresentação de todos os comprovantes, o funcionário recebe reembolso de suas despesas.
- Adiantamento – De acordo com essa sistemática as despesas previstas são pagas antes do início da Feira e, após o seu término, cada funcionário apresenta os comprovantes para comparação entre o valor antecipado e o valor realizado. Caso haja diferença entre esses valores o funcionário tem de fazer um relatório e, mediante este, realizar o acerto final das contas. Apesar da possibilidade de incorrer em duas etapas, esse sistema traz a vantagem de que os funcionários não são obrigados a desembolsar o próprio dinheiro para que, apenas uma semana depois, tenham seus reembolsos.

Ao considerar as duas alternativas aqui apresentadas sugere-se que seja conversado antes com o setor financeiro responsável pelo pagamento das despesas para a verificação do melhor procedimento a ser adotado na facilitação da operacionalização, por parte desse setor, e de acordo com as políticas internas da empresa.

Independentemente da opção escolhida, não esqueça dos imprevistos de última hora. Não me refiro somente às despesas citadas neste capítulo, mas, de maneira geral, a qualquer gasto não previsto antecipadamente. Solicite uma reserva financeira, em espécie, para esses imprevistos de última hora, para requisitar desembolso imediato e solucioná-los.

19º Passo: Levantar o investimento total previsto para a Feira

Na definição da estratégia de atuação da empresa na Feira é estabelecido um orçamento global para essa participação, referente ao seu potencial de investimento, e que serve para que ela possa direcioná-lo da melhor forma possível entre as várias atividades e ações possíveis para a Feira. Porém, como a definição desse orçamento global é estimada, isto é, é feita antes de se ter orçado todos os custos específicos do evento, é preciso, após a definição de todas as atividades e serviços contratados, fazer o levantamento pormenorizado dos investimentos previstos, para que se possa confrontar o disponível como o julgado necessário e realizar os devidos ajustes. Nesse levantamento devem constar todas as despesas e gastos previstos nos passos anteriores, os fornecedores e as formas e condições de pagamento.

A seguir é apresentado um modelo de quadro para o preenchimento e a realização do orçamento. É fundamental especificar cada item e seu custo para que, em uma eventual necessidade de corte de verba, torne-se mais fácil a decisão de qual ação ou atividade deva ser eliminada.

Levantamento do Investimento Total Previsto para a Feira

Item/Ação	Valor Unitário (R$)	Quantidade	Valor Total (R$)	Condição Pagamento	Fornecedor
		Investimento Total			

20º Passo: Elaborar o Manual de Atuação na Feira

Para os envolvidos direta ou indiretamente na implantação e controle da Feira, devem-se transmitir todos os procedimentos, regras e políticas e a especificação das estratégias e das ações que serão desenvolvidas durante sua realização. Para tanto a melhor e mais completa solução é a elaboração do que esta autora chama de "Manual de Atuação", o qual tem como objetivo desenvolver um método de trabalho conjunto, com a participação de todos os envolvidos e com a clara e completa transmissão das informações necessárias ao sucesso e ao bom desempenho da função e responsabilidade de cada um na condução da Feira.

Esse Manual deve ser elaborado passo a passo com a prévia colaboração das partes envolvidas. Já foi citado o exemplo do pagamento de despesas com alimentação, transporte e estacionamento dos funcionários da empresa, em que o procedimento deverá ser acordado com a área financeira. O mesmo deve ser aplicado a todos os itens e procedimentos dele constantes que tenham outras áreas com responsabilidades, como o departamento de instalação de equipamentos e o de divulgação, entre outros. Quando o Manual de Atuação for apresentado aos funcionários – em reunião ou durante treinamento –, ele deve ser previamente aprovado por todas as áreas responsáveis, cabendo nessa reunião somente a divulgação do resultado da condensação dos procedimentos já definidos.

O Manual de Atuação deverá conter no mínimo as seguintes informações:

- Objetivo da Feira;
- Data;
- Horário;
- Local;
- Número do estande e mapa de localização;
- Estratégia principal da participação;
- Descrição rápida do estande, com área interna e pontos de demonstração;
- Informações gerais referentes a recepcionistas, refeição, estacionamento, condução ou gasolina, divulgação, promoções, crachás, número do telefone, papel e comportamento do demonstrador, descrição de todos os produtos a serem apresentados na Feira, responsabilidades gerais etc.

21º Passo: Preparar formulários de controle

Durante a realizão da Feira o organizador deverá manter um rígido e constante controle de todas as atividades, serviços, funcionários da empresa ou contratados, verificando se os seus papéis estão sendo executados ou se o seu desempenho está ocorrendo conforme o acordado e de maneira satisfatória à empresa. Para proceder a essa verificação – que deve ser diária – é preciso preparar formulários que ajudem no controle de cada ação ou função, sem que nada seja esquecido.

Como este livro dedica um capítulo especial para tratar do controle e acompanhamento de eventos, de maneira geral, os formulários que deverão ser utilizados pelo organizador são apresentados no referido capítulo.

22º Passo: Preparar formulários e questionários de avaliação

Apesar de os resultados da Feira serem levantados apenas ao seu final, é na fase de planejamento que se elaboram os questionários e formulários que deverão ser utilizados para tanto, os quais são apresentados em capítulo especial dedicado à avaliação dos resultados de eventos.

CAPÍTULO 5

PLANEJAMENTO DE OUTROS TIPOS DE EVENTOS

É grande a quantidade de tipos de eventos empresariais. Todavia, exceto no caso do planejamento de Feiras – tratado separadamente no capítulo anterior –, há muitos pontos em comum entre os demais, razão pela qual o planejamento deles é tratado de forma conjunta neste capítulo.

No planejamento dos eventos que não sejam Feiras são indicados os seguintes passos:

1º Definir objetivos do evento.
2º Verificar e analisar o orçamento disponível.
3º Definir as estratégias para o evento e apresentar plano.
4º Definir o tema do evento.
5º Definir o público-alvo do evento.
6º Definir a data do evento.
7º Escolher horário(s) para o evento.
8º Definir o local do evento.
9º Escolher a disposição da(s) sala(s) ou do(s) ambiente(s).
10º "Vender" quotas do evento.
11º Reunir os envolvidos.
12º Contratar serviços de terceiros.
13º Elaborar o programa e o conteúdo das palestras.
14º Elaborar e enviar convites.
15º Desenvolver material promocional.
16º Definir promoções e atrações.
17º Definir mecanismos para a divulgação do evento.
18º Contratar assessoria de imprensa.
19º Preparar o sistema de cadastro de visitantes.
20º Verificar o investimento total previsto para o evento.
21º Preparar formulários de controle.
22º Preparar formulários e questionários de avaliação.

A seguir é apresentado cada um desses passos, com as suas respectivas observações, comentários e cuidados que deverão ser tomados:

1º Passo: Definir os objetivos do evento

Assim como ocorre com as Feiras é preciso, inicialmente, definir os objetivos esperados com a organização do evento. Nesse caso o atingimento dos resultados previstos dependerá exclusivamente de ações e estratégias definidas pela empresa e não mais de outras ações desenvolvidas por uma organizadora oficial do evento. A definição do público-alvo, do tema do evento, das palestras, do local de sua realização e da data e horário previstos para ele são decisões, em Feiras, tomadas pela organizadora e que, no caso dos demais eventos, passam a ser de responsabilidade da empresa.

Por um lado essa situação possui vantagens, uma vez que elimina a disputa – com outras empresas concorrentes – de espaço, tamanho de estande, comunicação visual e serviços oferecidos, entre outros aspectos. A atenção do público no evento estará centrada 100% na empresa. Por outro lado a responsabilidade em relação aos resultados torna-se muito maior, pois o número de participantes, a qualidade das palestras e do material distribuído e outros fatores dependem exclusivamente do esforço da empresa.

De forma geral os objetivos mais comuns de eventos são: o lançamento de um novo produto, a apresentação institucional da empresa, o lançamento de uma promoção para o canal de vendas, a inauguração de uma filial, o estabelecimento de estratégias da empresa para o próximo período e o lançamento de uma campanha publicitária.

2º Passo: Verificar e analisar o orçamento disponível

Assim como no caso de Feiras, antes de partir para a escolha das ações e estratégias para o evento, estabeleça um orçamento básico para sua realização, bem como seu grau de flexibilidade. Assim será possível distribuir a verba entre as atividades escolhidas, da melhor forma possível, garantindo o atingimento dos resultados esperados.

O orçamento deverá ser discutido com a direção da empresa, para se chegar a um valor adequado. Caso não disponha de verba suficiente, analise a viabilidade ou não de participação no evento, considerando os prejuízos que a possível diferença fará no atingimento dos seus objetivos.

3º Passo: Definir as estratégias para o evento e apresentar plano

Definidos os objetivos e o orçamento do evento, parte-se para a escolha da estratégia a ser adotada, intimamente dependente deles.

A estratégia constitui o fator determinante dos resultados e do sucesso da participação da empresa no evento. Dela devem constar importantes decisões como: o público-alvo, o tipo de evento e seu tema, o local, a data, o horário e o convite, entre outras. Além dessas decisões devem considerar as atividades que serão desenvolvidas para o atendimento dos objetivos, seu cronograma de implementação, os recursos necessários para tanto e, finalmente, os mecanismos de avaliação dos seus resultados.

As decisões relativas à estratégia do evento, bem como as atividades constantes destas, são apresentadas nos passos seguintes.

4º Passo: Definir o tema do evento

Definir, explicitar e divulgar o tema principal do evento é um passo muito importante que deve ser realizado rapidamente, pois dessa definição dependerá a linha que irá nortear todas as decisões com relação à sua organização.

O tema permeará diversos aspectos do evento como: a sua divulgação, a escolha do local, a confecção de convites, o material de apoio às palestras, as promoções e atrações, as camisetas e outros. Mesmo quando o tema não aparecer nos materiais impressos ou não for divulgado aos convidados é fundamental que os envolvidos na organização do evento o conheçam e entendam seu significado perfeitamente, para que possam desenvolver todas as atividades com um único alvo.

Um evento cujo tema principal seja, por exemplo, a Qualidade Total, deverá reforçar a preocupação da empresa com a qualidade de seus produtos e serviços, utilizando-se, por exemplo, de questionários a serem preenchidos pelos participantes para avaliar a sua satisfação com relação a estes e verificar as opiniões quanto a possíveis melhoras na sua qualidade. Se o tema for Promoção da Copa do Mundo é possível caracterizar o evento, com a utilização de camisetas e cores conforme o país onde serão realizados os jogos, escolher um ambiente esportivo para a realização do evento, contratar um esportista famoso para fazer uma palestra etc.

O tema principal deve ser apresentado em uma frase curta, objetiva, de impacto, mas que sintetize todos os objetivos esperados com o evento. Ele terá de ser entendido facilmente por qualquer convidado ou membro da empresa - independentemente de seu nível socioeconômico e cultural - e acompanhar os valores e o posicionamento da empresa no mercado.

5º Passo: Definir o público-alvo do evento

Definir o público-alvo de um evento significa decidir quais empresas e profissionais, de quais segmentos, de quais regiões geográficas e com qual perfil de consumo serão convidados a participar. Essa definição, que nas Feiras fica sob responsabilidade da organizadora oficial, nos demais eventos é passo fundamental para que a empresa possa desenvolver as demais etapas de sua organização.

O público-alvo de um evento costuma ser mais específico e menos abrangente do que o de Feiras. Isso significa que é possível selecionar mais definidamente segmentos de atuação de interesse, perfis de consumidores ou de empresas desejadas, regiões abrangidas e outros aspectos que tornam o alvo mais certeiro do que nas Feiras. Como exemplo o evento poderia ser direcionado à participação de empresas somente do setor bancário, com faturamento anual acima de 100 milhões de dólares e restrito a diretores comerciais, de marketing ou de produto. Nesse exemplo apresentou-se uma segmentação envolvendo corporações e seus profissionais. Porém pode ser necessária a definição de um público-alvo composto por consumidores. Nesse caso aspectos como idade, sexo, perfil de consumo, localização geográfica, nível socioeconômico e cultural e profissão seriam alguns dos critérios que poderiam ser utilizados na seleção do público-alvo do evento.

Nos dois casos, tanto no corporativo quanto no consumidor, a definição e o conhecimento do perfil do público-alvo deverão corresponder às expectativas traçadas nos objetivos do evento. Assim, por exemplo, se o propósito for aumentar o volume de vendas de um software financeiro de baixo custo, o público-alvo do evento deverá ser composto por profissionais da área financeira ou afins, de médias e pequenas empresas ou profissionais liberais que necessitem de um controle financeiro de suas atividades.

Conhecendo o público-alvo do evento, outras decisões tornam-se mais fáceis de ser tomadas, como a escolha da data, do horário e do local do evento.

6º Passo: Definir a data do evento

Apesar de aparentemente tratar de uma definição rápida e fácil, a escolha da data para realizar o evento deve seguir alguns critérios que serão decisivos para o sucesso. Muitos eventos, embora bem organizados, fracassaram pela escolha inadequada da data porque os responsáveis esqueceram de verificar com maior cuidado a sua viabilidade.

Primeiramente deve-se definir qual(is) a(s) melhor(es) época(s) para a empresa. O próximo passo será verificar, nos calendários regional, nacional e internacional – caso o evento esteja previsto para receber convidados estrangeiros –, os feriados e as datas comemorativas durante o ano e para todas as religiões. Essa verificação deverá ir ainda além do calendário nacional ou internacional, prevendo, também, as datas comemorativas ou eventos especiais programados para a(s) cidade(s) onde se pretende fazer o evento – e que não constem do calendário oficial –, ou ainda que envolvam o público-alvo desejado para participar do evento da empresa. Dependendo do tipo e dos objetivos do evento, coincidir sua data com uma dessas citadas poderá favorecer ou prejudicar o comparecimento dos convidados e, conseqüentemente, o sucesso do evento. Um bom motivo para o fracasso de um evento cujo público-alvo seja formado por profissionais da área de vendas da região do Rio de Janeiro, cujo objetivo principal seja apresentar um novo produto da empresa, seria a escolha, por exemplo, de uma data de jogo da final do campeonato brasileiro de futebol no Maracanã.

Caso o público-alvo seja corporativo outras datas que devem ser evitadas são os primeiros e os últimos dias do mês. Normalmente nessas datas as empresas estão preocupadas com o fechamento das vendas e da estrutura financeira do mês. Qualquer acontecimento nesse período é considerado segunda prioridade. As melhores datas para realizar o evento estão, portanto, concentradas entre os dias 11 e 25 de cada mês.

Ainda com relação à data é preciso saber que existem dias da semana mais adequados para a realização de eventos. Assim a terça-feira e a quinta-feira são os dias em que é possível reunir um número mais expressivo de participantes, independentemente do público-alvo que se pretende atingir. Esse dado é histórico e deve, portanto, ser respeitado no caso de eventos realizados na cidade.

Da mesma maneira, e principalmente para o público corporativo, devem-se evitar eventos nas segundas ou nas sextas-feiras, excetuando-se, no segundo caso, eventos realizados em casas noturnas, choperias ou bares. A segunda-feira não é um dia apropriado por vários motivos:

- por ser o primeiro dia útil da semana; após um fim de semana fora do ambiente e das preocupações do trabalho as pessoas, muitas vezes, podem esquecer do evento. Além disso, como nas segundas-feiras começam a surgir os primeiros problemas da semana, muitas vezes acumulados na semana anterior, os profissionais podem preferir permanecer na empresa solucionando-os;
- é tida por muitas pessoas como um dia "desanimado" e "chato" após um fim de semana em que se acordou mais tarde, desacostumando-se com o horário da semana;
- a maioria dos locais mais nobres para a realização de eventos, especialmente os restaurantes, fecha.

7º Passo: Escolher horário(s) para o evento

A escolha do horário está diretamente relacionada ao tipo de evento que será realizado. Se for um jantar, será noturno, se for um congresso, será período integral, e assim por diante. Algumas regras gerais devem ser observadas.

DICAS:

- O horário de início do evento e de cada palestra ou apresentação, colocado no convite, deverá prever atrasos. Dessa maneira, planeje os discursos ou palestras ou qualquer outro tipo de atividade para, no mínimo, meia hora mais tarde que o horário oficial impresso no convite;
- Reserve pelo menos 15 minutos a mais do tempo previsto para cada palestra, para cobrir eventuais atrasos ou outros imprevistos. Se for estabelecido um tempo justo de duração para cada palestra e ainda não for destinada uma pausa entre uma e outra, é possível que a programação geral sofra atrasos que poderão comprometer o andamento do evento, irritando os convidados e tirando a concentração dos palestrantes;
- O horário do evento deve respeitar os hábitos do público-alvo, principalmente quando envolver alguma refeição. Se, por exemplo, dentre os convidados houver a presença de presidentes de empresas clientes para um evento no horário do almoço, não faria sentido marcá-lo para as 12 horas, uma vez que esses profissionais têm por hábito almoçar após as 13 horas.
- Faça com que a principal atração do evento tenha início quando o local já estiver com um número maior de convidados, o que ocorre, normalmente, na metade de cada período. Às vezes, dependendo do tipo de evento e da sua programação, é possível deixar para decidir o horário exato do início da apresentação no último momento, assim que a casa estiver cheia, sem estipular com antecedência o horário exato.

8º Passo: Definir o local do evento

Para ter a garantia de estar escolhendo um local adequado para a realização do evento, considere questões como:

- ele tem a "cara" do evento?
- ele tem a infra-estrutura necessária?
- condiz com a expectativa de investimento?

– O local tem a "cara" do evento?

Após a definição dos sete passos anteriores, é provável que já se tenha criado uma imagem do evento. Poderá saber, por exemplo, se o evento será formal ou descontraído, de um dia ou no fim de semana, com público-alvo formado por jovens, na maio-ria, ou executivos de maior idade provenientes de regiões geográficas mais distantes ou próximas e com qual tema, entre outras características que contribuem para formar o perfil do evento.

De acordo com o resultado do conjunto dessas decisões escolha o local mais adequado ao evento. Como existem inúmeras possibilidades de locais, inclusive muitos deles inusitados, é perfeitamente possível encontrar aquele que combina melhor com a "cara" do evento.

– Ele possui a infra-estrutura adequada ao evento?

A qualidade dos serviços oferecidos, a capacidade e a infra-estrutura física do local são pontos importantes para uma escolha adequada. Vários serviços e aspectos de infra-estrutura devem ser analisados como: serviço de manobrista e estacionamento, atendimento à recepção, equipamentos, localização da sala e acesso a ela, serviço de bufê; acomodações, limpeza e higiene do local e a segurança oferecida.

Para proceder a essa verificação o responsável pelo evento deverá analisar todos os itens pessoalmente e *in loco*. Muitos locais tentarão convencê-lo por meio de argumentos realizados por telefone, fax, catálogos ou qualquer outra forma impessoal. Porém, mesmo que o local esteja em outra cidade ou ainda outro Estado, é imprescindível a verificação pessoal. Existem hotéis que, sem compromisso, concedem um ou mais dias gratuitos para o responsável pelo evento conhecer melhor a sua infra-estrutura.

Ao chegar ao local o organizador deverá verificar os seguintes itens:

- Serviço de manobrista e estacionamento – É imprescindível, mesmo quando há vagas em estacionamento fechado ou nas ruas próximas. Esse serviço normalmente é cobrado individualmente dos convidados, mas empresas que desejem agradar-lhes poderão arcar com os custos, calculados em função do número total de carros manobrados;

    Preocupação especial deverá ser dada quanto à segurança das ruas e locais onde os carros serão estacionados pelo manobrista e a qualidade e o respeito com que eles dirigem os carros. A verificação desses dois itens será primordial para garantir que não haja nenhuma reclamação por parte dos convidados com relação ao serviço de manobrista durante o evento da empresa. O organizador deverá, portanto, passar um período de tempo no local, suficiente para verificar pessoalmente esses dois serviços;

- Atendimento na recepção – Uma recepção eficiente e agradável constitui bom início para o evento. Caso o organizador saiba antecipadamente a data de outro evento a ser realizado no local, é possível verificar se todos os funcionários responsáveis pela recepção estão bem-informados sobre ele e analisar o nível de atendimento prestado aos convidados;

A boa localização da recepção também é importante. O convidado não poderá sentir-se perdido ou abandonado em momento algum durante o evento, principalmente quando chega ao local. Uma forma de evitar essa situação, além da presença de pessoas bem-informadas na recepção, é a boa sinalização interna do local por meio de *banners*, faixas e placas. Caso o local não disponha de recepção própria, ou seja necessária a criação de um atendimento específico para o evento, com o objetivo de se proceder à inscrição dos convidados, à distribuição – para todo o período ou a cada dia do evento – de crachás e outros tipos de materiais que serão utilizados pelos participantes, ao esclarecimento de dúvidas a qualquer momento, entre outros, a empresa deverá providenciá-la, por meio de contratação de recepcionistas, de aquisição ou solicitação de mobília (mesas, cadeiras, armários etc.), de instalação de equipamentos, como máquinas de escrever, computador, impressora de etiquetas ou crachás e da reserva de material de escritório como: canetas, papel, crachás, etiquetas, régua, tesoura, grampeador etc.

Nesses casos a empresa tem de planejar a capacidade da recepção de acordo com o número de convidados previstos, mantendo-a suficiente para atender-lhes com tranqüilidade, sem filas de espera nem confusão. Se a recepção for utilizada para se proceder à inscrição dos convidados na hora – o que demanda mais tempo –, é preciso ainda maior atenção com a agilidade nesse processo, mantendo um número suficiente de equipamentos e recepcionistas para atender a todos de maneira organizada e rápida, para não atrapalhar o bom andamento do evento.

Se a empresa pretende já na recepção, além de proceder à inscrição ou distribuição dos crachás, entregar o material de apoio ao evento, como folhetos promocionais, formulários de perguntas e respostas, brindes e apostilas de palestras, entre outros, é aconselhável que se mantenham duas áreas separadas, uma para cada função, formando uma "linha de produção", uma para a inscrição e entrega de crachás e a outra para a distribuição do material do evento, garantindo assim mais agilidade no processo.

- Equipamentos – A existência dos equipamentos necessários para a realização do evento constitui ponto fundamental na escolha do local. Dependendo do que se pretende apresentar durante o evento será preciso um tipo específico de equipamento. Para citar alguns exemplos, o local deverá ter à disposição:

    . equipamentos de som, com caixas espalhadas pela sala;
    . retroprojetor;
    . tela de projeção de transparências, vídeos ou *slides*;
    . *datashow* ou equipamento para apresentações diretamente do computador;

. canhão para apresentações mais sofisticadas;
. microfones de lapela sem fio e com fio;
. videocassete;
. projetor de slides;
. sistema de iluminação adequado, com possibilidades de revezamento entre lâmpadas frontais, de trás e do meio.

O fato de o local possuir todos os equipamentos essenciais não garante, por si só, a sua qualidade. Além de verificar a sua existência, cheque o bom funcionamento de cada um deles, bem como sua adequação às necessidades do expositor, pois com a rápida evolução tecnológica muitos equipamentos tornam-se obsoletos. Nem sempre será possível encontrar no local todos esses equipamentos para a realização do evento. Se isso ocorrer, aloque-os de fornecedores externos. Mesmo nesses casos quem irá operar o sistema e integrá-lo ao ambiente tecnológico existente será um funcionário do local. A qualidade do serviço prestado por este funcionário é, portanto, outro aspecto a ser considerado. Assim é preciso verificar, mediante uma rápida conversa com esse funcionário, se ele realmente terá condições de operar, sem dificuldades, os equipamentos que ficarão sob sua responsabilidade;

- Sala – Existem hotéis, restaurantes, bares e outros locais que possuem vários ambientes ou salas para a realização de eventos. A decisão sobre quantas e quais utilizar é feita, normalmente, pelo próprio local, conforme o número de convidados previstos, embora muitas vezes existam várias opções para um mesmo número de pessoas. Seria interessante verificar pessoalmente a opção fornecida pelo local ou pelo menos obter a planta das salas ou ambientes antes de fechar a contratação do espaço. Muitas vezes o que o hotel ou local considera ser uma sala para x pessoas, pode, na verdade, comportar menos ou mais do que o número estimado. Ambas as situações são desfavoráveis ao evento. Se a sala for menor do que o necessário, os convidados se sentirão espremidos; se for maior o evento parecerá, aos olhos dos presentes, um fracasso de público.

A melhor opção é prever um tamanho de sala suficiente para acomodar o número de convidados esperados e procurar alocar as cadeiras e mesas de maneira que o local não fique nem apertado, sufocando os convidados, nem espaçoso demais.

Além do tamanho da sala outro aspecto que merece detaque é a sua localização e acesso. Há salas que ficam bem localizadas, próximas à entrada do hotel e de fácil sinalização. Existem, por outro lado, salas escondidas, nos fundos do hotel ou no seu subsolo, de difícil acesso, sem iluminação e fechadas demais. Verificar pessoalmente qual a sala proposta pelo hotel ou local será fundamental para evitar situações desagradáveis.

É preciso analisar também o interior da sala, verificando se a decoração é viável, confortável – inclusive com a existência de janelas e luz natural –, se a limpeza é impecável, se a iluminação é adequada, se o formato favorece o evento (quadrada, oval, retangular, com ou sem inclinação) e se a mobília é nova e confortável, entre outros aspectos.

- Serviço de bufê – A qualidade dos restaurantes do local e dos serviços de bufê é um aspecto relevante para o sucesso do evento. Por qualidade de serviço entende-se o atendimento prestado pelos garçons, maîtres e todas as pessoas envolvidas no serviço de bufê, o visual e a apresentação das mesas tanto do bufê como aquelas onde irão se acomodar os convidados, o material utilizado para o serviço (copos, talheres, bandejas etc.), a decoração do ambiente e, sobretudo, a qualidade da refeição que será servida.

  A única maneira de verificar todos esses itens é ir, mais uma vez, ao local, provar a comida e analisar os serviços. Para tanto, peça ao responsável pelo bufê que avise, com antecedência, uma data em que haverá serviço semelhante ao solicitado pela empresa. Nesse dia, o organizador deverá chegar 15 minutos antes do horário de início e verificar todos os aspectos citados.

- Limpeza do local – A limpeza e a boa conservação de todos os ambientes do bufê escolhido, e não somente da sala onde será realizado o evento, têm também de ser verificadas. Analise a entrada, os corredores e todos os ambientes por onde irão circular os convidados. Dê atenção especial aos toaletes, tanto feminino quanto masculino. Pode-se pressupor que o toalete de um local reflete a situação geral de limpeza e higiene de toda a dependência.

- Acomodações – Se o evento prevê hospedagem dos convidados no hotel verifique a qualidade das instalações dos apartamentos e dos serviços de quarto prestados. Novamente a limpeza e a boa apresentação devem imperar na escolha do local.

- Segurança – A segurança oferecida pelo local onde será realizado o evento é fator essencial a ser verificado com antecedência. Em eventos com quantidade de convidados superior a mil, a empresa deverá providenciar, obrigatoriamente, uma apólice de seguro contra qualquer eventualidade. Além disso é imprescindível, nessas circunstâncias, que se providencie toda a assistência médica necessária.

– Ele condiz com a expectativa de investimento da empresa?

A viabilidade ou não da realização de um evento em determinado local dependerá do custo desse local, que deverá ser analisado considerando a disponibilidade financeira total para o evento e a proporção que determinado local representa desse total, além da relação custo/benefício que ele trará para o resultado final do evento, em comparação com outras alternativas. Se grande parte do total da verba disponível para o evento for alocada para a reserva do local de sua realização, pouco restará para outras atividades importantes, que constituem peças fundamentais para o seu sucesso, como promoções, serviços de qualidade, shows, brindes etc. Às vezes, com base em um local aparentemente simples, é possível desenvolver um evento sofisticado e de sucesso, utilizando-se de outros recursos e atividades diferenciadas.

Antes de decidir pela escolha do local analise no mínimo três opções que se enquadrem no perfil desejado. Para cada uma delas verifique a estrutura física e de recursos disponível no local e o custo previsto para a montagem do evento. Para facilitar esse trabalho é apresentado, a seguir, um exemplo de formulário para solicitação de orçamento e outro para avaliação dos orçamentos.

Formulário para Solicitação de Orçamentos para o Evento

Dados da Empresa

Nome: Duprat Software   Responsável:_____
Telefone: (___)_____ Fax: (___)_____

Evento:

Data: ___/___/_____ a ___/___/_____   Número de pessoas:_____
Tipos de Eventos: ( ) Café da manhã   ( ) Almoço
                    ( ) Jantar   ( ) Coquetel
                    ( ) Período integral

Horários: Geral: ____:____ às ____:____
            Café da manhã: ____:____ às ____:____
            Coffee break 1:   ____:____ às ____:____
            Coffee break 2:   ____:____ às ____:____
            Almoço: ____:____ às ____:____
            Coquetel: ____:____ às ____:____
            Jantar: ____:____ às ____:____

Disposição da sala: ( ) em U ( ) em Auditório ( ) em Espinha de peixe
                    ( ) em O ( ) em □ ( ) Outras_____
                    ( ) em T

Equipamentos necessários:

Equipamento   Descrição   Quantidade
_____   _____   _____
_____   _____   _____

Estacionamento por conta da empresa: ( ) Sim ( ) Não

Exemplo de Formulário para Avaliação dos Orçamentos

Custo 1

Orçamento 1	
Empresa:	Responsável:
Telefone:	Fax:
Sala:	

Item	Quantidade	Custo Unitário	Custo Total
Sala			
Refeições			
Equipamentos			
Estacionamento			
Outros			
Total			

Observações quanto ao local:_____

Custo 2

Orçamento 2	
Empresa:	Responsável:
Telefone:	Fax:
Sala:	

Item	Quantidade	Custo Unitário	Custo Total
Sala			
Refeições			
Equipamentos			
Estacionamento			
Outros			
Total			

Observações quanto ao local:_____

Custo 3

Orçamento 3			
Empresa:		Responsável:	
Telefone:		Fax:	
Sala:			

Item	Quantidade	Custo Unitário	Custo Total
Sala			
Refeições			
Equipamentos			
Estacionamento			
Outros			
Total			

Observações quanto ao local:_____

A seguir são apresentados exemplos de possíveis locais para a realização de eventos, com observações quanto às vantagens e às características de cada um.

- Hotéis – Por sua infra-estrutura completa (estacionamento facilitado, restaurantes e serviços de bufê prontos para atender grande número de pessoas, salas e auditórios de diversos tamanhos e disposições, infra-estrutura técnica disponível e hospedagem), pela localização, muitas vezes central, e pela facilidade de reconhecimento do local pela maioria dos convidados (uma vez que são bastante conhecidos por pessoas da região e mesmo de locais mais afastados), os hotéis são os mais utilizados e preferidos para a realização de eventos.

- Restaurantes e bares – Buscando diversificação de suas atividades e, portanto, maior rentabilidade de negócio, muitos restaurantes e bares entraram fortemente no ramo de eventos. Assim, além da infra-estrutura tradicional para serviço de refeição, eles se equiparam para receber eventos de todo o porte. Utilizar um restaurante, ou bar equipado, e pronto a atender o evento – de forma eficiente –, é uma alternativa bastante interessante em relação ao hotel, por amenizar a característica formal de um evento em hotel. O convidado poderá sentir-se mais à vontade em comparecer e participar, muitas vezes até pela simples curiosidade de conhecer o local.

- Salões de bufê – Os salões de bufê, locais reservados para acontecimentos sociais de grande monta, como festas de casamento, geralmente são alugados para eventos notadamente no meio da semana, quando o movimento é menor. Além do espaço eles contam com excelentes serviços de bufê, estacionamento e infra-estrutura para acomodar grande número de convidados.

- Clubes – Normalmente possuem espaços e salas muito amplas. Em função disso é muito comum a realização de eventos que, além de envolver um grande número de convidados, carecem de espaço livre e amplo para espetáculos ou demonstrações, com estande, por exemplo. Alguns clubes são mais reservados e possuem um perfil mais social do que esportivo. Nesses casos pode-se dispor de local próprio para a realização de eventos mais privados e formais, com a infra-estrutura tão completa como a de um hotel. Há aqueles onde é possível a realização de coquetéis à beira da piscina ou eventos em salas rodeadas de janelas, com uma vista magnífica – muito diferente das salas fechadas e sem iluminação encontradas em muitos hotéis. Vale a pena experimentar essa alternativa.

- Casas de espetáculos, teatros e cinemas – Eventos em que o aspecto social e de entretenimento dos convidados seja parte principal do objetivo da empresa poderão ser realizados em locais de apresentações de shows, ou peças teatrais, ou mesmo filmes. Para esses eventos existem duas possibilidades: ou a empresa reserva o espaço exclusivamente para a participação de seus convidados, fechando a casa, ou ela reserva um número de ingressos para seu uso, mas não impede a participação de pessoas de fora.

Não obstante a primeira possibilidade pareça, de longe, muito melhor para a empresa, a segunda não impede necessariamente uma ação bem-sucedida. Mesmo no segundo caso várias atividades dentro da casa poderão gerar interação entre a empresa e seus convidados. Se os responsáveis pelo local permitirem, pode-se realizar uma rápida peça teatral antes do início do filme ou da própria peça que será apresentada. Na peça os atores poderão interagir com a platéia utilizando-se dos próprios corredores de circulação do local. Outra idéia poderia ser, por exemplo, para o lançamento de um novo produto, a distribuição de uma amostra grátis, não somente para os convidados, mas também para toda a platéia. Assim, além de conhecer a novidade de perto, a equipe comercial da empresa poderá sentir a reação dos demais presentes. Essa estratégia poderia ser utilizada ainda para lançamentos de campanhas e promoções com a apresentação de um trailer antes do início do filme.

Uma boa idéia para shows é solicitar que o apresentador (cantor, comediante etc.) agradeça a todos os clientes da empresa ali presentes pelo ano de sucesso e pelo atingimento de suas metas, atribuindo o sucesso a todos. Se a empresa conseguir a aprovação do local, além da satisfação dos clientes ela estará chamando a atenção dos demais presentes, ganhando sua simpatia com essa homenagem em público de agradecimento, uma atitude louvável para qualquer empresa. Contudo, em atenção às pessoas que não pertencem à empresa e aos donos do local, essas ações devem ser breves. Outras ações além dessas descritas poderiam ser desenvolvidas com muito sucesso em casas de espetáculo, salas de cinema e de teatro. Antes de decidir por uma delas recorra aos objetivos do evento e verifique a possibilidade de atingimento deles para cada uma.

- Próprias dependências da empresa - Se a sede da empresa comportar o número de convidados esperados e contar com um ambiente extremamente agradável e aconchegante, é possível utilizar suas próprias dependências para a realização de eventos. Dessa forma garante-se maior aproximação com os convidados que, muitas vezes, têm interesse e curiosidade em conhecer a empresa sem ter tido anteriormente essa oportunidade. Se a empresa estiver inaugurando uma nova sede ou escritório torna-se, então, obrigatória a realização do evento no próprio local.

Caso seja de interesse da empresa realizar o evento nas próprias dependências alguns cuidados deverão ser tomados, particularmente no que se refere aos serviços contratados. Quando se está em um hotel já preparado para atender eventos às vezes não se percebe a quantidade de pormenores e atividades necessárias para sua execução. Seguem os principais cuidados a serem tomados nessa circunstância:

. Facilidade de acesso - A primeira preocupação refere-se à indicação de como chegar ao local. No convite, além do endereço completo, indique uma referência conhecida, próxima ao local, e forneça um mapa bem desenhado;

. Facilidade de estacionamento - É imprescindível que o convidado consiga estacionar com rapidez e facilidade no local. Caso a empresa não tenha vagas suficientes para todos e as ruas ao seu redor não comportem o número de carros previstos, contrate manobristas para atender a todos, tomando as devidas providências para que os carros sejam estacionados com segurança;

. Serviços de qualidade - Os serviços de bufê, decoração, segurança, fotógrafos e montadora (caso haja a montagem de estandes, palanques, coberturas etc.) deverão ser de primeiríssima qualidade. Não se pode economizar com esses serviços, uma vez que, em não fazendo parte do serviço do local (hotel, bar, restaurante etc.), eles serão de total responsabilidade da empresa, sendo inclusive percebidos como tal pelos convidados. O serviço malfeito de bufê de um hotel causa muito menos má impressão do que um serviço malfeito por uma fornecedora contratada pela empresa. Quando se convidam clientes para um evento nas próprias dependências da empresa, eles poderão pensar que se trata de economia. Para os convidados a melhor resposta é um serviço de qualidade tão excepcional que eles irão sair do evento tendo a certeza de que a intenção era justamente o contrário, isto é, prestar um serviço muito mais personalizado do que se fosse realizado em outro local;

. Comodidade – O ambiente escolhido para a realização do evento deve transmitir sensação de total comodidade aos convidados, sem apertos ou falta de cadeiras e apoios. Todas as situações possíveis deverão ser consideradas e a empresa deverá estar sempre preparada para elas. Se, por exemplo, o ambiente escolhido for a céu aberto, deve-se prever, em caso de chuva, como será resolvida a situação;

Ainda com relação a situações imprevistas deve-se também estar preparado para apresentar a empresa a interessados em conhecê-la. Muitos convidados poderão mostrar interesse em uma visita às suas dependências, podendo começar, sem o menor constrangimento, a analisar pormenorizadamente todos os seus ambientes e aspectos positivos ou negativos. Para evitar qualquer impressão desfavorável deve-se solicitar que, um dia antes do evento, todos os funcionários organizem suas mesas de trabalho e salas deixando todo o ambiente bem apresentável e limpo.

- Locais diferenciados – Há ainda outros locais diferenciados para a realização de eventos, como picadeiros de circo, rodeios e festas nacionais. A regra é sempre a mesma: o local escolhido tem de ter a "cara" do evento, a estrutura necessária e condizer com sua expectativa financeira.

9º Passo: Escolher a disposição da(s) sala(s) ou do(s) ambiente(s)

No caso de eventos realizados em salas de hotéis, clubes e casas de espetáculos, entre outros, poderá ser necessária a escolha da disposição dos móveis e das pessoas na sala. A escolha dependerá, entre outros aspectos, do perfil e das características do evento, do tamanho da sala, do número de pessoas previstas e, especialmente, dos objetivos esperados.

Por disposição da sala entende-se tanto o posicionamento dos móveis (mesas e cadeiras) que irão acomodar os participantes convidados quanto o dos que irão acomodar os palestrantes e expositores.

– Maneiras de acomodar os convidados

A seguir são apresentados alguns exemplos de disposição comumente empregados, considerando-se o espaço reservado aos convidados, bem como a indicação de quando utilizar cada modelo. São eles: em U, em □, em T, em ○, em auditório, em espinha de peixe e em grupos.

Disposição em "U"

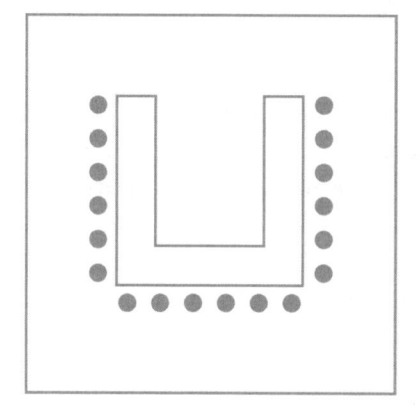

Essa disposição é muito utilizada quando se pretende promover um envolvimento direto e participativo de todos os convidados presentes no evento, sem prejudicar a participação de palestrantes com o uso de equipamentos e telas para apresentações. A comunicação e a interação dos participantes entre si e com o palestrante são facilitadas de modo que todos tenham um ângulo de visão total, não ficando ninguém de costas para ninguém.

A disposição em "U" poderá ser aplicada com bons resultados em convenções de vendas, reuniões de clientes, *workshops* e treinamentos ou outro tipo de evento em que a participação ativa do grupo seja essencial ao seu sucesso. Ela pode ser constituída por mesas e cadeiras, conforme a ilustração, ou somente delineada por meio das cadeiras, dependendo da necessidade ou não de se anotarem observações durante o evento.

A principal desvantagem desse tipo de disposição ocorre quando se tem um número muito grande de participantes. Nesse caso, ou se divide o grupo em várias salas em "U" ou se adota outra disposição.

Disposição em ☐

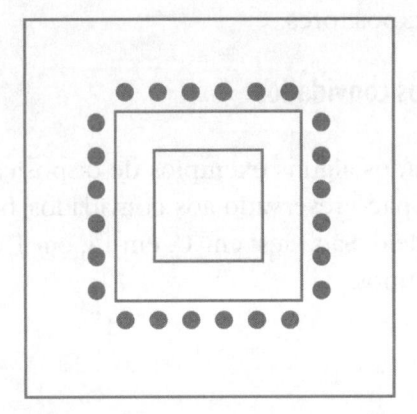

Da mesma forma que a disposição em "U", a retangular permite grande interação e proximidade entre os participantes. É muito utilizada quando a atividade principal do evento consiste na discussão de todo o grupo junto, sem a separação entre membros de maior nível hierárquico ou de maior importância, segundo outros possíveis critérios.

Por não apresentar uma face aberta, como a em "U", essa disposição dificulta a apresentação de palestrantes com o uso de retroprojetores ou outro tipo de equipamento.

Disposição em "T"

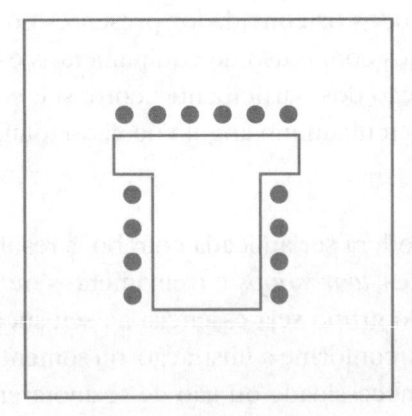

A disposição em "T" assemelha-se às em U e em ☐, e é também utilizada com as mesmas finalidades das outras duas. A principal diferença entre esta e as outras está na maior proximidade entre os participantes. Além disso a sala em "T" permite uma separação mais clara entre os membros mais importantes ou de maior nível hierárquico ou palestrantes e os demais, acomodando os primeiros na parte alta do "T".

Assim como ocorre com a disposição em □, nos casos em que haja por parte dos palestrantes a necessidade de uso de equipamentos para suas apresentações, essa disposição apresenta uma desvantagem com relação à em "U", uma vez que, independentemente da posição da tela ou do "T", haverá participantes que, se não totalmente, ficarão parcialmente de costas para outros.

Disposição em "O"

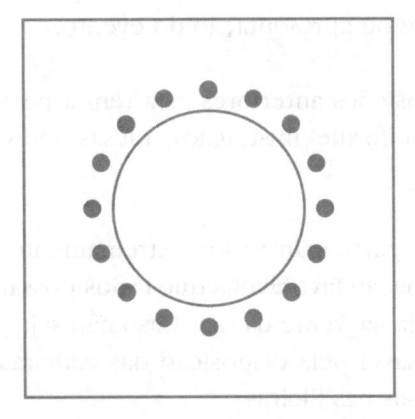

Se na disposição em □ dava-se menor importância à separação dos participantes por nível hierárquico ou outra classificação, nesta tal separação desaparece totalmente, uma vez que não há faces diferentes em um "O". Por esse motivo e pela melhor visão entre os participantes que ela oferece, a disposição em "O" facilita ainda mais a integração entre o grupo, desde, é óbvio, que este não seja muito numeroso.

Da mesma forma que na em "U" e na em □, na disposição em "O" pode-se optar por colocar ou não a mesa central, dependendo da necessidade ou não de anotação de observações por parte dos participantes.

Disposição em "Auditório"

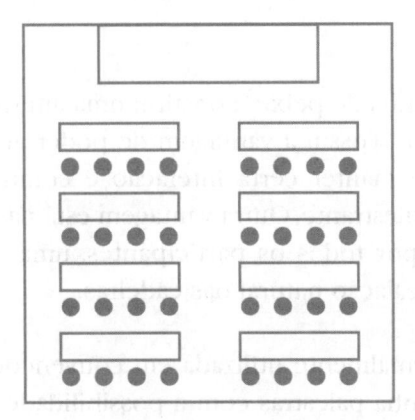

Ao contrário das disposições anteriores, o auditório é comumente utilizado quando o número de participantes é muito elevado e a interação entre eles não é ponto crucial ao seu sucesso.

Na disposição em "Auditório" o palestrante tem maior controle sobre sua platéia, sem interrupções ou comentários por parte desta. Poderá ser utilizada para congressos, eventos de lançamentos de produtos e *roadshows*. Com relação às convenções de vendas pode-se dispor de auditórios e de salas dispostas em "U", por exemplo, de acordo com cada atividade ou apresentação do evento.

Assim como nas disposições anteriores esta tem a possibilidade de ser formada por mesas conjuntas (conforme ilustração), mesas individuais, ou somente por cadeiras.

Quando o número de participantes for extremamente elevado sugere-se que o auditório tenha uma inclinação favorável a que todos possam visualizar o palestrante ou a atividade desenvolvida na frente da sala. Caso não seja possível contar com inclinação, solicite ao responsável pela disposição das cadeiras na sala que estas sejam posicionadas intercalando-as nas fileiras.

Sala em "Espinha de Peixe"

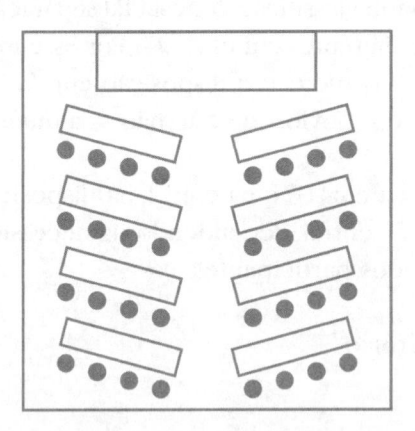

A disposição em "espinha de peixe" constitui uma alternativa para as em "U", "T", "O", □, e a em "auditório". Possui a vantagem de poder agrupar grande número de participantes e, ainda, de manter certa interação e comunicação entre os participantes e entre estes e o palestrante. Outra vantagem está na facilidade de visualização da parte frontal da sala por todos os participantes, uma vez que a inclinação das mesas permite uma intercalação natural das cadeiras.

Essa disposição é normalmente utilizada em convenções de vendas, *roadshows* ou eventos em que se tenha palestras com a possibilidade de interação dos participantes. Como é comum a utilização de mesas grandes para a formação dessa disposição, ela favorece ainda eventos em que seja necessária a anotação de observações por parte dos convidados.

Sala em "Grupos"

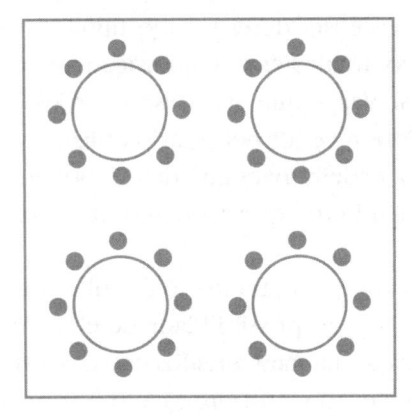

Apesar de menos comum essa disposição pode ser utilizada com sucesso quando se deseja trabalhar em grupos, reunidos para a solução de problemas e de desafios lançados pela empresa. A principal vantagem, nesses casos, é o maior controle, por parte dos organizadores, de cada grupo, sem que seja prejudicada a visão do conjunto.

Independentemente da escolha da disposição da sala, alguns cuidados deverão ser tomados para garantir eficiência na sua utilização:

- Corredores largos - Os corredores (central, da esquerda e da direita) que separam as colunas de mesas ou cadeiras deverão ter uma largura adequada para garantir o trânsito dos participantes durante o evento. Nada mais desagradável e embaraçoso do que a interrupção de uma palestra, por exemplo, para assistir à dificuldade de um convidado em se retirar da sala para atender a um chamado importante. Os corredores deverão ter fácil acesso, fácil trânsito e boa iluminação;

- Espaço correto entre fileiras de mesas ou cadeiras - A mesma preocupação com relação aos corredores deve-se ter quanto ao espaço entre cada fileira de cadeiras ou de mesas. O espaço deverá ser no mínimo de um metro, o suficiente para conseguir sair da mesa sem atrapalhar os vizinhos da frente e de trás. Manter um bom distanciamento entre as fileiras não só facilita o trânsito durante o evento, mas também promove melhor visualização dos palestrantes. Além disso garante mais conforto aos participantes que, muitas vezes, permanecem por horas sentados nas cadeiras;

- Cadeiras confortáveis e mesas amplas – Esse item deve ser verificado quando se escolhe um tipo de disposição de sala. As cadeiras, independentemente de sua disposição, deverão ser extremamente confortáveis. Da mesma forma, as mesas deverão ter um tamanho suficiente para que consigam dispor, sobre ela, todos os pertences pessoais e referentes ao evento como: apostilas, cadernos, canetas, copos de água e celulares, entre outros. O ideal é ter mesas contínuas onde um determinado número de participantes compartilhe de seu espaço total. Evite a utilização de mesas conjugadas com as cadeiras – tipo escolar – que são desconfortáveis e não acomodam muita coisa sobre elas. Porém, se for necessário utilizá-las, opte por aquelas que possuem espaço sob a cadeira para guardarem objetos pessoais. Não se esqueça dos participantes canhotos, que requerem mesa especial;

- Palco – Nos casos em que o auditório é muito grande e o número de convidados elevado, verifique a possibilidade de elevação de um tablado ou palco na parte posterior da sala para a realização das palestras e demais atividades do evento. O piso elevado, proporcionado por um desses dois mecanismos, facilita a visualização de todos e permite distanciamento maior entre os palestrantes e o público presente.

Assim como na disposição referente à área dos convidados, existem várias possibilidades para a acomodação dos palestrantes, dos móveis e dos objetos necessários para o evento na área de exposição e de palestras. A seguir são apresentadas algumas dessas opções:

1 – Disposição dos palestrantes e dos móveis de apoio

Essa disposição depende, em primeiro lugar, do número deles que se pretende manter em evidência: se um grupo deles, a sua totalidade ou apenas um por vez.

1.1 – Grupo de palestrantes

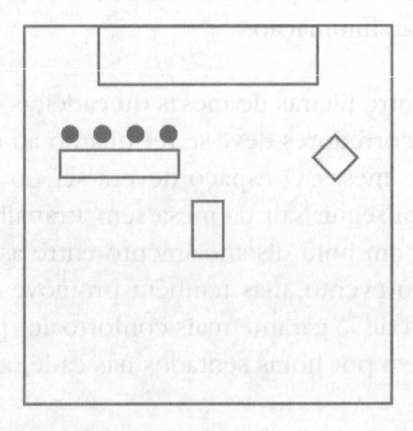

Quando se opta por ter, dependendo dos objetivos e dos profissionais em questão, um grupo de palestrantes simultaneamente em destaque, a mesa deverá ficar do lado esquerdo da sala (para quem a está olhando de frente), o púlpito do lado direito e a tela e equipamentos para a apresentação na área central.

Esse tipo de disposição é aplicado quando a exposição de todos os palestrantes, ou parte deles, no palco for de suma importância para o sucesso do evento. É posicionada no palco uma mesa única que comporte todos os palestrantes sentados, com seus nomes identificados por meio de plaquetas de sinalização sobre a mesa.

A disposição em grupo de palestrantes poderá ser utilizada em várias situações. Por exemplo, quando:
- se pretende destacar a presença de nomes ilustres ou profissionais renomados em determinada área;
- se busca uma facilidade de deslocamento dos palestrantes para o palco sem que cada um tenha de passar por toda a platéia quando chamado;
- se pretende que haja debates entre os palestrantes sobre determinado tema;
- se deseja que, após o término de todas as apresentações, seja aberta a mesa para perguntas e respostas a qualquer um dos palestrantes.

Caso não seja possível acomodar todos os palestrantes em uma única mesa é possível dispor de outra, posicionada do lado direito da sala ou ainda formar grupos de palestrantes, substituindo-os, na mesa, a cada intervalo do evento. No primeiro caso o púlpito deverá ser colocado em posição mais central e um pouco adiante da mesa da direita, conforme a figura seguinte:

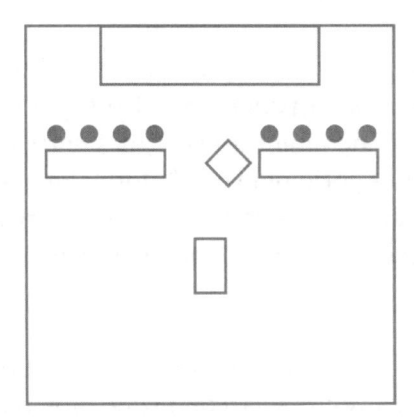

Independentemente do número de mesas que serão utilizadas para o acomodamento dos palestrantes na sala, deve-se definir qual a posição de cada um. Para isso podem-se seguir duas regras:

- Por nível de importância – A posição na mesa leva em consideração o nível de destaque profissional de cada palestrante. Na posição mais central senta o de maior destaque ou o mediador do evento – caso haja um. Partindo da posição central, são acomodados do lado direito e do esquerdo os demais palestrantes, também de acordo com seu nível de destaque no evento. Essa disposição é exemplificada na figura a seguir:

Nível de importância ou destaque

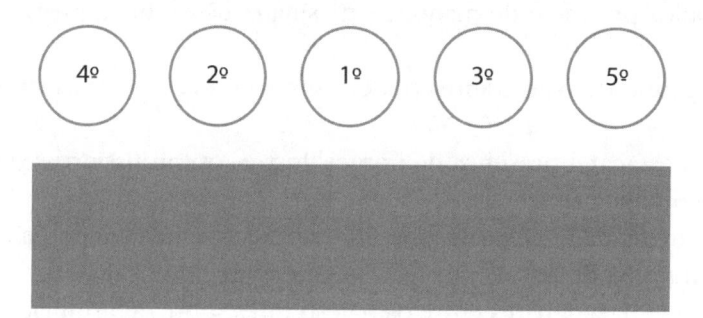

(4º) (2º) (1º) (3º) (5º)

- Por ordem de apresentação – Apesar de ser menos utilizada essa regra visa facilitar o processo de troca de palestrantes e a melhor identificação visual por parte da platéia. Além disso ela evita a necessidade de classificá-los entre os mais importantes e os menos importantes, tornando a regra mais democrática e de menor constrangimento.

Além da definição da posição de cada um deles na mesa, ao optar pela disposição dos palestrantes em grupo atente para os seguintes itens:

- Padrão visual dos palestrantes – Como todos eles estarão juntos à mesa, deverão seguir um mesmo padrão visual no que se refere ao tipo de vestimenta. Não se trata de uniformizá-los, mas entre eles não deverá haver, por exemplo, distorções entre um vestido formalmente – com terno e gravata – e o outro, com roupa esportiva. Para garantir tal padrão convém informá-los, com antecedência, qual será o padrão visual do evento ao qual deverão aderir;

- Uso de microfone pelos palestrantes – O uso deverá seguir regras preestabelecidas. Caso o evento seja conduzido por um mediador o microfone ficará centrado sob sua responsabilidade. Qualquer solicitação de palavra por parte de um palestrante, deverá ser feita antes para o mediador, que lhe passará, então, o microfone. Caso não haja um mediador essa responsabilidade será delegada a um dos palestrantes escolhido pelo grupo. É importante que seja mantido apenas um microfone na mesa para que não haja confusão entre eles.

- Conforto dos palestrantes – Como esta disposição exige deles a permanência constante na mesma posição – com exceção apenas dos intervalos –, é imprecindível que as mesas, as cadeiras e todo o ambiente (ar-condicionado, espaço entre as cadeiras, iluminação etc.) sejam confortáveis. Também é importante prever o atendimento a qualquer necessidade dos palestrantes, mantendo-se sempre uma pessoa de prontidão para essa finalidade. Um item, por exemplo, que não poderá faltar à mesa é a água. A cada intervalo, deve-se repô-la;

- Postura dos palestrantes – A postura adotada por eles durante a permanência na mesa poderá garantir uma boa imagem ao evento ou comprometê-la. Caso seja verificado o seu descontentamento, em permanecer na mesa o período inteiro do evento, é preferível que não se adote essa disposição. Pior do que não contar com todos na mesa é tê-los dormindo durante as palestras, com expressão de entediados, conversando, ou, mesmo, atendendo chamadas de seus celulares. Essas atitudes poderão comprometer a imagem do evento e deslocar a atenção do público que estiver fazendo sua apresentação. Para evitar esse constrangimento, recomenda-se que as implicações desta disposição lhes sejam transmitidas e verificadas as suas opiniões. Mesmo que todos estejam de acordo, é conveniente que se estabeleçam regras básicas de postura que deverão ser respeitadas durante o evento:
  . Regra 1 – É proibido ficar com o celular na mesa. Deve-se mantê-lo com uma pessoa de confiança que ficará encarregada de anotar os recados para, durante os intervalos, passá-los ao palestrante;
  . Regra 2 – A expressão de todos os palestrantes deverá ser de entusiasmo e interesse pelo que está sendo exposto pelos colegas. Ao final de cada apresentação, eles deverão ser os primeiros a aplaudir e a demonstrar contentamento com o exposto;
  . Regra 3 – É proibido retirarem-se da mesa enquanto um colega estiver apresentando. Além de ser um desrespeito ao colega, pode desencadear a mesma atitude por parte do público presente, que se vê encorajado a fazer o mesmo. Para se evitar essa situação, podem-se prever intervalos freqüentes entre as palestras, permitindo que, além de o próximo apresentador ter maior tempo para preparar o ambiente, haja uma rápida movimentação na sala para os que necessitam sair ou, mesmo, se "esticar" um pouco na cadeira;
  . Regra 4 – É proibida a interrupção da apresentação de um colega, a não ser quando for estabelecida previamente essa possibilidade. É comum, principalmente em convenções de vendas, que um profissional de determinada área da empresa queira complementar o que seu colega está expondo e, para isso, interrompa sua apresentação. Esse tipo de atitude poderá atrapalhar a seqüência da apresentação e,

conseqüentemente, do evento. É preferível nesses casos aguardar o final da apresentação para realizar tal complementação;

. Regra 5 - É vedada a comunicação dos palestrantes com qualquer pessoa da platéia durante a apresentação de um colega, seja por movimentos corporais – aquele famoso "oi" com as mãos, por exemplo – seja falando. É preciso lembrá-los que, quando sentados à mesa, despertam maior atenção da platéia com qualquer atitude diferente.

1.2 – Um só palestrante no palco

De acordo com essa opção fica presente na área de apresentação somente aquele que for realizar sua exposição; os demais acomodam-se nas primeiras fileiras de cadeiras da sala ou em outro local de fácil acesso ao palco. No palco poderão estar, então, dispostos o púlpito do lado direito da sala, e os equipamentos e tela na parte central.

A principal desvantagem dessa disposição, quando se tem vários palestrantes, está no fato de se tornar inviável a discussão conjunta dos temas apresentados no evento, uma vez que não estarão todos à disposição da platéia ao mesmo tempo. Além disso as sessões de perguntas e respostas somente poderão ser realizadas ao término de cada palestra, enquanto o palestrante ainda estiver no palco. Caso seja de interesse da empresa abrir a sessão de perguntas e respostas a todos os palestrantes ao mesmo tempo, e ao final das apresentações, será necessário montar uma mesa para acomodá-los, conforme a descrita no caso do grupo de palestrantes.

Por outro lado, essa disposição (um só palestrante no palco) conta com algumas vantagens como: sem a presença de todos eles na mesa torna-se mais fácil manter o controle sobre cada palestra, evitando interrupções durante as apresentações, atitudes e posturas desfavoráveis à imagem do evento, confusão no uso de microfones e outras possíveis dificuldades. Além disso é possível manter, com maior facilidade, a atenção da platéia voltada ao palestrante e à sua exposição, sem desvios de atenção gerados por movimentos e atitudes de outros palestrantes da mesa.

Caso opte pela disposição palestrante único, reserve maior intervalo entre as apresentações para que o próximo possa assumir sua posição no palco, com maior tranqüilidade, e preparar o novo ambiente para sua exposição, como a instalação de equipamentos e posicionamento da apresentação no computador.

1.3 – Único palestrante do evento

Caso o ponto-chave do evento seja um único apresentador a melhor configuração é que somente ele tenha destaque no palco. Assim, em vez da colocação de púlpito e de telão ou equipamentos no palco, basta a presença do palestrante no centro dele. Normalmente esses *"showmen"* se utilizam de todo o espaço disponível à sua volta, inclusive de corredores e fileiras entre o público. Acreditam que equipamentos, telas, púlpitos etc. "atrapalham" a sua apresentação, pois desviam a atenção do público.

Quando se utiliza essa disposição é preciso, portanto, deixar o apresentador à vontade, sem limite de espaço para sua apresentação e com pouca distância entre ele e o público – provavelmente o público fará parte de seu "show".

10º Passo: "Vender" quotas do evento

Algumas empresas organizam eventos e criam quotas de patrocínio deles para parceiros comerciais, tecnológicos ou outras empresas que tenham interesse em participar diretamente deles, ganhando maior visibilidade no mercado e, em particular, ao público-alvo do evento. Nesses casos venda as quotas, mediante uma divulgação eficaz e argumentos decisivos que convençam o(s) parceiro(s) de que seus objetivos específicos serão atingidos com sucesso, caso venham a participar como patrocinadores do evento.

Para proceder à "venda" do evento prepare um documento de apresentação, contendo informações relevantes e completas, enfocando principalmente objetivos quantitativos e de geração de negócios. Um documento completo deverá apresentar os seguintes tópicos:

- Tema do evento;
- Descrição, com data, hora, local, atividades, conteúdo programático, promoções etc.;
- Público-alvo, com número de convidados, descrição de seu perfil (socioeconômico, cultural, geográfico, comportamental etc.) e previsão de participação;
- Patrocinadores participantes (caso a empresa já tenha fechado com outros);
- Objetivo geral e objetivos específicos do evento;
- Resultados esperados para o evento;
- Investimento total previsto;
- Valor das quotas e especificação do que está incluso em cada uma delas (quando houver diferentes quotas).

11º Passo: Reunir os envolvidos

Para os funcionários da empresa e parceiros envolvidos direta ou indiretamente no planejamento, execução e controle do evento deverão ser divulgados e discutidos os procedimentos e ações que serão desenvolvidas e que requeiram a participação ativa deles.

Duas reuniões – uma com funcionários e outra com parceiros – para definição de responsabilidades e para a elaboração do cronograma de atividades poderão ser feitas com essa finalidade. Um modelo para ser utilizado na elaboração do cronograma de atividades e responsabilidades foi apresentado no Capítulo 4 deste livro, referente ao planejamento da participação em Feiras, e poderá também ser aplicado para outros tipos de eventos.

12º Passo: Contratar serviços de terceiros

Assim como no caso de Feiras, para a realização de outros eventos será imprescindível a contratação de serviços de terceiros, os quais podem se referir a bufê, recepcionistas, transporte e manobristas, entre outros, de acordo com as necessidades específicas de cada evento. A seguir são apresentados os principais serviços, bem como suas características e os cuidados necessários para garantir sucesso na contratação.

– Bufê

Na maioria das vezes será possível contar com o próprio serviço de bufê do local escolhido para o evento. Mas é possível, caso o local não disponha desse tipo de serviço ou o mesmo não esteja de acordo com as especificações e necessidades da empresa, contratá-lo de empresas especializadas. Para isso o primeiro passo é a verificação de qual(is) o(s) tipo(s) de refeição(ões) se pretende servir durante o evento. Poderá ser necessária a contratação para apenas um almoço ou para um almoço e dois *coffee-breaks* ou ainda para um almoço, dois *coffee-breaks* e um jantar.

Determinados os tipos de refeições estabeleça os horários exatos para cada um destes, os quais deverão ser transmitidos para o prestador do serviço de bufê para que tenha condições de preparar as refeições a tempo e assegurar maior qualidade do serviço, sem atrasos e sem antecipações.

Com relação à duração de cada refeição ressalte a importância de estabelecerem folgas com relação ao tempo inicialmente previsto. Quase nunca se consegue manter a duração prevista de cada refeição sem que haja atrasos. É interessante que se considere, além da duração prevista, um acréscimo de dez minutos para, então, iniciar as próximas atividades.

O próximo passo na contratação do bufê refere-se à definição do número de pessoas previstas para cada refeição, o qual deverá ser informado à empresa prestadora do serviço, lembrando que esta costuma trabalhar com uma margem de 10% a 20% a mais em relação ao solicitado. Quando não se tem uma estimativa confiável do número de participantes, pode-se negociar com a empresa um número inicial para o primeiro dia do evento e, a partir deste, fechar o número exato para os demais dias.

Definidos os tipos, os horários e o número de pessoas previstos parte-se para a escolha do menu que será servido em cada refeição. Os bufês oferecem normalmente de três a cinco níveis de preço e sofisticação para cada tipo de refeição. Há desde almoços básicos, com poucas e simples opções de pratos quentes, frios e entradas até os mais completos e requintados. A escolha dentre esses níveis dependerá, principalmente, do orçamento disponível, do perfil dos convidados e do perfil do evento. É claro que é importante o bom senso em servir uma refeição que gere elogios e não descontentamento entre os convidados. Para isso nem sempre é necessário optar pelo menu mais sofisticado; respeite a cultura e os valores de cada convidado, oferecendo, por exemplo, pratos light para os que fazem dieta, saladas, cereais e legumes para os vegetarianos, peixes ou aves para os que não comem carne vermelha e assim por diante. Com relação às bebidas os serviços incluem normalmente água, refrigerantes e sucos para todos os convidados. Caso seja de interesse da empresa servir outras opções, o bufê oferece, em geral, duas modalidades para escolha: ou o valor é cobrado por consumo, ao final do evento, ou a própria empresa fornece as bebidas que deseja servir.

Apesar de a maioria dos locais para eventos oferecerem serviço tipo bufê self-service, é possível optar pelo serviço à francesa. Esta opção não é recomendável quando se tem um tempo de duração da refeição muito curto e/ou número grande de convidados. Além disso, em geral ele é bem mais caro e complicado para servir.

– Equipamentos

Já foi citada anteriormente neste capítulo a importância de verificar a existência e a qualidade dos equipamentos oferecidos pelo local do evento. Para escolher os equipamentos mais adequados às necessidades da empresa e, mesmo para efetuar essa verificação, é necessário conhecer cada tipo de equipamento, suas características e utilidades. Os comumente utilizados são:

- Retroprojetor – É o mais utilizado em eventos que possuam apresentações realizadas por palestrantes. Ele serve para apresentar transparências em papel especial e requer, para funcionamento adequado:
  . tela branca de tamanho mínimo de 1,5 m de altura por 1 m de largura; mesa de apoio ao retroprojetor, que tenha rodinhas para regular a distância entre o equipamento e a tela;
  . mesa pequena de apoio para comportar as transparências em duas classificações: já utilizadas e a serem apresentadas. A própria mesa de apoio ao retroprojetor poderá ser usada para essa finalidade se tiver o tamanho adequado;
  . lâmpada dicróica para gerar iluminação suficiente à projeção das transparências na tela. Apesar de a maioria dos retroprojetores já virem com tais lâmpadas, é preciso que se trabalhe com reservas em

casos de queima, principalmente pelo fato de elas serem muito sensíveis;
. extensão de fio: o retroprojetor funciona ligado à energia elétrica. Apesar da obviedade dessa informação tem-se de considerar que podem existir distâncias grandes entre o local onde ficará o retroprojetor e a tomada em que será ligado. Se o fio não for suficientemente extenso recorra às extensões;
. apontador a laser: para que o apresentador possa destacar dados de tabelas, figuras ou mesmo textos mais relevantes das transparências, sem que para isso tenha de se deslocar até a tela, é necessária a utilização de um apontador, de preferência a laser.

- Projetor de *slides* – Apesar de utilizado em menores proporções, os *slides* ganham em qualidade quando comparados às transparências, mesmo quando são gerados com figuras e imagens e não somente com fotos. A sua menor utilização ocorre, sobretudo, devido ao custo elevado de sua confecção e à falta de flexibilidade para alterar o seu conteúdo, se necessário. Mesmo assim recorra aos *slides* quando a apresentação for utilizada mais de uma vez, por exemplo em *roadshows*, onde a durabilidade do material deverá ser maior.

  Para esse tipo de projeção é necessário uma mesa de apoio para o equipamento, com espaço suficiente para acomodar os carretéis utilizados e a serem utilizados, uma tela branca grande e, da mesma forma que nas transparências, lâmpadas de reserva para eventuais falhas ou queimas, além de extensão de fio elétrico;

- Equipamento de som – O equipamento instalado na sala do evento deverá ser suficiente para garantir uma boa reprodução de som quando do uso de microfones pelos palestrantes e convidados, e do uso de equipamentos de apresentação que requeiram áudio, como videocassetes, telões e *datashows* – com recursos de multimídia –, e shows ou qualquer outra atividade do tipo.

  Para atender a todos esses quesitos o equipamento de som deverá ter, no mínimo, a seguinte configuração:
  . Um microfone de lapela (fixado geralmente no paletó ou na camisa do palestrante, deixando as mãos livres para manuseio de transparências, apontadores etc.). O microfone poderá ter fio ou não. É preferível que não o tenha, para facilitar a locomoção do palestrante pela sala;
  . Um microfone fixo (que poderá ser utilizado em púlpitos ou na mesa), para que os participantes do evento possam interagir com os palestrantes; além disso é muito utilizado para as sessões de perguntas e respostas, nas quais o público consegue comunicar-se com os palestrantes;

. Quatro caixas de som, potentes, distribuídas pela sala, considerando a sua dimensão;
. Equalizador para regulagem do som nas caixas.

Verifique também a capacidade e a eficiência da pessoa que irá controlar os equipamentos. Ela deverá estar sempre perto deles, atenta a qualquer alteração ou falha do som;

- *Datashow* - É um equipamento sofisticado para apresentação de transparências projetadas diretamente do computador, tornando desnecessária a sua impressão. Mas para conseguir uma boa imagem na tela, com rapidez e segurança, ele requer um computador com grande capacidade, recursos de multimídia e memória avançada. Quando o utilizamos para a apresentação de *slides* recomenda-se que sejam produzidas também transparências impressas, no caso de alguma falha no computador ou no próprio equipamento.

  Apesar de o equipamento e de o computador terem de ficar apoiados em uma mesa distante da tela e do apresentador, não é necessário que haja uma pessoa trocando as telas mediante toques em teclas ou mesmo o deslocamento do apresentador para essa finalidade. Podem ser empregados mouses sem fio, que, além da utilização como apontador, podem ser utilizados pelos apresentadores para trocar telas e *slides* a longas distâncias;

- Canhão - Possui a mesma função do *datashow*, com o diferencial de ter melhor qualidade visual na projeção de *slides* do computador. Apesar do nome esses equipamentos são formados por um projetor que fica acoplado ao teto da sala, de onde são feitas as projeções, e por uma tela grande onde é exposta a imagem;

- Videocassete - Para a apresentação de vídeos institucionais, de lançamentos, motivacionais ou com outra finalidade, esteja atento aos recursos de iluminação e projeção do filme. A sala deverá ter a capacidade de escurecimento para que a imagem seja bem nítida a todos e, independentemente da utilização de televisores ou de tela, estes deverão atender a toda a extensão da sala.

– Manobristas

Como já citado existem duas possibilidades para contratar um serviço de manobrista durante o evento: ou cada convidado arca com as despesas do serviço, incluindo manobrista e estacionamento, ou a empresa assume essa responsabilidade, dando mais um benefício a seus convidados. No segundo caso o sistema funciona conforme o descrito a seguir.

Cada convidado recebe no ato da entrega do carro ao manobrista um tíquete referente ao uso do estacionamento e do serviço. O tíquete deverá ser carimbado por um representante da empresa para assegurar que somente os convidados estarão se utilizando do serviço. Ao mesmo tempo em que o tíquete é carimbado, o representante deverá registrar essa operação para o controle exato do valor que deverá ser cobrado no final do evento.

Existem hotéis e outros locais para eventos que preferem cobrar das empresas um valor fixo pelo serviço, calculado sobre o número previsto de carros que serão atendidos durante o evento. Nesse caso uma projeção razoável poderia considerar um carro para cada duas pessoas, apesar de que cada tipo de evento sugere uma característica de locomoção diferenciada pelos convidados.

Existem ainda locais que não dispõem de serviços de manobrista e de estacionamento. Nesses casos é possível contratar empresas especializadas na prestação desse tipo de serviço. Deve-se procurar uma que seja de confiança do local ou da própria empresa e certificar-se de que os carros serão estacionados com segurança garantida.

– Recepcionistas

O mecanismo de contratação, pagamento e treinamento de recepcionistas para trabalhar nos mais diversos tipos de eventos assemelha-se muito ao utilizado em Feiras e descrito no Capítulo 4 deste livro.

As principais diferenças concentram-se, essencialmente, em três tópicos: serviços, postura e valor.

- Serviços – As(os) recepcionistas de eventos que não Feiras, como é o caso de congressos e convenções, por exemplo, desempenham alguns papéis diferenciados dos exercidos em Feiras. Além da boa recepção na entrada de cada sala ou de cada ambiente do evento, elas(es), muitas vezes, participam ativamente no auxílio à condução de palestras, nas quais há interação entre os palestrantes e os convidados. Nesses casos elas(es) adquirem responsabilidade sobre a transmissão, mediante mecanismos escolhidos pela empresa, de perguntas, dúvidas, críticas ou sugestões levantadas pelo público aos palestrantes. Entre os principais mecanismos para transmissão podem-se citar:

    . Uso do microfone – Quando o convidado deseja apresentar sua dúvida, à(ao) recepcionista, esta(e) deverá aproximar-se o máximo possível dele e entregar-lhe o microfone para sua manifestação. Assim que finalizar sua questão, ela(e) afasta-se e volta à sua posição inicial, sempre alerta a novas manifestações. Esse mecanismo é muito utilizado nas palestras em línguas estrangeiras que não sejam do domínio do público. Nesses casos a(o) própria(o) recepcionista poderá efetuar a tradução da pergunta levantada ou uma intérprete contratada efetua a tradução simultânea ao palestrante;

. Uso de mensagens escritas – As dúvidas e questões são escritas previamente pelos convidados em formulário desenvolvido e distribuído no início do evento a todos, conforme modelo a seguir. Nesses casos a(o) recepcionista fica responsável pelo recolhimento e entrega de todos os formulários à mesa organizadora que irá transmiti-los aos palestrantes. Muitas vezes elas(es) procedem também à classificação das questões, entregando-as já separadas de acordo com o palestrante a quem cada uma tenha sido dirigida ou que deverá respondê-las.

Modelo de Formulário para Levantamento de Dúvidas ou Perguntas

```
                                              nº da questão: _____

Palestrante: _____

Pergunta: _____
_____
_____
_____

Comentários adicionais: _____
_____
_____
_____

Nome: _____
Empresa: _____
Telefone coml.: _____        E-mail: _____

Comentários do palestrante: _____
_____
_____
```

Observações quanto ao formulário:

. Os campos, telefone comercial e e-mail devem constar do formulário, para que, caso não seja possível responder durante o evento a todas as perguntas levantadas, o palestrante possa contatar as pessoas que ficaram sem resposta a suas dúvidas e respondê-las por telefone ou por meio do correio eletrônico;

. O campo "Comentários do Palestrante" poderá ser utilizado para anotar qualquer observação que julgue necessária, para responder com maior precisão àquela dúvida;

. O campo "Número da Questão" poderá ser útil para que, em eventual sobrecarga de dúvidas na mesa de palestrantes, o mediador ou responsável pela organização da sessão de perguntas e respostas possa prio-rizá-las pela ordem em que cada formulário tenha chegado às suas mãos.

Outro serviço desempenhado por recepcionistas nesses eventos refere-se ao atendimento a todas as necessidades da mesa de palestrantes. Estão incluídos na atendimento: a troca dos equipamentos que apresentarem falha, como microfone, apontador e computador, entre outros; a transmissão de mensagens captadas no celular (uma vez que se deve proibir o uso de telefones celulares enquanto estiverem na mesa ou efetuando uma palestra); o fornecimento de copos de água e o seu reabastecimento; a sinalização quanto ao tempo restante de cada palestra; a preparação do ambiente para cada apresentação (troca de transparências, de equipamentos e de iluminação, entre outros) e qualquer tipo de assistência necessária durante todo o evento.

- Postura – O perfil do recepcionista para eventos, como congressos e convenções, diferencia-se com relação às Feiras, notadamente no que se refere ao nível de expansividade e agressividade na abordagem aos convidados. Enquanto nas Feiras essas duas características são imprescindíveis para atrair o público ao estande, nos eventos retrocitados, como não há a necessidade de atrair o público, recepcionistas com características reservadas e postura discreta, prontas a atender e não a chamar a atenção, são preferidas(os) pelas empresas. A experiência profissional e específica para atuação em eventos desse tipo constitui outro pré-requisito indispensável. Pelas razões citadas percebe-se que deve ser maior o nível de exigência do que no caso de atuação em Feiras.

- Valor – Devido às próprias diferenças de postura e serviços encontrados nos eventos que não Feiras, com relação a estas, o valor do serviço de recepcionista em geral é maior, especialmente quando se tem a necessidade de que sejam bilíngües ou trilíngües para o serviço de tradução e atendimento a palestrantes internacionais. Em relação ao valor estipulado para recepcionistas de Feiras, pode-se considerar um acréscimo de 30% a 50% para outros eventos, dependendo do nível de exigências e de serviços contratados.

– Transporte

Dependendo do tamanho e do número de equipamentos que deverão ser utilizados durante o evento, aconselha-se que seja prevista a contratação de uma empresa de transportes que, além de conferir segurança, evita um trabalho pesado por parte dos funcionários da empresa. As informações necessárias para contratar um serviço de transporte, bem como as precauções necessárias, estão descritas no Capítulo 4 deste livro.

Além do transporte de equipamentos e materiais de apoio ao evento existe a preocupação com o deslocamento dos convidados que se encontram distantes do local do evento, mormente quando há participantes de diferentes localidades. Dependendo do tipo de evento, para que os convidados cheguem todos no mesmo horário ao local, costuma-se alugar um ônibus ou microônibus para o transporte. Se estiver sendo previsto o deslocamento de convidados via transporte aéreo, também será necessária a presença de um ônibus ou outro tipo de condução (dependendo do número deles) para levá-los do aeroporto até o local do evento.

Se houver estrangeiros entre os convidados recomenda-se a permanência, durante todo o percurso, de um guia multilíngüe, que além de recepcioná-los no aeroporto e dirigi-los ao ônibus possa apresentar, durante o trajeto, as mais interessantes paisagens ou pontos turísticos. O guia deverá estar muito bem identificado no saguão do aeroporto, com uma placa de sinalização do evento e, se possível, com os nomes dos convidados.

De qualquer maneira o transporte de convidados deverá ser facilitado ao máximo, pela empresa. Para isso sugere-se a contratação de uma boa agência de viagens.

– Serviço de filmagem e fotografia

Ter o evento e seus principais acontecimentos registrados com fotografias ou mesmo com filmes de vídeo é interesse de toda empresa. Para tanto pode-se solicitar que um colaborador da empresa faça a filmagem e tire as fotos ou, de maneira mais profissional e adequada, contratar uma empresa especializada para realizar essa atividade.

Caso decida por contratar esse tipo de serviço verifique outros semelhantes que a empresa cogitada para realizá-lo já tenha desenvolvido e solicite ver o equipamento que será utilizado no evento. O processo de filmagem deve ocorrer durante todo o evento ininterruptamente e as fotos têm de ser tiradas de acordo com a solicitação do organizador, procurando registrar as presenças e as atividades mais importantes.

O pagamento será feito após a edição do filme e de sua aprovação, de acordo com o número de fotos selecionadas pela empresa.

– Decoração

A decoração do ambiente do evento – composta por arranjos florais, plantas, vasos, quadros, toalhas de mesa e demais peças decorativas – fica, de modo geral, sob a responsabilidade do próprio local onde ele se realiza. Muitas vezes, no entanto, por considerar a qualidade da decoração oferecida abaixo da desejada, por querer imprimir na decoração a marca da empresa ou de seus produtos ou de suas características, ou até pelo não-oferecimento desse tipo de serviço, torna-se necessária a contratação de empresa especializada.

A escolha do tipo de decoração deverá ser feita em função das características do evento, da época do ano e dos ambientes a serem decorados. Para um evento formal a decoração deverá ser sóbria, com tons claros, flores, vasos, quadros e demais peças sofisticadas. Já para um evento descontraído a decoração poderá seguir a mesma linha, com flores coloridas e peças rústicas, por exemplo. As cores escolhidas para a decoração deverão também combinar com as cores estabelecidas para as roupas das recepcionistas, para a logomarca do evento e, obviamente, com as cores do próprio ambiente (paredes, chão, cortinas etc.).

Ao optar por determinado(s) arranjo(s) analise a sua durabilidade em função do tipo de flor escolhido. Se o evento tiver duração, por exemplo, de um dia, opte por arranjos compostos por flores que tenham durabilidade maior, isto é, que não murchem em poucas horas. Atente para as flores que exalam cheiro muito forte, pois poderão causar mal-estar às pessoas. Evite, mesmo em eventos com longa duração, os arranjos artificiais, porque trazem menos conforto e "calor" do que os naturais, além de seu maior custo. Essa opção somente deverá ser utilizada quando o evento ocorrer em mais de três dias ou quando se deseja aproveitar a decoração para outras ocasiões futuras. Mesmo assim deve-se analisar se o custo-benefício vale tal aproveitamento.

Para proceder à contratação desse tipo de serviço vale a mesma regra utilizada para os demais. Comprove a qualidade apresentada pela empresa em decorações anteriores, solicitando fotos ou catálogos que as demonstrem ou até, se possível, verificando pessoalmente alguma decoração de outro evento similar.

No contrato firmado com a prestadora do serviço a quantidade e a descrição dos vasos, de cada peça e de cada arranjo, bem como uma planta com a localização exata desses itens, deverão constar de forma minuciosa. Um contrato aberto, apenas com uma descrição geral da decoração, poderá gerar muita discussão quando de sua execução. No momento da realização do serviço, observe a adequação em relação ao acordado e solicite mudanças quando houver diferença entre ambos.

13º Passo: Elaborar o programa e o conteúdo das palestras

Com base no tema principal do evento defina o programa geral com horários, durações e conteúdos das palestras, das refeições, de shows e de outras atividades que serão desenvolvidas durante todo o período de sua duração.

As empresas divulgam habitualmente os programas a seus convidados para que estes escolham entre temas de sua preferência, atividades de seu interesse e para que organizem melhor seus horários, tornando sua participação no evento mais eficaz e produtiva. Porém, mesmo nos casos em que não seja de interesse da empresa apresentar previamente o programa do evento, para não "estragar a surpresa", é fundamental que este seja elaborado cuidadosamente e que, pelo menos às pessoas envolvidas, seja divulgado nos mínimos pormenores.

Do programa do evento podem constar:

- Dias do evento;
- Horário de início e término;
- Tema principal;
- Horário de início e término de cada palestra e de cada atividade;
- Palestrantes e pequeno histórico profissional de cada um deles;
- Resumo de cada palestra com tópicos-chave;
- Salas ou ambientes onde será apresentada cada atividade ou palestra;
- Sinalização especial ao lado das palestras quando houver tradução simultânea ou outra característica específica;
- Horário e locais das refeições;
- Promoções que serão realizadas durante o evento;
- Informações sobre o transporte dos convidados;
- Atividades paralelas como: passeios, atividades esportivas, excursões, dias livres etc.;
- Valor a ser pago pelo participante, de acordo com o número ou tipo de palestras ou atividades escolhidas, condições e formas de pagamento;

O programa do evento pode ser apresentado, como parte integrante do convite, em um encarte separado, ou mesmo entregue aos convidados somente quando da abertura do evento. Essa decisão dependerá da expectativa que se deseja criar com relação ao conteúdo das palestras e às atividades que serão desenvolvidas durante o evento. Independentemente do momento escolhido e do mecanismo utilizado para sua apresentação, uma vez definido e divulgado o programa ao público, ele deverá ser mantido intacto, respeitando horários e atividades até o final do evento.

Uma questão muito levantada pelas empresas que pretendem organizar eventos com grande número de palestras refere-se à ordem em que estas devem ser apresentadas, considerando os horários mais nobres. Para essa definição existem duas possibilidades:

- Pela característica das palestras – Nesse caso, procura-se adequar o conteúdo de cada palestra a um horário que favoreça a sua apresentação e, ao mesmo tempo, mantenha a harmonia com o restante da programação. Em qualquer tipo de evento onde são realizadas várias palestras há uma separação muito clara entre aquelas com conteúdo extremamente técnico – e que exigem do público atenção e concentração especial – e aquelas em que o nível de descontração e relaxamento se aliam a uma participação ativa do público, com brincadeiras, piadas e tratamentos menos técnicos. A distribuição dessas palestras durante o período do evento deverá ser feita de tal forma que sejam intercaladas as de conteúdo técnico com as de conteúdo mais ameno.

  Como regra geral, a primeira e a última palestra jamais deverão ser técnicas. Os melhores horários para a realização dessas são na metade do período (às10 horas, para eventos com início às 8, por exemplo) ou no término da manhã (antes do almoço), nos casos em que o evento terá seqüência no período da tarde.

  As palestras com conteúdo mais empolgante deverão ser realizadas no final do evento (para garantir a obrigatoriedade de permanência até a última palestra), ou no seu início (para abrir o evento com chave de ouro), ou ainda intercaladas com as de conteúdo técnico, para amenizar o cansaço e a concentração excessiva dos convidados;

- Pela importância do palestrante e da palestra – Nos casos em que há a participação de um ou mais palestrantes renomados em suas áreas de atuação, atenção especial deverá ser tomada na hora de definir o horário de suas apresentações. As palestras mais importantes devem ser apresentadas no final do evento (quando se deseja uma permanência de todos até as últimas palestras), ou na metade do primeiro ou segundo período (por exemplo, penúltima palestra da manhã), quando se tem a garantia de presença da maior parte dos convidados. As palestras mais importantes jamais devem ser apresentadas no começo do programa, sobretudo se tiver início logo pela manhã. Também não é interessante que seja a primeira palestra do período da tarde, logo após o almoço, quando o público costuma estar menos atento pelo efeito de sono;

O conteúdo das palestras – Independentemente da participação apenas de palestrantes de uma mesma empresa ou de empresas diferentes – terá de ser analisado quanto à padronização. Isso significa que as palestras deverão seguir um mesmo padrão visual (qualidade de transparências, padrão de cores etc.), ter um tempo de duração similar (sem que haja muita diferença entre a duração de uma em relação às outras) e características que identifiquem sua relação direta e clara com o tema principal do evento. Convém que todas as transparências ou quaisquer outros materiais de apoio às palestras tenham impresso o logotipo oficial do evento (se houver) na mesma posição.

Apesar da obrigatoriedade de manter o mesmo padrão visual, ressalte que isso não significa que todas as palestras devam, necessariamente, se desenvolver no mesmo ritmo, com transparências idênticas na sua forma, mesmas cores de fundo e das letras, mesmo perfil de apresentadores etc. Essa falta de variação pode tornar o evento monótono e aborrecido. É preciso respeitar as características particulares de cada palestrante e de suas respectivas apresentações, cuidando apenas para que seja mantido um mesmo padrão de qualidade.

Recomenda-se dispor a ordem de apresentação das palestras levando também em consideração a forma, isto é, a utilização alternada dos vários recursos disponíveis, como transparências, projetor de *slides*, apresentação de vídeos e outros que permitam uma dinâmica interessante durante todo o evento, tomando-se cuidado, contudo, para que as mudanças de um meio para outro não perturbem ou interrompam o bom andamento dos trabalhos.

Com relação ao tempo de duração das palestras convém que haja um controle a fim de garantir a sua produtividade até o final. Para isso cada uma não deve ultrapassar 45 min, mas o ideal está em torno de 30 min. O tempo de duração mais adequado para uma palestra depende da qualidade da apresentação, do uso de recursos audiovisuais e da versatilidade do apresentador e de sua capacidade de manter o público atento e receptivo às informações fornecidas durante a fala. Um apresentador eficaz é aquele que, em pouco tempo e com poucas palavras, consegue transmitir todas as informações desejadas e gerar no público uma alta motivação para atingir o objetivo traçado. Se ele for suficientemente agradável poderá conseguir estender sua palestra para além dos 45 minutos sugeridos, sem perda da qualidade.

Após a definição dos horários e conteúdos de todas as atividades é preciso preocupar-se com a divulgação e com o treinamento dos profissionais da empresa que, direta ou indiretamente, estarão envolvidos na execução do evento, além daqueles que irão fazer as apresentações.

Para efetuar a divulgação, será necessária uma reunião com os envolvidos. Nela deverão ser apresentados os objetivos do evento, o tema principal, a estratégia definida e principalmente o papel de cada um para o seu sucesso. Como resultado da reunião, além de se ter o comprometimento de todos, deverá ser desenvolvido um cronograma das atividades, com responsabilidades e tempo de execução.

Quanto ao treinamento faça um teste prévio das palestras e atividades que serão desenvolvidas durante todo o período. Não é necessário que as atividades sejam executadas em sua totalidade, mas é recomendável que todas as palestras sejam apresentadas da forma mais real possível para um comitê que irá analisar seus conteúdos, tempo de duração e forma de apresentação. Essa é uma oportunidade para que cada palestrante treine sua apresentação, verificando inclusive o equipamento e o tempo da palestra, tome conhecimento do conteúdo das palestras dos demais e se prepare melhor para o evento. É claro que se o palestrante for uma pessoa habituada a desenvolver apresentações e uma unanimidade no assunto, não será preciso passar por esse teste.

DICAS:

- Na escolha dos temas das palestras opte por aqueles que sejam inovadores e, sobretudo, de total domínio de quem os apresentará. Lembre-se de que outros profissionais experientes no assunto, ou até concorrentes, poderão estar presentes na platéia questionando as colocações feitas durante a apresentação.

- Contar com profissionais da empresa ou de empresas parceiras e de confiança na platéia durante a apresentação pode contribuir para a valorização da palestra, se algumas questões combinadas previamente forem formuladas de maneira correta. Essa técnica dá a possibilidade, inclusive, ao palestrante de expor produtos/serviços da empresa por ter sido indagado ou solicitado por um profissional da platéia.

- Procure identificar antes de a palestra ter início os profissionais da platéia que poderão tentar prejudicar a empresa e seu palestrante. Como já foi visto alguns concorrentes poderão colocar profissionais na platéia já predispostos a questionar as colocações e afirmações do palestrante, tentando desacreditá-lo em público. É possível contornar essa situação sabendo-se, de antemão, quem são eles, onde estão na sala e quais os possíveis argumentos que poderão levantar. Além disso, ao ser feita a observação maléfica, respondê-la com muita calma, respeito e firmeza e, se possível, ao final da resposta lançar uma dica ao público de que se trata de uma observação da concorrência. Dessa forma toda a credibilidade da crítica ficará prejudicada. Se a crítica vier da parte de algum cliente insatisfeito o palestrante deverá apressar-se em respondê-la, solicitando ao cliente que o procure após a palestra por se tratar de um assunto bastante complexo e específico e que, infelizmente, o tempo é curto para atendê-lo como merecido durante a palestra.

14º Passo: Elaborar e enviar convites

A grande diferença entre efetuar um convite para uma Feira e para outro tipo de evento está no fato de que, no primeiro caso, o convite é normalmente padrão, elaborado pela organizadora oficial da Feira e, mesmo quando a empresa decide por criar um convite personalizado, ele deverá ser entregue junto com o padrão, uma vez que o ingresso normalmente é válido somente com este. O convite personalizado passa a desempenhar, então, um papel quase que secundário na percepção do convidado, como se fosse um meio para se ter o principal.

Já quando se tratar de um convite para um evento exclusivo da empresa seu papel passa a ser muito mais do que um complemento e se transforma em um dos principais elementos para garantir a presença do convidado no evento. Dessa forma a criatividade e a eficiência na elaboração do convite deve merecer a devida atenção.

Pensando nisso não improvise ou economize com a criação do convite. É importante procurar para essa finalidade uma agência de propaganda que, além de cuidar da divulgação do evento e dos materiais de apoio e brindes, desenvolva um convite tão atraente que por si só crie, no cliente, grande expectativa em relação ao evento. Existem inúmeras técnicas que geram motivação, nas quais as agências se baseiam e sua empresa deve confiar para garantir um nível de presença satisfatório.

O formato do convite pode variar desde o mais simples, desenvolvido em papel A4, folha normal, texto padrão, até a mais inusitada idéia, ficando a criatividade ao inteiro dispor da agência. As duas opções podem ser eficazes desde que o conjunto da chamada, texto e imagens seja objetivo e convincente, de acordo com o público-alvo e a estratégia do evento. Um exemplo de convite "diferente" foi um que a autora recebeu envolvido por uma garrafa, imitando uma mensagem vinda do mar... Um convite desses terá, certamente, maior incidência de leitura por parte do público-alvo que o receber. Mas tenha cuidado para que a criatividade não resvale no mau gosto.

O convite, independentemente da forma escolhida, deve conter as seguintes informações básicas:
- data e horário do evento;
- local do evento (se for de difícil acesso, anexe um mapa explicativo ou uma referência de conhecimento público);
- tema do evento ou perfil dele;
- logotipo da empresa e, se necessário, rápido descritivo de suas atividades;
- conteúdo programático (optativo);
- principais tópicos tratados no evento (caso não esteja colocando o programa);
- telefone para confirmação da presença (RSVP);
- se a apresentação do convite for obrigatória para o ingresso no evento, essa informação deverá estar impressa;

- caso se trate de convite pessoal e intransferível, essa informação deverá ser incluída.

Com relação ao envio do convite seguem algumas dicas para obter sucesso:

DICAS:

- O convite deve estar nas mãos do convidado com no mínimo quatro dias de antecedência ao evento. Isso significa enviá-lo de seis a oito dias da data do evento, caso seja na mesma cidade. Se, ao contar os quatro dias antes da data, for verificado que cai em um final de semana ou feriado, deve-se enviá-lo ainda antes, para que o recebimento não ocorra no sábado, domingo ou feriado, restando nesses casos apenas de dois a três dias para o evento.
- O convite deve ser pessoal, constando nome completo (nome e sobrenome) e cargo do convidado. Evite ao máximo enviar convites em nome da empresa e apenas citando o cargo do convidado. Caso você não tenha essa informação completa faça um telemarketing ativo para obter todos os dados. Aliás, esse telemarketing deve ser realizado para checar as informações que constam como completas em seu cadastro. Lembre-se de que a rotatividade de profissionais das empresas é elevada e muitas vezes o nome do convidado está desatualizado no cadastro. Os dados no envelope devem ser todos digitados, jamais recorrendo ao preenchimento manual.
- Esteja preparado para receber ligações de confirmação de presença ou para dirimir qualquer dúvida. Para isso mantenha, de acordo com o porte do evento, um número adequado de pontos de atendimento responsáveis e treinados para atender eficaz e diretamente a qualquer dúvida ou necessidade do convidado, desde o envio de maior número de convites até a indicação da melhor forma para chegar ao local.
- Com dois a quatro dias de antecedência ao evento, dependendo do seu porte, realize um telemarketing ativo com os convidados que ainda não confirmaram suas presenças, para verificar se todos receberam o convite e se há alguma dúvida com relação a ele. Pergunte se a empresa poderá contar com sua especial presença e com quantas pessoas mais. Essa atividade é imprescindível mesmo quando se reserva uma central de atendimento para receber chamadas de confirmação, por meio do número de telefone divulgado no convite, uma vez que, além de muitas pessoas, apesar de interessadas no evento, esquecerem de confirmar, é possível ter ocorrido um problema no envio do convite. As informações coletadas no telemarketing ativo devem ser anotadas, para que, somadas ao número de confirmações via telemarketing passivo, se tenha um dia antes do evento a previsão do número de pessoas que estarão presentes no dia.

> - Apesar de as estatísticas variarem muito – dependendo de diversos aspectos como: o público convidado, a escolha do tema, a eficiência do convite e das ações de confirmação –, pode-se estimar que do número previsto inicialmente e obtido pelas confirmações deve-se manter uma margem de pelo menos 20% de desistências. Esse número será a base para o cálculo do valor do bufê, do serviço de manobrista e outros que requeiram uma estimativa de presença.
> - Como a taxa de presença em eventos pode variar, tenha muito cuidado na hora de preparar o *mailing* de convidados, para que não haja excesso ou escassez de convidados no evento.
> - Não esqueça de enviar convites para a imprensa, caso seja de seu interesse a presença de jornalistas para a cobertura do evento.

A seguir é dado um exemplo de convite para um *roadshow* enviado pela empresa Ingram Micro a seus clientes, no qual é possível verificar a atenção dada a todos os itens que devem constar de um "convite" eficaz: beleza da apresentação, conteúdo completo e, principalmente, atrações destacadas e que nos motivam a participar.

Convite Ingram Micro Business Show

15º Passo: Desenvolver material promocional

Além dos folhetos institucionais e de produtos/serviços da empresa existem inúmeras possibilidades de materiais promocionais que poderão servir de apoio às palestras e ao próprio evento. É importante salientar que, independentemente dos materiais escolhidos, todos eles deverão seguir um padrão visual de acordo com o tema do evento. Assim, tem-se uma visualização constante e marcante do tema, onde quer que o convidado esteja, ou em relação a qualquer atividade desenvolvida. Aconselha-se que esse padrão seja criado por uma agência de propaganda.

A seguir serão apresentados alguns dos materiais promocionais e de sinalização comumente utilizados em convenções de vendas, congressos e outros tipos de evento.

- Crachá – Deve ser utilizado sempre que possível, independentemente do tipo do evento. Essa regra vale principalmente quando se tem um público diversificado, com profissionais ou pessoas de várias empresas que ainda não se conhecem. Além de possibilitar à empresa identificar mais rapidamente cada convidado, facilita a integração geral do grupo.

Obtidos por meio das confirmações os nomes e as empresas que estarão presentes, será possível ter com antecedência os crachás prontos. Esses dados podem ser obtidos da ação do telemarketing ativo e receptivo, como já visto. Mas para que não haja nenhum problema na hora dois cuidados podem ser tomados: primeiramente podem-se produzir crachás não somente para os confirmados, mas sim para todos os convidados do *mailing list*. Dessa forma, se algum convidado resolver aparecer de última hora, a empresa estará prevenida. Em segundo lugar pode-se manter no local do evento uma minissecretaria, na qual poderão ser elaborados crachás prontamente para as presenças fora da lista de confirmados. Nesses casos, além de produzir o crachá, anote em uma lista separada os nomes e as empresas desses crachás elaborados na hora, para ter a relação completa dos presentes.

Os crachás deverão conter as seguintes informações:
. Nome completo ou abreviado (nome e sobrenome) do convidado; se for o caso, como ele é mais conhecido;
. Empresa;
. Cargo (optativo, caso seja interesse para o evento);
. Cidade, Estado ou país (optativo, caso tenha interesse em identificá-los por região).

- Tarjeta de mala – Quando o evento for realizado em outra cidade, Estado ou país e a empresa for a responsável pelo transporte dos convidados, providen-

cie tarjetas para identificação das malas em todo o percurso até o hotel. Além de multiplicar a imagem do evento, uma vez que poderão ser centenas de malas identificadas com o padrão visual, facilita aos organizadores a identificação em aeroportos e no próprio hotel, quando deverá ser feita a distribuição de quartos. Da tarjeta deverão constar as seguintes informações:
. Nome completo;
. Empresa;
. Cidade, Estado ou país;
. Apartamento ocupado no hotel (se houver hospedagem);
. Endereço residencial ou da empresa, para caso de extravio da mala.

Se envolver transporte aéreo podem ser utilizadas fitas coloridas que, colocadas nas alças das malas, agilizam a identificação para retirada delas nas esteiras dos aeroportos.

- Identificação nas mesas do evento – Se a empresa pretende fixar os participantes em lugares predeterminados nas mesas durante todo o evento, pode-se elaborar um pequeno display para que cada convidado encontre facilmente seu lugar. Essa identificação pode ser feita também para outros ambientes do evento, como na mesa das refeições, na porta dos quartos e em outros locais. Para essa identificação, basta o nome do convidado. Se a empresa tiver interesse em promover uma integração dos participantes durante as palestras e as refeições poderá utilizar a sinalização para desenvolver um rodízio de lugares, a cada intervalo ou refeição, para que as pessoas se conheçam melhor.

- Kit palestra – Durante as palestras convém que o convidado possa realizar anotações de seu interesse para levar para casa. Nesses casos pode-se preparar um kit completo e distribuí-lo na recepção, na entrada do evento, nos quartos, ou posicioná-lo nas mesas da sala. Desse kit devem constar: uma pasta, um bloco de anotações, uma caneta, uma cópia das palestras (caso seja de interesse), formulários para elaborar perguntas escritas aos palestrantes, folhetos de produtos, ou mesmo institucionais, e o cartão de visitas dos palestrantes ou do responsável pela área comercial da empresa. Um kit mais completo poderia, ainda, conter itens como: escova e pasta de dente, nos casos em que o evento tenha duração de um ou mais dias, incluindo refeições, cartão telefônico, para ligações nacionais ou internacionais, livro cujo tema se assemelhe ao do evento permitindo ao convidado aprofundar-se mais no assunto, e brindes ou amostras de produtos da empresa, entre outros.

Todos os itens do kit levarão, obviamente, a logomarca da empresa e/ou do tema do evento.

- Menu – Se durante o evento forem servidas refeições com o menu previamente definido, pode-se apresentá-lo em um pequeno display no centro de cada mesa. Além de informar aos convidados o menu do dia ou daquela refeição, tem-se maior visibilidade do tema do evento, uma vez que o display estará seguindo o mesmo padrão visual de todos os materiais de sinalização do evento e poderá ser trocado a cada refeição ou mantido do início ao final com a descrição de todas as refeições que serão servidas.

- Sinalização interna do local – Existem várias opções para se ter uma boa sinalização em todos os ambientes do evento, seja na entrada do hotel, nas salas de conferência, nos corredores dos apartamentos, nos refeitórios, nas áreas externas do hotel, como áreas de lazer etc. Mantenha o padrão visual em todas as peças e procure caracterizar todo o local do evento, mas sem exageros. Podem ser utilizados, para essa finalidade, *banners*, cartazes, móbiles, placas, faixas (inclusive é imprescindível uma faixa de boas vindas), displays, balões, carros decorados e muito mais, sem, entretanto, resvalar no mau gosto.

- Brindes – Qualquer que seja a ocasião ou o tipo de evento, os convidados sempre esperam receber da empresa brindes criativos e úteis. Existem aqueles que são utilizados durante o próprio evento, como camisetas e bonés com a logomarca do evento ou porta-cartões para troca de cartões de visita com os demais participantes. Mas também pode-se pensar em brindes que os convidados irão levar para casa e utilizá-los fora do ambiente de trabalho, como toalhas, chaveiros etc. A escolha do brinde tem de ser adequada ao tema e às características do evento. Se, por exemplo, o evento ocorrer no verão, em um hotel no litoral, não combina dar como brinde um moletom bem quentinho. Algumas sugestões de brindes são apresentadas no Capítulo 4 deste livro e podem ser aproveitadas para eventos em geral.

16º Passo: Definir promoções e atrações

Como os eventos normalmente são cansativos e prolongados, mas têm por objetivo quebrar a rotina do comportamento empresarial, bem como integrar socialmente os participantes, além da parte técnica e formal qualquer um deles deve prever momentos de descontração. Esses momentos podem ocorrer por meio de promoções, de uma atração musical ou de um show, ou ainda de atividades esportivas e gincanas com os participantes.

– Promoções

Com relação às promoções somente deverão ser realizadas caso o prêmio seja realmente interessante e atrativo. As mesmas técnicas promocionais definidas para Feiras (no Capítulo 4) poderão ser utilizadas para os demais tipos de eventos. A principal diferença está no fato de que, por se tratar de um evento mais selecionado e direcionado ao público-alvo da empresa, os eventos, que não Feiras, possibilitam o oferecimento de prêmios mais sofisticados e relacionados ao perfil dos convidados presentes e até ao tema do evento. Se for tomado o exemplo já citado, do tema "Copa do Mundo", uma promoção poderia ser o sorteio de uma viagem, com direito a acompanhante, para assistir à próxima Copa.

As promoções poderão ser realizadas durante as próprias palestras ou no início ou final do evento, ou ainda apenas anunciadas durante o evento, para que ocorram após o seu término.

Se a empresa tiver disponível apenas um prêmio (ou promoção) para ser distribuído (ou anunciada) durante o evento, poderá fazê-lo no início ou no final do evento, dependendo da expectativa que se pretende gerar. Caso ela tenha vários prêmios a oferecer, dependendo de ações desenvolvidas em cada palestra ou atividade, poderá anunciar e executar a promoção durante estas. Nesse caso, ao final de cada palestra ou atividade, o palestrante organiza e coordena a execução da promoção.

Existem ainda eventos em que se pretende apenas anunciar uma promoção que terá início a partir do dia seguinte ao término do evento. Nesses casos deve-se optar por apresentá-la apenas no último dia do evento, para não atrapalhar o seu andamento.

– Atrações

É possível e desejável usar criatividade na contratação de grupos de teatro, shows ou mesmo grupos musicais que realizem uma atração direcionada às características peculiares dos convidados e caracterizada pelo padrão e pelo tema do evento. Shows que incentivem a interação com o público são ainda mais divertidos e garantem o sucesso da atração. Algumas opções de atrações são apresentadas no Capítulo 4 deste livro.

– Atividades Esportivas e Gincanas

Principalmente nos eventos em que há a participação da família do convidado ou mesmo quando se pretende a integração do grupo, recomenda-se a realização de jogos e atividades lúdicas durante o evento. Alguns exemplos são dados a seguir:

- Campeonato de futebol e de vôlei. Organizar campeonatos entre os participantes promove a integração e exercita o espírito competitivo. Pode ser empregado quando se deseja aumentar a motivação de uma equipe de vendas ou promover a disputa entre duas equipes da mesma área. Ao escolher o tipo de esporte deve-se pensar em ambos os sexos, dando assim opção também para as mulheres;

- Caça-ao-tesouro. Esse tipo de atividade é interessante quando se deseja unir pessoas de diferentes áreas ou características, principalmente quando são desconhecidas umas das outras, para garantir a integração e o conhecimento geral do grupo. Pode também ser utilizada quando se pretende trabalhar o espírito de cooperação, de esforço em equipe e de determinação para alcançar um mesmo objetivo;
- Ioga, caminhadas, sessões de relaxamento – Atividades que exercitem a concentração e que relaxem os participantes ajudam no melhor aproveitamento e na maior produtividade do evento, especialmente quando este é formado por palestras e atividades muito técnicas.

17º Passo: Definir mecanismos para a divulgação do evento

Em passo anterior, relativo ao envio de convites, foram apresentadas recomendações e sugestões para se elaborar e enviar convites eficazmente, garantindo bom nível de participação dos convidados. Pode ocorrer que o público-alvo de um evento seja suficientemente abrangente para que não seja de interesse da empresa limitar-se ao convite pessoal e individual. Caso haja a possibilidade dessa maior abrangência, as empresas devem recorrer a outros meios de divulgação como: na mídia impressa e televisiva, no rádio, em outdoors e dentro de instituições, clubes e associações.

Quando se recorre à divulgação aberta do evento os cuidados com atendimento a confirmações de presenças e a soluções de dúvidas, cálculo do número de presenças e a conseqüente reserva de salas, de serviço de bufê, manobrista, confecção de crachás, dentre outros, devem ser redobrados. Por mais que se utilizem mídias direcionadas ao público-alvo desejado poderão ocorrer situações não desejadas pela empresa, como a presença de convidados que, apesar de não fazerem parte do *target* previsto, entraram em contato com a divulgação e se interessaram apenas pela participação gratuita de um jantar, almoço, coquetel ou show. Além disso será muito mais complicado conseguir estimar o número de participantes, uma vez que dificilmente os interessados irão confirmar suas presenças pelo telefone divulgado na mídia, a não ser que se anuncie um limite de vagas; e o trabalho de marketing ativo com esse público se tornará tarefa praticamente impossível se a empresa não contar com o banco de dados da mídia escolhida para a divulgação.

A maioria das empresas utiliza-se habitualmente de divulgação aberta quando a participação no evento é cobrada do convidado e, portanto, requer maior exposição no mercado. Nesses casos o conteúdo programático, a apresentação dos palestrantes, as atividades programadas e principalmente o objetivo geral do evento são fatores essenciais para a decisão ou não de participação dos convidados. Essas informações – além da data, horário e local, da forma e condições de pagamento e do público-alvo do evento, entre outras – deverão constar da divulgação e do material de apresentação do evento.

Os eventos em que é cobrada a participação permitem que seja calculado, quase com total precisão, o número de presenças, já que a sua confirmação se dá mediante comprovante de pagamento.

Para que o convidado efetue essa confirmação e, conseqüentemente, o pagamento da participação no evento, algumas alternativas deverão ser dadas, entre elas:

– Pagamento à vista, com desconto

É conveniente para a empresa oferecer ao público a opção de pagamento à vista, com desconto, uma vez que ela garante a confirmação com bastante antecedência ao evento, facilitando todo seu trabalho operacional, permitindo que seja avaliado o retorno inicial da divulgação e aumentando ou diminuindo os esforços para atrair o público de acordo com esses resultados iniciais.

Nessa alternativa a empresa estipula uma data-limite para que o convidado possa efetuar o pagamento com o desconto anunciado. É possível oferecer taxas diferenciadas de desconto para cada data-limite definida pela empresa, decrescendo à medida que se aproxima do evento.

– Pagamento parcelado

Nesse caso o convidado paga a primeira parcela antecipadamente, o que lhe garante a confirmação e a reserva da vaga, e deixa para pagar as demais mais perto da data do evento. Lembre-se de que mesmo quando a empresa oferece o pagamento parcelado, todas as parcelas deverão ser pagas antes da data do evento.

Independentemente das condições de pagamento poderão ser dadas ao participante opções quanto à forma em que deverá ser pago o valor como: boleto bancário, depósito em conta corrente com envio do comprovante de pagamento, cheque pago diretamente no escritório da empresa e cartão de crédito.

Os eventos organizados pela empresa devem ser divulgados, além de externamente para o mercado, internamente para a empresa. Essa divulgação garantirá a manutenção de uma comunicação aberta entre os departamentos e, se bem executada, a cooperação dos envolvidos na sua organização.

Para efetuar a divulgação interna pode partir para o desenvolvimento de material específico ou utilizar mecanismos de divulgação internos já existentes na empresa como: murais, comunicados internos, jornais.

18º Passo: Contratar assessoria de imprensa

O trabalho de assessoria de imprensa para eventos que não Feiras tem basicamente duas finalidades: primeiro divulgar, em mídia impressa, televisiva, de rádio e outras, o evento, garantindo maior visibilidade na imprensa e, segundo, convidar e garantir que jornalistas representantes dos principais veículos participem do evento.

As regras de preparação de *press release* e de um bom trabalho de assessoria de imprensa são as mesmas descritas no Capítulo 4, que trata da organização de Feiras.

Com relação ao convite à imprensa para participar do evento, a grande diferença entre as Feiras e os demais tipos de eventos é que, no primeiro caso, a imprensa já se encontra no local onde se realiza o evento – o pavilhão de exposições – predisposta a gerar matérias sobre as empresas expositoras e com pautas em aberto para tanto, enquanto, quando se convida a imprensa para outro tipo de evento, deve-se envidar maiores esforços para convencê-la a participar do evento e abrir espaço nos jornais ou meios de comunicação. Para isso, tanto o *press release* quanto o convite devem receber especial atenção da agência responsável por sua criação. Quando o evento ocorre fora do país ou da cidade onde reside o jornalista de interesse da empresa, devem-se prever todos os recursos, físicos ou financeiros, para que este possa se locomover até o local do evento sem nenhuma preocupação ou gasto pessoal. Um brinde ou uma promoção especial para os jornalistas pode também ser considerado, assim como um kit imprensa que lhes forneça todo o material necessário para desenvolverem suas matérias durante o evento.

Apesar de se conseguir uma boa visibilidade na imprensa quando se convidam jornalistas para cobrir o evento, deve-se pensar muito antes de partir para essa ação. Dependendo do tipo de evento não é interessante ter a presença de jornalistas, especialmente quando seu objetivo é discutir problemas e outros assuntos internos com clientes e parceiros. Nessas ocasiões "muita roupa suja poderá ser lavada" e não interessa à empresa que a situação seja presenciada por jornalistas. Portanto, antes de decidir convidar a imprensa para participar de um evento, verifique se nada poderá vir a prejudicar a imagem da empresa e de seus produtos, se o que for tratado no evento vier a ser divulgado nos principais meios de comunicação.

Quando se convida a imprensa para um evento que não seja Feira deve-se atentar para os melhores horários para recebê-los, uma vez que suas pautas geralmente são abarrotadas de entrevistas e visitas, tornando seus dias muito corridos. O melhor horário do dia para conseguir presença maior da imprensa concentra-se entre 10 e 15 horas. Após esse horário os jornalistas ficam na redação para finalizar suas pautas e, como acabam ficando até tarde trabalhando, é quase impossível conseguir suas presenças antes das 10 horas.

19º Passo: Preparar o sistema de cadastro de visitantes

Nos casos em que os convites foram enviados para um público-alvo definido e selecionado pela empresa a própria listagem das confirmações, inicialmente, e a relação das presenças durante o evento serão utilizadas como registro de cadastro de visitantes.

Se o evento tiver a participação de empresas ou pessoas sobre as quais não se tenham informações completas para inserção no banco de dados ou cadastro de clientes, consiga esses dados por meio de uma ficha cadastral preenchida pelos convidados no momento do evento ou pelo uso do livro de presenças. Da mesma forma que para o caso de Feiras, a ficha poderá ser preenchida manualmente, mediante coleta de cartões de visita ou mesmo eletronicamente, sendo que a terceira opção torna o sistema mais rápido e seguro. Os três modelos são apresentados no Capítulo 4 e podem ser utilizados para qualquer tipo de evento em que haja essa necessidade.

Para conseguir os dados mais facilmente é possível recorrer a várias opções de promoções, na quais a participação do convidado está diretamente condicionada ao preenchimento de uma ficha cadastral ou à entrega do cartão de visita. Lembre-se de que, nesse caso, é possível que não se obtenha informações sobre todos os participantes, uma vez que nem todos são atraídos por esse tipo de ação.

20º Passo: Verificar o investimento total previsto para o evento

Assim como nas Feiras, após a definição de todas as atividades do evento, elabore um novo orçamento, também estimado, porém agora mais esmiuçado e preciso, comparando-o com o preestabelecido pela empresa. Proceda então a eventuais ajustes, caso haja uma diferença muito grande entre os dois.

21º Passo: Preparar formulários de controle

Para acompanhar a implementação do evento, verificando se tudo o que foi planejado está saindo a contento, nos prazos definidos e conforme o estabelecido ou acordado, é preciso, ainda na fase de planejamento, elaborar formulários de controle antes do início do evento, utilizados durante sua realização, para controle de sua implementação e considerados, após o seu término, para avaliação dos resultados atingidos.

22º Passo: Preparar formulários e questionários de avaliação

Para facilitar a avaliação dos resultados dos eventos procure dispor de formulários e questionários preparados para essa finalidade. Como alguns dos questionários de avaliação deverão ser preenchidos ainda durante o evento, seja pelos convidados seja pelos funcionários da empresa, ou mesmo pelo próprio organizador e sua equipe, eles deverão estar prontos antes do seu início, fazendo parte, portanto, dos passos de planejamento.

PARTE III

ATIVIDADES DE IMPLEMENTAÇÃO, CONTROLE E AVALIAÇÃO NA ORGANIZAÇÃO DE EVENTOS

À medida que se aproximam as datas aprazadas para a realização dos eventos, as atividades do responsável pela organização deles, bem como as dos demais envolvidos, intensificam-se.

Um bom planejamento é muito importante, pois dará certamente maior segurança ao organizador, além de facilitar suas tarefas subseqüentes, mas não é tudo. Falta ainda o principal, isto é, a implementação do planejado, além do controle das atividades e da avaliação dos resultados.

No Capítulo 6 são discutidas as providências e atividades que normalmente acontecem nas semanas que antecedem o decorrer dos eventos e o final deles.

Como foi exposto nos capítulos anteriores o investimento da empresa, que não é pequeno, somente terá sentido se os objetivos definidos *a priori* para cada um dos eventos forem alcançados.

Torna-se necessário, portanto, dispor de bases objetivas para afirmar se determinado evento atingiu ou não os objetivos propostos. Esse assunto, para o qual nem sempre tem sido dada a relativa importância, constitui o tema tratado no Capítulo 7.

CAPÍTULO 6

A ATUAÇÃO DIRETA DO ORGANIZADOR NAS FEIRAS E NOS DEMAIS TIPOS DE EVENTOS

Supondo que as providências tomadas durante o período de planejamento – de acordo com os passos descritos nos Capítulos 4 e 5 – tenham garantido de forma satisfatória a preparação de cada evento, a atuação do organizador nos dias que os antecedem, no decorrer e por ocasião de seus encerramentos consistirá basicamente em acompanhar e controlar o que está sendo implementado.

Não se trata de tarefa fácil, pois ela irá demandar muito do profissional responsável em termos de tempo, vigor e paciência. Ele deverá durante todo o tempo verificar se tudo o que foi planejado está ocorrendo, de fato, a contento, conforme o combinado ou contratado. Além de supervisionar o trabalho de muitas pessoas – da empresa e contratadas –, cabe a ele encontrar soluções rápidas e eficientes para problemas e outros imprevistos em geral que acabam ocorrendo em todo e qualquer evento, por melhor que tenha sido feito o planejamento e por mais experientes que sejam o profissional e os seus auxiliares.

O organizador assume, nessa ocasião, um papel central e de extrema responsabilidade, trabalhando tanto nos bastidores como à frente do evento. Por esse motivo espera-se que ele esteja sempre presente, disponível, ativo, prestativo e apresentável. Ele representa, na ocasião, a totalidade da empresa.

Como se pode deduzir, a responsabilidade do organizador é muito grande e transcende o próprio evento. A fim de fornecer subsídios que o auxiliem nessa intensa e árdua tarefa, neste capítulo serão tratados os seguintes tópicos:

- Apresentação pessoal e postura a ser adotada pelo organizador;
- O que o organizador deverá providenciar, verificar e controlar;
- O que levar para a Feira ou qualquer outro tipo de evento.

A. Apresentação pessoal e postura a ser adotada pelo organizador

Como foi visto acima o organizador do evento é, durante sua realização, o principal responsável pela imagem da empresa. Como cartão de visita dela ele deverá ter uma apresentação pessoal impecável e que, ao mesmo tempo, se reflita nas características da empresa que representa. Apesar do trabalho árduo que estará executando, deverá manter durante todo o transcorrer do evento postura adequada ao seu papel.

O seu modo de trajar é fundamental, não somente para a boa imagem da empresa, como também para sua própria imagem como profissional.

Se a opção de vestimenta para a totalidade dos funcionários da empresa que irão trabalhar no evento tiver sido a de "vestirem a camisa", usando, portanto, uniformes com estilo esportivo, arrojado e moderno, a mesma regra deverá ser seguida pelo organizador. Se a opção, tiver sido a de uma vestimenta formal (terno e gravata para homens e *tailleur*, para mulheres), porém de acordo com a escolha pessoal de cada um, ele deverá caprichar na escolha da roupa, nem que para isso seja necessário um pequeno investimento em lojas.

Como no decorrer do evento ele certamente estará assoberbado com as tarefas relativas ao mesmo, é aconselhável que, uma ou duas semanas antes do seu início, separe as roupas que pretende usar a cada dia. Após selecioná-las, verificar seu estado, incluindo-se: os botões, a cintura (sobretudo se já fizer algum tempo que não é usada), a barra, a gola (se está limpa e em ordem) etc. O mesmo terá de ser feito com relação aos acessórios necessários para complementar a vestimenta como: cintos, sapatos, meias, lenços, bijuterias etc. Mesmo com a previsão de dias quentes, separe uma malha ou um casaco para o caso em que o tempo venha a mudar.

Ao escolher as roupas o organizador deverá evitar os exageros como brilhos, muitas jóias ou bijuterias, saltos muito altos, cores exageradamente fortes etc. A melhor opção é um terno ou *tailleur* discreto e um pouco de cor nos complementos.

Além dos trajes é óbvio que os cuidados pessoais são também importantes. Cabelos, unhas, barba, tudo deverá estar bem cuidado. O excesso de trabalho e o cansaço não justificariam qualquer tipo de desleixo.

No que se refere à postura a ser adotada, dependendo da situação e de com quem estiver lidando, ele deverá atuar de maneira diferenciada, ser paciente e atencioso com os clientes, firme e rigoroso com os contratados e funcionários da empresa no cumprimento de seus deveres e prestativo para com seu chefe ou superiores. Em nenhuma circunstância deverá se apresentar carrancudo ou mal-humorado.

A postura que o organizador irá adotar terá de condizer com seu nível de responsabilidade pela condução e pelo sucesso do evento. É importante que ele se projete, mas com discrição, e que adote uma postura de seriedade e profissionalismo. Para conseguir essa projeção procure permanecer o maior tempo possível próximo a diretores e gerentes da empresa, levantando opiniões e sugestões do que poderia ser feito para melhorar a participação e alimentando-os com boas novidades, curiosidades e informações úteis e positivas com relação ao evento. Além disso permaneça boa parte do tempo acompanhando o andamento de todas as atividades que estiverem sendo desenvolvidas durante o evento, auxiliando tanto sua equipe na condução destas, como os próprios convidados em suas eventuais necessidades.

B. O que o organizador deverá providenciar, verificar e controlar

Na semana que antecede o evento, naquela em que ele se realiza e na que o sucede o organizador atuará ativamente exercendo uma série de atividades de coordenação e supervisão.

Assim como os passos para a organização de Feiras diferem dos de outros tipos de eventos, o mesmo ocorre com relação às atividades a fazer pouco antes, durante e depois de cada um deles. Assim optou-se por apresentá-las separadamente para o caso de Feiras e para o de outros tipos de eventos.

1 – Relação de atividades do organizador antes, durante e após uma Feira

1.1 – Atividades do organizador antes do início da Feira

As atividades que deverão ser desenvolvidas pelo organizador antes de uma Feira são:

- Acompanhamento do trabalho da montadora;
- Acompanhamento, entrega e instalação de todos os equipamentos e materiais do estande;
- Verificação da instalação das linhas telefônicas;
- Retirada dos crachás de expositor;
- Verificação dos serviços contratados;
- Verificação do sistema de cadastro.

A seguir será explicada cada uma delas.

- Acompanhamento do trabalho da montadora – O organizador deverá acompanhar de perto toda a montagem do estande. Caso não seja possível a sua permanência todo o tempo, solicitar a outra pessoa da empresa que reveze tal tarefa com ele. A sua ausência no processo de montagem poderá resultar em uma acomodação dos funcionários da montadora, podendo estes passar a dar preferência ao trabalho em outros estandes contratados, onde o responsável está "em cima", cobrando o resultado final. O organizador terá de controlar de forma discreta e sem perturbar o trabalho que está sendo executado.

É importante que o organizador fique em contato direto com o responsável pela montadora, por meio de bip, celular ou outro meio de comunicação disponibilizado por ela. Se alguma coisa não estiver saindo como o combinado ou o desejado é preciso encontrar rapidamente o responsável para solucionar de imediato a situação.

Após a finalização da montagem o organizador precisará inspecionar o estande e verificar, com a planta em mãos, todos os pontos acordados como: o ar-condicionado, o número de cadeiras e banquetas, os pontos de eletricidade, a área de estoque.

- Acompanhamento, entrega e instalação de todos os equipamentos e materiais do estande – Deverá ser verificado o bom funcionamento dos equipamentos transportados e se a totalidade do material relacionado chegou. Quando tudo estiver dentro do estande desempacotar as caixas e se informar sobre o local onde poderão ser armazenadas até o último dia da Feira, quando serão reutilizadas. Muitas vezes a própria transportadora fica responsável pelo armazenamento.

Para proceder ao acompanhamento da entrega dos equipamentos e materiais do estande providencie e tenha em mãos uma relação deles contendo as seguintes informações: quantidade transportada, origem, local de entrega, número da nota fiscal (caso seja necessário) e seguro. Essa relação é exemplificada pelo formulário a seguir:

Modelo de Relação de Equipamentos

Item	Quantidade	Origem		Local de Entrega	Nota Fiscal		Nº	Seguro	
		Empréstimo	Próprio		Sim	Não		Sim	Não
Monitor									
Teclado									
Winchester									
Impressora									
Estabilizador									
Caixa de som									
Retroprojetor									
Projetor de slides									
Canhão									
Datashow									
Videocassete									

(Continua)

(Continuação)

Caixa fechada de folhetos								
Caixa fechada de cartazes								
Caixa fechada de displays								
Caixa fechada de brindes								
Quadros e painéis								
Caixa de produtos 1								
Caixa de produtos 2								
Caixa de produtos 3								

Após o desempacotamento dá-se início à instalação dos equipamentos e à decoração do estande, com os *banners*, faixas, cartazes, folhetos etc.

• Verificação da instalação das linhas telefônicas – Caso as linhas solicitadas não tenham sido ainda instalada(s) verifique com a operadora – que mantém sempre um estande dentro do pavilhão de exposições – o motivo da não-instalação. Após a instalação checar o seu bom funcionamento, novamente recorrendo à operadora caso sejam constatados problemas nos aparelhos ou nas linhas.

• Retirada dos crachás de expositor – A maioria das organizadoras oficiais de Feiras remetem, via correio, os crachás de expositores solicitados pela empresa. É possível que elas reservem o dia anterior ao início da Feira para efetuar a entrega diretamente no pavilhão de exposições. Se esse for o caso o organizador deverá se dirigir ao local indicado no Manual do Expositor para retirá-los. Havendo necessidade de um número maior de crachás do que o previsto inicialmente ele deverá aproveitar este momento para solicitar novas quantidades. Caso a empresa vá participar de congressos paralelos à Feira lembre-se de retirar os crachás especiais de palestrantes.

• Verificação dos serviços contratados – Tanto os funcionários contratados para a segurança como aqueles para a limpeza do estande deverão começar a trabalhar desde a véspera do início da Feira, uma vez que os equipamentos e o material de exposição pernoitarão lá e o estande deverá estar impecavelmente limpo no início da Feira.

• Verificação do sistema de cadastro – Caso tenha optado pelo sistema eletrônico para cadastramento dos visitantes à Feira, é preciso verificar o bom funcionamento do computador destinado a essa finalidade, bem como do programa em que serão feitas as inserções.

1.2 – Atividades do organizador durante a realização da Feira

Cabe ao organizador:

- Controle do horário de chegada e saída de todos os funcionários do estande;
- Controle do trabalho dos funcionários da empresa responsáveis pelas demonstrações e apresentações em auditório;
- Controle do trabalho dos(as) recepcionistas;
- Controle do tempo de permanência nas salas de reunião;
- Controle de utilização dos telefones;
- Controle do estoque e da reposição de material promocional;
- Fornecimento do comprovante de pagamento dos impostos referentes à divulgação na Feira;
- Atendimento à imprensa;
- Controle diário dos serviços contratados;
- Recolhimento diário das fichas cadastrais;
- Reserva de espaço para a próxima edição da Feira.

A seguir será explicada cada uma delas.

- Controle do horário de chegada e saída de todos os funcionários do estande – Para ajudar nesse controle elabore um formulário no qual deverão ser preenchidos, dia-a-dia, os horários de chegada e saída de cada profissional da empresa ou contratado que estiver trabalhando no estande. Com o formulário em mãos poderão ser discutidos, com cada um, casos de atrasos ou saídas antecipadas da Feira, verificando suas justificativas.

- Controle do trabalho dos funcionários da empresa responsáveis pelas demonstrações e apresentações em auditório – A verificação do cumprimento dos horários e da qualidade das apresentações, tanto nos pontos de demonstração quanto nos auditórios, bem como a postura dos funcionários responsáveis por elas é fundamental para que sejam mantidas a produtividade e a qualidade no atendimento aos clientes e demais visitantes.

A seguir são apresentados dois modelos de formulários para controle dos funcionários da empresa; um para o controle das apresentações em pontos de demonstração e outro dos auditórios e salas.

Modelo de Formulário para Controle dos Pontos de Demonstração

Ponto	O que estará sendo apresentado	Responsável													
		1º Dia			2º Dia			3º Dia			4º Dia			5º Dia		
		T1	T2	T3	T1	T2	T3	T1	T2	T3	T1	T2	T3	T1	T2	T3
1 –																
2 –																
3 –																
4 –																
5 –																

* T representa o turno do dia. Assim T1 refere-se ao primeiro turno, T2 ao segundo e assim por diante.

Tendo em mãos esse formulário, será possível ao organizador verificar se o responsável pelo ponto de demonstração, em cada turno do dia, está executando a apresentação conforme o conteúdo previsto e o programa estabelecido.

Modelo de Formulário para Controle dos Horários de Palestras em Auditórios ou Salas

Horário	1º Dia		2º Dia		3º Dia		4º Dia		5º Dia	
	Tema Número	Palestrante	Tema Número	Palestrante	Tema Número	Palestrante	Tema Número	Palestrante	Tema Número	Palestrante
10h00 – 11h00										
11h00 – 12h00										
14h00 – 15h00										
15h00 – 16h00										
16h00 – 17h00										
17h00 – 18h00										
18h00 – 19h00										
19h00 – 20h00										

Enumeração dos Temas

Tema	Número

- Controle do trabalho dos(as) recepcionistas – Controle compreende a verificação do posicionamento de cada recepcionista dentro do estande, o atendimento prestado aos visitantes, a postura adotada e o desempenho das tarefas predefinidas para cada um. Constitui um dos mais complexos controles, exigindo maior tempo e paciência por parte do organizador.

  Manter os(as) recepcionistas em suas posições, evitar bate-papos com colegas de outros estandes e fazer com que cumpram os horários estabelecidos para as refeições são as principais dificuldades que o organizador costuma enfrentar com relação a essa categoria de profissionais.

  Para proceder ao controle dos(as) recepcionistas segue-se um modelo de formulário que contém, além dos dados necessários para verificação do desempenho satisfatório de suas funções, alguns dados pessoais deles(as), se for necessário contatá-los(as) fora do horário de trabalho, ou caso tenha algum problema com qualquer um(a) deles(as).

Modelo de Formulário para Controle do Trabalho de Recepcionistas

Recepcionista (Nome Completo)	Local de Permanência	Relação de Responsabilidade	Horário(s) de Refeição	Telefone Residencial (ou de contato)	RG

- Controle do tempo de permanência nas salas de reunião – Normalmente as salas de reuniões são os locais mais confortáveis e com serviços de bufê mais diferenciados de um estande, pois se destinam, em geral, ao fechamento de negócios, à recepção de clientes VIPs e ao pessoal mais graduado da empresa. Por esse motivo muitas vezes as pessoas prolongam desnecessariamente sua permanência nesses locais.

  Caso sejam percebidos problemas causados por abusos no tempo de permanência nas salas, gerando filas para sua utilização, defina o tempo máximo de permanência e passe a controlá-lo. A preferência na utilização da sala será dada a reuniões de diretores e gerentes, além daquelas feitas com clientes e parceiros.

- Controle de utilização do(s) telefone(s) – O(s) telefone(s) do estande deverão ser utilizados somente em casos de necessidade extrema ou como cortesia para clientes que desejem efetuar ligações. Essa é uma preocupação de responsabilidade do organizador. Não é preciso controlar ligação por ligação nem ficar ouvindo conversas alheias. A interferência deverá ocorrer somente quando houver exageros no uso pessoal da linha, notadamente por parte dos funcionários da empresa e recepcionistas contratados(as).

O telefone deve ficar livre para o recebimento de ligações externas de clientes ou da própria empresa. Como grande parte dos profissionais da área comercial da empresa estará fora do escritório, muitas ligações de seus clientes serão transferidas para o estande, e se o telefone estiver ocupado ininterruptamente será impossível localizá-los. O mesmo poderá ocorrer com diretores e gerentes da empresa. Lembrar que nem todos os clientes irão ao estande ou mesmo à Feira, principalmente se a empresa atua em âmbito nacional ou internacional. Esses clientes poderão não compreender a ausência de seu contato na empresa por mais de um ou dois dias. Uma possível alternativa seria a utilização de telefone celular, caso funcionasse dentro dos pavilhões de exposição, o que não ocorre com freqüência. Se o estande da empresa for grande, acima de 200 m^2, é aconselhável que sejam alugadas duas linhas telefônicas, garantindo pelo menos uma para recebimento de chamadas externas.

O local mais adequado para instalar o telefone é na área da copa ou qualquer outra que seja de livre acesso para qualquer pessoa. Não é recomendado colocar o telefone nas salas de reunião, pois os constantes recebimentos de ligações poderão atrapalhar reuniões importantes com clientes.

- Controle do estoque e reposição de material promocional – Mantenha um controle eficaz do estoque de folhetos, brindes, produtos, fichas cadastrais, etc., na área de armazenamento, e da reposição desses materiais nas áreas de demonstração e distribuição.

Para o controle do estoque realize a contagem aproximada de utilização e distribuição de cada material ou produto no primeiro dia e faça, com base nesse resultado, a projeção para os demais, lembrando-se sempre de acrescentar a esta 20% a mais para os dois últimos dias, quando normalmente a visitação costuma ser maior. Mesmo com essa projeção esteja preparado para repor o estoque, prevendo como buscar maior quantidade na empresa, caso seja necessário.

Com relação à reposição de material nos pontos de demonstração e distribuição pelos(as) recepcionistas, estabeleça uma quantidade fixa mínima com base na qual será feita a reposição. Por se tratar de tarefa complexa e que exige atenção quase constante, é conveniente destinar um(a) recepcionista responsável por esse controle e reposição.

- Fornecimento do comprovante de pagamento dos impostos referentes à divulgação na Feira – Não existe dia certo para o fiscal da prefeitura visitar o estande da empresa para averiguar se o pagamento dos impostos que incidem sobre a divulgação e distribuição de material promocional foi realizado. Portanto mantenha o comprovante sempre ao alcance do organizador do evento ou de algum funcionário, quando o organizador tiver de se ausentar. Ao ser procurado pelo fiscal basta que seja apresentada a 2ª via e que se aguarde a sua liberação.

- Atendimento à imprensa – Como responsável pelo estande, o organizador deverá atender não apenas aos clientes e *prospects*, mas também a outros visitantes, sobretudo aqueles que possuem interesses não-comerciais, como é o caso dos jornalistas que realizam a cobertura do evento.

Mesmo não sendo o organizador quem dará a entrevista, é de sua responsabilidade recebê-los e encaminhá-los ao profissional que o fará. Esse processo deverá ser rápido para que o jornalista não perca tempo e, conseqüentemente, o interesse pela empresa.

- Controle diário dos serviços contratados – Acompanhe e verifique, dia-a-dia, a qualidade e a pontualidade dos serviços contratados para a Feira.

Avalie se o estande permanece constantemente limpo (é péssima a imagem de um estande repleto de lixo, papéis, copos plásticos espalhados pelo chão e pelas mesas), se o serviço de bufê está sendo servido nos horários, na quantidade e na qualidade estabelecidas, se o garçom está com a postura correta e servindo aos clientes em todos os ambientes, se o segurança permanece no estande após o horário de fechamento da Feira etc.

- Recolhimento diário das fichas cadastrais – As fichas cadastrais não eletrônicas deverão ser recolhidas diariamente, após o horário de término da Feira, e armazenadas em local seguro, de preferência fora do pavilhão. É uma tarefa a ser desempenhada com muito cuidado e muita atenção, uma vez que as fichas representam um *mailing* com valor financeiro altíssimo para a empresa. Já houve casos de desaparecimento das fichas de empresas que, após o término da Feira, não puderam contabilizar ao certo os resultados nem dar seqüência a um trabalho comercial com os contatos estabelecidos.

- Reserva de espaço para a próxima edição da Feira – Aproveite a presença da organizadora oficial da Feira para solicitar reserva de espaço para o próximo ano ou edição, lembrando que não é comum a cobrança da reserva logo que é feita. Dessa forma pode-se garantir a participação e escolher o melhor local, caso a empresa venha a participar da próxima edição, e, simultaneamente, assegurar maior tempo para ela decidir pela sua participação ou não.

1.3 – Atividades do organizador após o término da Feira

Cabe ao organizador:

- Acompanhamento da desmontagem do estande;
- Acompanhamento do transporte;
- Cadastramento das fichas recolhidas na Feira;
- Avaliação dos resultados da Feira;
- Divulgação dos resultados.

A seguir será explicada cada uma delas.

- Acompanhamento da desmontagem do estande – É possível optar por desmontar o estande no dia de término da Feira ou no dia seguinte pela manhã. Apesar de a maioria das Feiras se encerrarem às 22 horas, sugere-se que a desmontagem seja feita nesse mesmo dia, ainda que só termine de madrugada. São muitas as vantagens de finalizar todo o trabalho no mesmo dia:

    . Poder dispensar o segurança sem ter de lhe pagar um dia a mais;
    . Ter os recursos necessários para a desmontagem à disposição como: transportadora, carregadores e empresa de montagem do estande, pois a maioria das empresas adota essa opção;
    . Contar com a ajuda dos funcionários da própria empresa presentes no local e que, apesar do cansaço do dia inteiro na Feira, já estarão embalados, sendo que no dia seguinte, quando realmente o cansaço se manifesta, será muito mais difícil ter de voltar cedo até o pavilhão e recomeçar o trabalho.

    É claro que o organizador não irá desmontar pessoalmente o estande, mas é sua responsabilidade verificar se todos os bens materiais da empresa estão garantidos. Para isso deverá constatar se:

    . os equipamentos foram desligados da tomada corretamente;
    . a montadora já está preparada para efetuar a sua retirada;
    . as caixas para transporte que ficaram armazenadas durante o período da Feira já foram entregues;

. o empacotamento de todo o material e equipamentos foi realizado com cuidado e por completo;
. as notas fiscais para transporte já estão prontas e separadas;
. os aparelhos telefônicos e equipamentos emprestados foram devolvidos, com o recebimento do comprovante de devolução. Havendo equipamentos emprestados, a melhor opção é efetuar a devolução no próprio pavilhão, caso a empresa que os tenha cedido esteja também expondo na Feira.

• Acompanhamento do transporte – Para isso sugere-se a elaboração de uma lista completa das caixas, pacotes, materiais e equipamentos que estarão sendo transportados, utilizando-se para tanto do modelo de formulário apresentado no item "Atividades do organizador antes do início da feira".

Combine com a transportadora o horário em que os materiais serão entregues na empresa. Caso tenham destinos diferentes torna-se necessário elaborar um roteiro em conjunto com a transportadora, lembrando-se sempre de deixar com ela as notas fiscais correspondentes. Nos dias programados verificar, mediante uma ligação telefônica às empresas de destino, se os horários foram cumpridos e se a mercadoria chegou intacta.

• Cadastramento das fichas recolhidas na Feira – Elas deverão ser selecionadas, agrupadas e remetidas às áreas responsáveis pelo atendimento e contato com clientes. Antes disso, entretanto, devem-se cadastrá-las imediatamente após o término da Feira, dentro do sistema/banco de dados da empresa. O cadastramento permitirá que as fichas sejam acompanhadas ao longo de meses ou anos, verificando o andamento e a posição de clientes ou *prospects*. Esse será um dado fundamental para a avaliação do retorno da participação da empresa na Feira.

Após o cadastramento envie uma carta, fax ou e-mail a todos que preencheram a ficha, agradecendo a visita e colocando-se à disposição para qualquer necessidade, dúvida ou informação.

Modelo de Carta de Agradecimento pela Visita ao Estande

DUPRAT SOFTWARE

São Paulo, xx de xxxx, de xxxx.

Prezado Sr. Ricardo Luciano Ruiz,

É com grande satisfação que agradecemos sua visita ao nosso estande na FENASOFT/ xxxx, oportunidade em que pudemos conhecê-lo e trocar idéias preliminares sobre soluções para automação industrial.

Infelizmente, no ambiente de uma Feira é muito difícil aprofundar as discussões e conhecer todas as necessidades de nossos visitantes. Para dar continuidade ao nosso contato colocamo-nos ao seu inteiro dispor, e caso seja de seu interesse poderemos agendar um encontro para discutirmos as suas necessidades específicas.

A Duprat Software é uma empresa com mais de 10 anos de atuação em soluções para automação industrial, presente em mais de 20 países e com faturamento anual de mais de US$ 400 milhões. Durante este período a Duprat obteve expressiva penetração no Brasil, liderando o mercado com 68% de participação, apresentando sempre soluções inovadoras e adequadas às reais necessidades de seus clientes.

No aguardo de um próximo encontro,

_____
XXXXXXXXXXXXXXXXXXXXXXX
Diretor Comercial

DUPRAT SOFTWARE
Av. São João, 524.

- Avaliação dos resultados da Feira – No que se refere à empresa essa avaliação é de sua total responsabilidade e tem tanta importância que será tratada em capítulo especial.

Após o término da Feira é essencial que o organizador elabore um relatório, para seu uso exclusivo, contendo as principais dificuldades e os problemas encontrados durante o planejamento e na sua execução, para que ele possa aperfeiçoar cada vez mais sua atuação e evitar, se possível, que ocorram eventuais problemas semelhantes em eventos futuros.

- Divulgação dos resultados – A divulgação dos resultados alcançados na Feira, interna e externamente, bem como o agradecimento a todos os envolvidos, direta ou indiretamente no seu planejamento, execução e controle e, conseqüentemente, responsáveis por esses resultados são também atividades de responsabilidade do organizador após o término da Feira.

O agradecimento deverá ser formalizado. Agradecer pessoalmente e a portas fechadas os envolvidos na organização e no sucesso da Feira nem sempre é suficiente para motivar ou satisfazer os funcionários. É preciso que esse agradecimento seja feito por escrito por algum meio de comunicação interno da empresa, como um mural, jornal interno e-mail, ou uma reunião geral da empresa. O efeito de um elogio em público é extremamente superior ao que é feito pessoalmente.

Modelo de Carta de Agradecimento a ser Colocada em Mural da Empresa

---

DUPRAT SOFTWARE

COMUNICAÇÃO INTERNA

De: Paulo Ricardo
Para: Colaboradores da DUPRAT e Parceiros
Data:___/___/____
Ref.: PARTICIPAÇÃO NA FENASOFT/xxxx
c.c.: Diretoria

Prezados senhores e senhoras,

Em nome da diretoria da DUPRAT SOFTWARE quero cumprimentar a todos que, com muito esforço e dedicação, direta ou indiretamente, ajudaram a reforçar o nome da DUPRAT no cenário brasileiro e a garantir o sucesso de vendas e de negócios fechados em função de nossa participação na FENASOFT.

Aos parceiros que participaram conosco nossos sinceros agradecimentos.

Atenciosamente,

Paulo Ricardo
Diretor-Geral

Por meio dessas duas iniciativas é possível angariar a simpatia e o respeito de todos os envolvidos na organização de cada Feira, além da disposição para colaborar, novamente, a qualquer momento em que sejam requisitados. Lembre-se de que as pessoas são movidas a incentivos, elogios e ao sentimento de participação e reconhecimento. Se elas forem devidamente motivadas a empresa e a área de eventos poderão sempre contar com sua colaboração. No entanto, se nenhuma dessas ações forem desenvolvidas, essas pessoas provavelmente não se dedicarão com o mesmo empenho a mais nenhuma outra Feira, pois estarão se sentindo frustradas com um trabalho não reconhecido ou, o que é pior, achando que se esforçaram para a glória de outros.

2 – Relação de atividades do organizador antes, durante e após outros tipos de eventos (que não as Feiras)

2.1 – Atividades do organizador, antes da realização do evento

As atividades que serão realizadas pelo organizador, antes de um evento, que não Feira, são:

- Verificação com a agência de propaganda se a produção de todo o material promocional está concluída e dentro dos padrões de qualidade estabelecidos pela empresa;
- Verificação do preenchimento de crachás e preparação da lista de presença;
- Verificação dos serviços contratados;
- Verificação da estrutura do local.

A seguir é explicada cada uma delas.

- Verificação com a agência de propaganda se a produção de todo o material promocional está concluída e dentro dos padrões de qualidade estabelecidos pela empresa – Com um dia de antecedência o material referente à sinalização do ambiente do evento – como placas, faixas, *banners*, *displays* etc. – deverá estar pronto e posicionado nos locais preestabelecidos. O mesmo deve ocorrer com todo o material promocional que será entregue durante o evento, como kit palestra, brindes e outros. O organizador deverá, por esse motivo, na semana que antecede o evento, verificar com a agência de propaganda se está tudo pronto.

- Verificação do preenchimento de crachás e da preparação da lista de presença – Com um dia de antecedência os crachás deverão estar todos preenchidos com os nomes corretos dos convidados. Uma lista de presenças, caso vá ser utilizada, deverá estar pronta para ser levada ao local do evento e conter informações necessárias (nome completo, em ordem alfabética, empresa, cargo), além de outras informações ou observações de interesse. Nela deverão estar relacionados, inicialmente, todos os convidados confirmados e, posteriormente, acrescentados os que não constavam das confirmações, mas que mesmo assim compareceram ao evento. No segundo caso poderá proceder-se ao levantamento de informações cadastrais mais completas do participante, como dados da empresa, dados pessoais e motivos da participação, entre outras.

A seguir é apresentado um modelo de formulário de lista de presença.

Modelo de Lista de Presença

Evento: _____
Data: _____/_____/_____ Horário: _____ Local: _____
Palestra: _____

Participantes

1. Inscritos				
Nome completo (em ordem alfabética)	Empresa	Cargo	Como ficou sabendo do Evento	Compareceu
1.				OK
2.				
3.				
4.				
5.				
6.				
7.				
8.				
2. Comparecimento de não-inscritos				
Nome completo (em ordem alfabética)	Empresa	Cargo	Como ficou sabendo do Evento	Compareceu
1.				OK
2.				OK
3.				OK
4.				OK
5.				OK
6.				OK
7.				OK
8.				OK

- Verificação dos serviços contratados – Dias antes da data marcada para o evento o organizador deverá confirmar com as empresas escolhidas para os diferentes meios de transporte o serviço contratado. No dia do evento ele terá de verificar se o ônibus ou o meio de transporte alugado para os convidados está disponível e posicionado nos locais predefinidos, assim como os guias que serão responsáveis pela indicação e pelo acompanhamento dos convidados até o local do evento. Para facilitar a comunicação entre o guia e as pessoas que estarão aguardando a chegada dos convidados no local recomenda-se que este esteja equipado com um telefone celular ou outro meio de comunicação. Convém também averiguar a qualidade do meio de transporte como: funcionamento do ar-condicionado, situação dos bancos, limpeza e tamanho adequado.

Caso o serviço de bufê seja terceirizado dois ou três dias antes do evento é conveniente telefonar para a empresa contratada confirmando se está tudo providenciado, conforme o combinado. No dia do evento, momentos antes de seu início, cheque se o serviço de bufê está realmente pronto, considerando o cumprimento dos horários previstos.

A disponibilização, no local, dos equipamentos alugados ou próprios deverá ocorrer com um dia de antecedência, para que se possa instalá-los, e constatar o seu bom funcionamento. Para isso o trabalho da transportadora deverá ser acompanhado até o local do evento.

Contate ainda a agência de recepcionistas para se certificar se tudo está conforme o planejado, confirmando a presença das contratadas e se os uniformes estão prontos e ajustados.

- Verificação da estrutura do local – Com um dia de antecedência ao evento, e no próprio dia, verifique e acompanhe toda a montagem da infra-estrutura definida para o local, incluindo:
  . instalação dos equipamentos alugados ou próprios;
  . decoração;
  . disposição da sala e qualidade da mobília;
  . iluminação;
  . disponibilização dos apartamentos (se houver hospedagem);
  . distribuição dos kits do evento em cada apartamento;
  . montagem da secretaria e do sistema de cadastro de clientes.
  Os itens equipamentos e iluminação deverão ser testados para verificar seu bom funcionamento.

2.2 – Atividades do organizador durante a realização do evento

A ele caberá:

- Gerenciar o procedimento de *check-in* no hotel, caso haja hospedagem;
- Controlar o trabalho das(os) recepcionistas;
- Fazer o acompanhamento das palestras e providências para a sinalização aos apresentadores do tempo restante para o término dos mesmos;
- Controlar o cumprimento de horários do programa;
- Atender pessoalmente a imprensa;
- Controlar os serviços contratados;
- Controlar a confirmação, nos últimos dias do evento, das passagens dos convidados ou palestrantes, caso vá ser utilizado o transporte aéreo para o seu retorno;
- Acompanhar e organizar as atividades de lazer.

A seguir são explicadas uma a uma essas atividades.

- Gerenciar o procedimento de *check-in* no hotel, caso haja hospedagem – Distribuição dos apartamentos; entrega das malas a cada apartamento, segundo informações constantes na tarjeta e de todas as necessidades para acomodação dos convidados. Certificar-se se todos os convidados realizaram o *check-in* e, caso haja alguma ausência, procurar saber o que ocorreu e sanar qualquer problema. Quando todos estiverem acomodados providencie uma listagem completa de ocupação dos apartamentos. Essas informações poderão ser úteis durante todo o evento.

A seguir é apresentado um modelo de formulário de controle do *check-in*, do *check-out* e de ocupação dos apartamentos.

Modelo de Formulário de Controle de *Check-in/Check-out* e Ocupação dos Apartamentos

Nome	Empresa	Check-in		Apartamento		Check-out	
		Dia	Horário	Número	Tipo	Dia	Horário

- Controlar o trabalho das(os) recepcionistas – Consiste em checar os seguintes itens:

    . Atendimento na recepção do local do evento;
    . Entrega de crachás prontos ou preenchimento dos não previstos;
    . Levantamento e checagem dos convidados presentes;
    . Cadastro dos convidados, caso seja necessário;
    . Atendimento às palestras, incluindo troca de água para os palestrantes, controle de iluminação, gerenciamento do processo de perguntas e respostas aos palestrantes, distribuição de folhetos ou do kit palestra, atendimento telefônico e anotação de recados.

- Acompanhamento das palestras e providências para a sinalização aos apresentadores do tempo restante para o término das mesmas – Para essa função, desenvolver placas com tempo, que devem ser vistas de longas distâncias pelo palestrante, impedindo que suas apresentações se prolonguem além do previsto. A sinalização poderá ser realizada por um(a) recepcionista responsável por esse controle.

- Controlar o cumprimento de horários do programa – Além de verificar o tempo das palestras é necessário que todas as demais atividades sigam o programa, como é o caso das refeições, atrações e atividades de lazer. Para efetuar esse controle basta ter em mãos o programa do evento com os horários nele estabelecidos para cada atividade.

- Atender pessoalmente imprensa – A imprensa deverá também ganhar atenção especial da empresa. É função do organizador atender a todas as necessidades do profissional da imprensa e providenciar recursos e estrutura para que eles possam trabalhar com comodidade. A entrega de um kit contendo informações sobre o evento, folhetos dos produtos e serviços, *releases*, brindes e outros materiais é também responsabilidade do organizador.

- Controlar os serviços contratados – Todos os serviços contratados para o evento deverão ser controlados quanto à sua qualidade, pontualidade e dedicação. Além dos normalmente contratados, como o bufê, o transporte e as atrações, entre outros, um merece especial dedicação durante o evento: o serviço do fotógrafo e da filmagem.
Compete ao organizador do evento fornecer informações essenciais ao(s) fotógrafo(s) e filmador(es) para a boa qualidade do trabalho desses profissionais, indicando melhores fotos e momentos e garantindo que sejam tiradas fotos dos principais participantes do evento, bem como da direção da empresa. Uma lista de nomes das principais presenças deverá ser elaborada para auxiliá-los nessa atividade e um funcionário que conheça as pessoas deverá ser designado para apontá-las ao fotógrafo.

- Controlar a confirmação, nos últimos dias do evento, das passagens dos convidados ou palestrantes, caso vá ser utilizado o transporte aéreo para o seu retorno – Essa confirmação é especialmente necessária quando se trata de viagem internacional. As companhias aéreas exigem para os vôos internacionais confirmação do retorno com pelo menos 48 horas de antecedência.

Para tanto pode-se utilizar de um formulário como o exemplificado a seguir:

Modelo de Formulário para Controle da Confirmação de Vôos Internacionais

Nome	Empresa	Cia. aérea	Vôo número	Data marcada para saída	Horário marcado do vôo	Aeroporto	Data confirmada para saída	Horário confirmado do vôo

- Acompanhar e organizar as atividades de lazer – Se estiverem previstas para o evento atividades de lazer e entretenimento dos convidados e familiares, constituirá responsabilidade do organizador verificar se tudo está conforme o planejado e motivar as pessoas a participar delas, coordenando a formação de equipes, a execução das gincanas, jogos, *city tours*, passeios e demais atividades programadas.

2.3 – Atividades do organizador após o término do evento

Ele deverá:

- Supervisionar o *check-out* dos convidados;
- Verificar a confirmação do embarque de todos os convidados;
- Acompanhar a desmontagem da infra-estrutura do local do evento;
- Verificar a conta do hotel;
- Organizar o cadastro das fichas recolhidas no evento;
- Efetuar a avaliação dos resultados e do evento;
- Providenciar a divulgação dos resultados.

A seguir é explicada cada uma delas.

- Supervisionar o *check-out* dos convidados – Esse controle deve ser feito desde a retirada das malas dos quartos até a sua colocação no ônibus com a tarjeta de destino já preenchida.

O organizador deverá gerenciar a verificação do consumo dos convidados em seus apartamentos e/ou nos bares do local e, de acordo com a política definida pela empresa e informada antecipadamente, determinar que seja cobrado de quem de direito.

Para o controle do *check-out* dos convidados o organizador poderá utilizar-se do formulário apresentado no item "Atividades do organizador antes do início do evento".

- Verificar a confirmação do embarque de todos os convidados – Certificar se eles embarcaram nos aviões para seu destino final e se as malas foram entregues no *check-in* da respectiva companhia aérea.

- Acompanhar a desmontagem da infra-estrutura do local do evento – Para tanto supervisione o empacotamento das sobras de material e verifique a chegada do serviço de transporte para retirada de todos os equipamentos que deverão retornar ou às empresas de aluguel ou à própria empresa. Não esqueça de providenciar a nota fiscal de saída dos equipamentos do local do evento.

- Verificar a conta do hotel – A verificação tem de ser feita para posterior pagamento mediante fatura. Convém que essa atividade seja realizada no último dia do evento, ainda no local, para que nada seja esquecido e para que, quando a fatura chegar à empresa, não haja surpresas com qualquer gasto não autorizado, sem a possibilidade de questionamento.

- Organizar o cadastro das fichas recolhidas no evento – Caso tenha sido feito o cadastramento manual, ou o preenchimento da lista de presenças, ou ainda o recolhimento de cartões de visita dos convidados, é importante que no dia seguinte seja feito no sistema de marketing o cadastramento de todos os presentes para que já seja agendado o envio de uma carta, ou fax ou mesmo e-mail, agradecendo a presença de todos e passado um pequeno resumo do que foi visto durante o(s) dia(s) em que estiveram juntos. Se for de interesse da empresa podem-se enviar as fotos das pessoas a quem for dirigida a carta. Caso seja de interesse da área comercial esses dados deverão ser encaminhados a ela para um trabalho de prospecção e acompanhamento do cliente.

- Efetuar a avaliação dos resultados do evento – Tal avaliação terá de estar de acordo com os objetivos propostos, cujas diretrizes são encontradas no Capítulo 7.

- Providenciar a divulgação dos resultados – A divulgação deverá ser feita internamente, para a imprensa e para os participantes convidados, caso seja de interesse da empresa, e agradecimento aos responsáveis pelo atingimento dos objetivos.

C. O que levar para a Feira ou outro tipo de evento

Como foi visto no início deste capítulo, uma das principais preocupações do organizador consiste em prevenir a ocorrência de problemas durante a realização de cada evento.

Os eventos de qualquer tipo, na maior parte dos casos, são realizados longe das dependências da empresa – às vezes até em outra cidade ou Estado. Para evitar que a todo momento haja a necessidade de deslocamento de alguém, ou do próprio organizador, de suas funções, desviando esse profissional das atividades importantes que lhe são próprias, para ir em busca de algum item esquecido ou em falta, tenha à mão, para verificação, um *check-list* contendo o que deverá ser levado e mantido no local onde se realiza o evento.

Desse *check-list* deverão constar todas as informações, documentos e formulários para que o organizador possa atender a todas as necessidades operacionais do evento e controlar, com eficácia, seu andamento.

Para manter em ordem e à mão os itens desse *check-list* sugere-se que seja adquirida uma pasta, composta por plásticos individuais, de tamanho grande, a qual terá de acompanhar o organizador do evento durante todo o seu transcorrer. Nela deverão ser encontrados os seguintes documentos, formulários e informações:

- Manual de Atuação, contendo a programação, as atividades e as políticas e regras estabelecidas para o evento;

- Contrato de telefone com a operadora. Esse item é normalmente necessário apenas para Feiras;

- Contratos com fornecedores de serviços como: bufê, montadora, segurança, transportadora etc. Estar com esses contratos em mãos ajuda a verificar se o serviço está sendo cumprido conforme o acordado. Caso não esteja, permite a resolução rápida do problema sem que alguém tenha de se deslocar até a empresa para buscar o contrato;

- Relação de todos os equipamentos e materiais transportados para o evento e as respectivas notas fiscais. No último dia tenha-os em mãos para efetuar o transporte de retorno dos equipamentos. Caso tenha sido feito empréstimo será necessário elaborar uma nota fiscal de devolução;

- Convites extras para ingresso na Feira. A empresa poderá ser procurada por um cliente que gostaria de convidar um amigo, parente ou parceiro para também visitar a Feira. Para não ficar em má situação com o cliente mantenha na pasta alguns convites extras;

- Relação de todos os funcionários da empresa, com cargo, função, dias de trabalho no evento, horário das refeições, valor do adiantamento (caso tenha sido feito), responsabilidades, locais de demonstração e todas as informações referentes a estes;

- Relação dos(as) recepcionistas e demais contratados que irão trabalhar no evento, com todas as informações necessárias (nome completo, telefone residencial, RG, dias de trabalho, responsabilidades etc.);

- Para as Feiras, planta do estande, com descritivo pormenorizado da montadora;

- Relação dos pontos de demonstração e escala de funcionários responsáveis por cada um deles;

- Modelo de ficha cadastral a ser utilizada para cadastro dos visitantes;

- Esquema e horário de apresentações em auditórios, ou salas do evento (se houver);

- Esquema e horário do serviço de bufê;

- Segunda via da guia de recolhimento dos impostos pagos à Prefeitura – que poderá será solicitada por um fiscal durante a Feira;

- Cópia do material que será distribuído pela Assessoria de Imprensa aos jornalistas;

- Relação de todo o material promocional, de vendas e de escritório necessários para garantir que nada faltará e para acompanhamento do estoque durante os dias do evento.

A seguir é apresentado um modelo de relação de materiais contendo itens úteis e necessários para qualquer tipo de situação:

Relação de material

Item	Quantidade Total	Utilizado				
		1º Dia	2º Dia	3º Dia	4º Dia	5º Dia
A. Material Promocional						
Folheto promocional A						
Folheto promocional B						
Folheto promocional C						
Crachás						
Pins						
B. Material de Escritório						
Durex						
Grampeador/grampos						
Bloco de rascunho e anotações						
Caneta						
Lápis						
Borracha						
Régua						
Prancheta						
Envelopes ofício						
Envelopes saco						
Papel A4						
Clipes						
Cola						
C. Brindes						
Brinde 1						
Brinde 2						
Brinde 3						
Brinde 4						
D. Material Apoio – Vendas						
Ficha cadastral						
Sacola						
Embalagens						
Notas fiscais						

(Continua)

(Continuação)

Convites						
Cartões de visita						
E. Material Apoio – Físico						
Maleta de ferramentas						
Extensão de fio						
Lâmpadas para retroprojetor						
Transparências						
Trena						
Fio de náilon						
Cola tipo superbonder						
Tesoura/canivete/gilete						
Kit costura						

Dez regras para o organizador de eventos

Após a cuidadosa leitura deste livro, seguindo à risca os "passos" propostos – quer no caso da organização dos eventos, utilizando da própria estrutura interna da empresa, quer com a contratação de empresa especializada –, seria correto afirmar que não haverá possibilidade de ocorrência de falhas e problemas de última hora e que o organizador estará livre de críticas? Não necessariamente. O que se vê durante o curto período de duração de um evento é muito pouco em relação ao trabalho que dá prepará-lo. Atrás de um estande bem montado, ou de um evento funcionando a contento, há um batalhão de pessoas, de diferentes especialidades e níveis que, assumindo papéis diversos – todos importantes –, trabalharam com afinco para o sucesso do evento.

Conseguir que tudo corra perfeitamente bem nessas condições, em que se fica na dependência de tantos profissionais, muitas vezes estranhos à empresa, com prazos curtos e rígidos, é quase um milagre. Como diria Murphy, se alguma coisa puder dar errado na organização de um evento, ela provavelmente dará. Pensando nisso, após a apresentação do conteúdo do livro, o qual procurou explicitar o que deve ser feito visando ao sucesso dos eventos, a autora elaborou dez regras básicas para o responsável pela organização de eventos, para quem está se preparando para exercer tão árdua quanto gratificante função ou, ainda, para os profissionais da empresa que, não tendo vivência dos bastidores da organização de eventos, se arvoram o direito de criticar o trabalho do organizador, apontando pequenas falhas.

Essas regras, que derivam da experiência da autora, tanto na participação como na organização de vários eventos, têm por objetivo valorizar o trabalho do organizador.

Somente assim será possível amenizar o trabalho árduo nem sempre devidamente reconhecido do responsável pela organização de eventos.

Não houve preocupação com a ordem de importância nas regras nem se teve a pretensão de esgotar o assunto em dez itens. Espera-se apenas que o organizador (ou o futuro organizador) medite sobre cada um deles.

1. É preciso que o responsável goste muito de eventos para que a organização deles resulte em sucesso. A organização de um evento é muito complexa, envolve várias atividades simultâneas, é muito cobrada pelos vários departamentos e exige dedicação completa – dia e noite, inclusive nos finais de semana – durante seu planejamento e execução. Se o responsável não gostar realmente do que faz, não suportará por muito tempo tanta pressão.

2. O organizador deve estar ciente de que, praticamente nunca, em qualquer evento, tudo dará 100% certo. Se ele ignorar essa regra e se frustrar ou desmotivar facilmente por qualquer dificuldade ou problema encontrado no caminho, também não aguentará muito tempo na função. Por isso deverá manter a calma e a objetividade no momento de enfrentar algum percalço. É claro que o profissional consciente procurará fazer tudo da melhor forma possível, tentando evitar e até prever falhas, mas não é infalível e depende de outras pessoas. Essa regra vale também para suportar comentários e críticas maldosas de pessoas que não participaram de todas as etapas do processo, não conhecem as particularidades dos bastidores do evento e nem esta regrinha. O importante é não desesperar.

3. O organizador deve demonstrar conhecimento, segurança e firmeza no que está fazendo. Ao transmitir a todos, com segurança, os objetivos e as estratégias que serão adotadas para o evento, ele mostrará que sabe o que está fazendo, para quê e como, sendo não apenas um executor, mas também um planejador eficaz.

4. O organizador deve estar ciente de que ele é o maior responsável pelo evento. Apesar de parecer óbvia esta afirmação, no momento em que o evento tem início, muitos organizadores acreditam que devam permanecer nos bastidores apenas resolvendo os problemas e verificando se está tudo em ordem, e não se preocupam com a projeção de sua imagem profissional e com seu marketing pessoal. Na qualidade de maior responsável pelo evento, ele deverá portar-se como tal, e não como um "operário" dele.

5. O organizador deve saber e fazer com que os demais também saibam que os resultados dos eventos não se limitam ao visível e ponderável a curto prazo, mas se encontram no médio e longo prazos. O reflexo da participação em eventos poderá ocorrer até um ou mais anos após o seu término.

6. O organizador deverá, sempre que se referir às despesas com o evento, mencioná-las como "investimento" e não como "custo". Essa filosofia deverá ser passada para toda a empresa, especialmente para o corpo de diretores. Em todo o material referente a esse item deve constar o termo "investimento", jamais "gasto" ou "custo".

7. O organizador deve estar ciente de que o bom evento não é, necessariamente, aquele que tem o maior nível de investimento. Claro que sem um mínimo de condições materiais não se consegue produzir um evento satisfatório, mas isso não significa que ambos estejam diretamente correlacionados. Tanto é possível gastar muito sem sucesso, como desenvolver um evento com investimento relativamente pequeno, mas com muita criatividade, aliada a uma estratégia eficaz.

8. "Mais vale um estande simples na mão do que um sofisticado voando." O ditado pode ser aplicado a eventos com muita propriedade. É preferível que se tenha um estande padrão, sem muitas extravagâncias e enfeites, pronto a tempo para o início da Feira, do que um que seja sofisticado a tal ponto que sua montagem se torne inviável ou não fique pronta a tempo. Além disso, se o estande ficar tão incrementado – o suprassumo –, o que deverá ser feito nas sucessivas edições da Feira para não abaixar o padrão? Convém lembrar que o público espera a cada edição uma participação mais agressiva das empresas.

9. O cliente ou visitante deve sempre vir em primeiro lugar. Se foi investido muito, com o objetivo de se ficar, finalmente, próximo aos clientes e ao público-alvo, não se pode esquecer deles, decepcioná-los ou maltratá-los durante o evento, dando prioridade ao visual e a aspectos materiais do evento.

10. Entre muitos participantes de eventos quem tem uma diferenciação é rei. Os eventos e Feiras costumam ser todos muito semelhantes, com as mesmas atividades, padrões de estande, locais etc. Quem souber diferenciar, sem infringir as regras de bom gosto e de bom senso, terá sua participação perpetuada na memória dos presentes.

A cada organização de evento o profissional atento e interessado irá se superando, adquirindo maior *know-how* e conseqüentemente maior segurança para a realização de eventos cada vez melhores. Agora só resta desejar boa sorte ao organizador!

CAPÍTULO 7

AVALIAÇÃO DOS RESULTADOS DE FEIRAS E DE OUTROS EVENTOS

Como foi visto nos capítulos anteriores eventos são atividades complexas que exigem grande investimento em pessoal, tempo e dinheiro e que possuem objetivos gerais e específicos que, somente quando atingidos, justificam esses investimentos.

Para se saber se os objetivos do evento foram alcançados, e em que medida, torna-se necessária a avaliação dos seus resultados. Dada a importância da avaliação, decidiu-se dedicar um capítulo inteiro deste livro para a apresentação de várias técnicas e recursos para essa finalidade, principalmente levando em conta a observação de que, na prática, muitas empresas perdem a oportunidade de utilizar, ou mesmo de conhecer em profundidade, os resultados dos eventos dos quais participam ou que organizam por não darem a devida atenção a esse item.

Às vezes até é feita uma avaliação, mas de forma amadorística ou incompleta, levando a conclusões que não condizem com a realidade ou que subestimam os efeitos do evento avaliado. Por exemplo, existem empresas e profissionais de vários departamentos – inclusive aqueles responsáveis pela organização dos eventos – que avaliam os resultados de um evento somente mediante análise do número de visitantes e do número de vendas geradas durante sua realização. Ao término do evento elaboram um relatório desses dados, computam os gastos totais e consideram terminado o trabalho. Tal atitude traz inúmeros prejuízos à empresa por se desprezar uma parte fundamental, e certamente uma das mais importantes, da avaliação do evento. Passa-se assim à empresa a impressão de que ela investiu muito em uma atividade com retorno não condizente com o esforço despendido e até de que não se justifica a existência de um departamento ou de um profissional para a organização de eventos.

A melhor maneira de iniciar uma avaliação consiste em explicitar os objetivos. Como cada tipo de evento traz um ou vários objetivos específicos, optou-se por apresentar uma visão geral da avaliação, cabendo a cada profissional adaptá-la ou aproveitá-la considerando sua situação particular.

Para avaliar o retorno do evento é de suma importância considerar análises tanto quantitativas como qualitativas. Isso significa que é preciso saber que qualquer evento gera resultados mensuráveis quantitativamente e resultados perceptíveis, porém de difícil mensuração. Essa não mensurabilidade dos resultados, por esse motivo chamados de qualitativos, não deve conferir-lhes um sentido de inferioridade com relação aos anteriores. Vale ressaltar que muitas vezes um resultado quantitativo considerado positivo pode estar totalmente encoberto por falhas na sua qualidade enquanto outro que, aparentemente pelos números, se mostra negativo pode esconder uma qualidade muito superior do que se imagina. Restringir as análises tanto qualitativas quanto quantitativas apenas ao período ou ao mês do evento é outro erro em que muitas vezes incorrem profissionais não preparados.

A seguir são apresentadas várias análises que deverão ser realizadas para se ter um resultado completo e real dos eventos. Cada resultado parcial é acompanhado de um Quadro que deverá ser preenchido para que ao final se tenha o agrupamento de todas as informações coletadas resumidas em um único relatório.

Análise quantitativa

Há vários índices suscetíveis de mensuração a serem considerados na avaliação quantitativa. São eles:

– Quantidade de visitas/presenças no evento

Esse número é muito fácil de se obter. Basta contabilizar o número de fichas cadastrais preenchidas, cartões de visita entregues, assinaturas recolhidas, ou outra fonte de registro das visitas/presenças durante todos os dias do evento, dependendo da técnica utilizada para gerar esses dados. Além do resultado total apresente o diário, tornando possível a verificação dos dias de maior freqüência de público e, conseqüentemente, aproveitando essa informação para desenvolver ações especiais, conforme o dia, nos próximos eventos. O quadro a seguir constitui modelo para anotação das presenças dia a dia.

Modelo de Formulário para Anotar Quantidade de Visitas Dia a dia e no Total do Evento

	Dia 1	Dia 2	Dia 3	Dia 4	Dia 5	Dia 6	Dia 7	Total
Número de visitas								

– Classificação das Visitas

Quando o objetivo do evento é a conquista de novos clientes, parceiros ou *prospects* – como é o caso das Feiras –, deve-se, além de verificar a quantidade de visitas realizadas, efetuar a classificação das mesmas de acordo com o tipo de visitante e/ou com o motivo da visita, conforme o modelo de quadro a seguir.

Modelo para Anotação da Classificação das Visitas

Total de Visitas	% de Novos Clientes	% de Clientes	% de Prospects	% de Parceiros	% de Curiosos

Novos Clientes = Visitantes que adquiriram soluções da empresa e entraram no cadastro de clientes.
Clientes = Visitantes que já são clientes cadastrados da empresa.
Prospects = Visitantes que mostraram interesse nas soluções, mas ainda não efetivaram a compra. Esses deverão ser contatados e trabalhados pela equipe comercial da empresa.
Parceiros = Parceiros comerciais, tecnológicos ou de negócios.
Curiosos = visitantes sem interesse comercial, como estudantes, concorrentes, prestadores de serviços, assessoria de imprensa etc.

Por meio dessa classificação será possível confirmar o aproveitamento das visitas e a eficiência do evento, durante o seu período, para a conquista de novos clientes e *prospects*. À medida que o porcentual de novos clientes, *prospects* ou parceiros aumenta, melhores são os resultados do evento com relação a esse item.

– Quantidade de agendamentos e vendas e receita gerada pelo evento

Tendo ocorrido apenas um primeiro contato com o visitante na ocasião do evento, sem que tenha havido venda, mas apenas agendamentos marcados pela equipe comercial para após o evento e se desses agendamentos vierem a resultar vendas, tais ocorrências deverão constar da análise.

O número total de vendas gerado pelo evento deve ser, então, medido pelo total de vendas durante o seu período, acrescido daquelas geradas até um ano depois, ou mais, dependendo do tipo de produto/serviço oferecido pela empresa. Esse período deverá ser considerado, pois as vendas não ocorrem muitas vezes durante ou imediatamente após o evento.

Para conseguir essa análise é preciso que a empresa conte com um sistema de marketing capaz de informar, no ato da venda, a proveniência do cliente, sendo possível saber se foi um contato desenvolvido no evento, por meio de anúncios de propaganda, contatos pessoais ou outro mecanismo de comunicação.

Modelo de Formulário para a Anotação da Evolução das Vendas geradas pelo Evento

Períodos	Durante o Evento								Após o Evento					
	Dia 1	Dia 2	Dia 3	Dia 4	Dia 5	Dia 6	Dia 7	Total 1	Período 1	Período 2	Período 3	Total 2	Total Geral	%
Número de Visitas														
Número de agendamento														
Número de Vendas														

O cálculo do porcentual de vendas sobre o número de visitas no evento, apresentado na última coluna do quadro, complementa a análise desse item, revelando a eficácia do evento para a conquista de novos clientes durante todo o período de avaliação dos resultados.

- Lucro do Evento – Além do número de vendas realizadas a empresa poderá analisar também a receita e o lucro gerados pelo evento durante todo o período de avaliação. Para tanto, deve computar a receita gerada durante o período do evento, dia a dia, acrescida daquela gerada durante os períodos fixos pós-evento e, desse total, subtrair o investimento utilizado, obtendo-se então o lucro do evento. A fórmula de obtenção do lucro do evento é apresentada a seguir:

LUCRO DO EVENTO = RECEITA TOTAL* – INVESTIMENTO NO EVENTO

* (Receita durante o evento + Receita pós-evento, durante um período determinado)

- Crescimento porcentual de vendas e de receita – Além do número de vendas e da receita gerada pelo evento, convém avaliar se houve crescimento porcentual com relação a períodos anteriores ao mesmo. Para proceder a essa análise basta completar o quadro abaixo, comparando as vendas realizadas em um período predeterminado, anterior ao evento e que não tenha sofrido a influência de nenhuma ação promocional, com as geradas durante o evento e no período subseqüente ao mesmo, considerando o mesmo intervalo de tempo do período analisado anteriormente. A diferença encontrada representará o resultado de crescimento de vendas gerado pelo evento.

Modelo de Formulário para avaliar o Crescimento Percentual de Vendas

Período*	Total de Vendas	% Crescimento
1 (Anterior ao evento)		
2 (Posterior ao evento)		=+2/1

* É possível fixar o mesmo período de tempo, mas é necessário controlar outras variáveis, pois embora o número de dias seja o mesmo as épocas são diferentes. Pode-se, além de considerar outras variáveis, tomar em consideração a diferença de vendas, em anos anteriores, nos dois períodos, se nesses anos não tiver havido evento e se outras condições forem semelhantes. O resultado será sempre aproximado e, portanto, deve ser interpretado com cautela.

Dependendo do interesse da empresa esse quadro poderá apresentar os resultados por quantidade de vendas ou por receita gerada.

Caso o objetivo do evento tenha sido o lançamento e a comercialização de um novo produto durante o seu período, deverão ser analisadas no quadro as vendas provenientes do lançamento em comparação com as versões anteriores dele – caso tenha tido – ou com produtos similares ou ainda com o volume previsto no planejamento.

– Vendas por segmento

Outra análise interessante do resultado do evento refere-se à participação de cada segmento no total de visitas, agendamentos e vendas. Assim é possível verificar quais foram mais ou menos receptivos à ação.

Políticas comerciais futuras poderão levar em consideração essa análise, uma vez que ela representa uma amostra do comportamento dos vários segmentos com relação a uma determinada ação de marketing da empresa.

Modelo de Formulário para Avaliação dos Resultados por Segmento de Mercado

	Número de Visitas	Porcentagem	Número de Engrenagem	Porcentagem	Número ou Volume de Vendas	Porcentagem
Segmento 1						
Segmento 2						
Segmento 3						
Segmento 4						
Segmento 5						
Segmento 6						
Total		100		100		100

Não basta, para avaliar os resultados de cada segmento de mercado, verificar suas participações no número total de visitas, de agendamentos e de vendas. É importante analisar também, para cada segmento, o porcentual de efetivação das visitas. Esta análise visa verificar em quais segmentos se obteve maior eficiência na transformação de visitas e agendamentos em vendas. O Quadro a seguir ajuda a visualizar esse resultado.

Análise do Retorno de Vendas em Comparação com o Número de Visitas Geradas pelo Evento, por Segmento

Segmento	Número Total de Visitas (1)	Número Total de Vendas (2)	Porcentual de Efetivação
Segmento 1			=+1 / 2
Segmento 2			
Segmento 3			
Segmento 4			

– Assessoria de imprensa

Outra análise que poucas empresas se preocupam em realizar, mas de extrema importância, refere-se ao serviço prestado pela assessoria de imprensa antes, durante e após o período do evento. É possível verificar a eficiência da assessoria, de acordo com os resultados quantitativos atingidos por ela, para efetuar, em próximos eventos, ajustes ou mudanças dependendo desses resultados. Para medir o resultado quantitativo desse tipo de trabalho é necessário que sejam levantados todos os *press releases* enviados e todas as matérias publicadas referentes ao evento – antes, durante e depois de sua realização –, bem como todos os contatos realizados com jornalistas. Esse trabalho, executado em geral pela assessoria de imprensa contratada, denomina-se *clipping*.

A primeira análise refere-se à eficiência dos *press releases* enviados à mídia. Para efetuar tal análise, calcule o porcentual de matérias publicadas em relação ao número de *press releases* enviados. Esse porcentual representará o nível de sucesso nos envios.

Além da eficiência dos envios de *press releases* recomenda-se checar também a quantidade de novos contatos estabelecidos durante o período do evento e que poderão, futuramente, gerar novas matérias publicadas.

O resultado quantitativo mais importante de ser analisado, contudo, refere-se à receita total gerada em função do trabalho de assessoria de imprensa. Essa receita é obtida pela diferença entre o valor do investimento utilizado no serviço e o valor total das matérias publicadas.

Os Quadros 1, 2 e 3 demonstram como avaliar o resultado do trabalho de assessoria de imprensa considerando as três análises propostas.

Quadro 1 – Dados para Avaliação do Retorno com Serviços de Assessoria de Imprensa

Porcentual de matérias publicadas em relação ao número de *press releases* enviados

Quesito	Resultado
Número de press releases enviados (1)	
Número total de matérias publicadas (2)	
Porcentual do número de matérias publicadas sobre o de press releases enviados (= 2 / 1)	

Quadro 2 – Dados para Avaliação do Retorno com Serviços de Assessoria de Imprensa

Quantidade de novos contatos estabelecidos no evento

Número de contatos estabelecidos no evento:	

Quadro 3 – Dados para Avaliação do Retorno com Serviços de Assessoria de Imprensa

Receita gerada pelo evento

Receita total gerada (=valor total da matérias* – investimento da ação**):	

* Para obter o valor total das matérias verifique os veículos de exposição de cada uma e o seu tamanho (matéria toda ou somente a parte em que é citada a empresa). Com essas informações é possível calcular qual seria o custo para publicar, por intermédio da agência de propaganda, um anúncio com as mesmas características. Esse custo é chamado de valor da matéria.

**Existem duas possibilidades para calcular o investimento utilizado com esse serviço no período da Feira. Caso a empresa esteja trabalhando com a assessoria de imprensa em um esquema de *fee* mensal sugere-se, para efeito de análise, considerar o custo de um mês do serviço. Caso a assessoria de imprensa tenha sido contratada apenas para desenvolver o trabalho durante a Feira, pode-se considerar o valor total do contrato.

– Divulgação

O resultado final da divulgação é medido, grosso modo, pelo número de presentes ou participantes no evento, conforme já analisado anteriormente. Para um resultado mais apurado, do qual sejam subtraídos outros motivos igualmente ou até mais importantes para a participação, convém perguntar a eles sobre como tiveram notícia e resolveram participar do evento e sobre qual (quais) mecanismo(s) de divulgação foi(foram) responsável(eis) por tal participação. Pode-se assim ter uma estimativa sobre quais mecanismos obtiveram maior eficácia e os que não contribuíram para o resultado final.

As respostas fornecidas pelos visitantes ou participantes deverão ser tabuladas, podendo ou não considerar a ordem em que cada uma foi citada, no caso de mais de uma resposta. Com a tabulação das respostas pode-se preencher o quadro a seguir:

Quadro 4 – Participação de cada Mecanismo de Divulgação no Resultado Total de Presenças

Mecanismo	Número de Respostas	% do Total
Jornal		
Revista		
Telemarketing		
Mala direta		
TV		
Rádio		
Total		**100**

O Quadro 4 apresenta um modelo de análise de mecanismos e mídias de divulgação utilizados para promover o evento. Pode ser de interesse da empresa que essa análise seja mais pormenorizada, considerando os resultados também por veículo utilizado. Apesar de essa análise se tornar mais complexa, uma vez que dificilmente o visitante lembrará em qual veículo leu, viu ou ouviu a divulgação, é possível utilizar esse mesmo quadro para tentar efetuá-la. Os dados permitirão, em eventos futuros, ter uma base para direcionar melhor a verba de divulgação, concentrando-a nos mecanismos, mídias e veículos que maiores resultados trouxeram.

– Orçamento previsto x realizado

Na fase de definição dos objetivos e das estratégias do evento, estipule um investimento, para ser aprovado pela empresa, para que esta autorize sua realização. Mais adiante, quando já tiver os diversos orçamentos, após a definição de todas as atividades e serviços contratados, desta vez pormenorizados e cronogramados, providencie uma reformulação dos valores iniciais, elaborando novo orçamento. Essa sugestão foi dada para que fosse possível efetuar algum ajuste necessário para adequar o orçamento, caso houvesse uma diferença significante entre o aprovado e o previsto.

Um dos itens de avaliação da execução do evento refere-se, justamente, à verificação do cumprimento do orçamento modificado. Para essa finalidade, é apresentado, a seguir, um modelo de quadro no qual são comparados, item por item, os valores orçados e os realizados, bem como as justificativas para prováveis diferenças. Além disso, é possível analisar a participação de cada item no orçamento geral e a comparação com os resultados atingidos por estes.

Essa análise faz com que, em futuros eventos, se possa distribuir melhor a verba total, de acordo com as atividades que geraram maior retorno à empresa, seja de imagem, financeiro ou qualquer outro resultado positivo. A análise é subjetiva e deve ser feita pelo organizador do evento, pois ele teve participação direta em todas as atividades.

Modelo de Formulário para Comparação do Investimento Previsto x Realizado

Item/Atividade	Investimento					Resultados Gerados		
	Previsto	Realizado	Dif.	Justificativa	% Total	Pouco Satisfatório	Satisfatório	Muito Satisfatório
Montadora								
Recepcionistas								
Bufê								
Segurança								
Limpeza								
Divulgação								
Local								
Brindes/promoções								
Telefone								
Energia elétrica								
Filmagem e fotografia								
Atração								
Decoração								

(Continua)

(Continuação)

Programação visual								
Prefeitura								
Aluguel de equipamento								
Hospedagem								
Material promocional								
Assessoria de imprensa								
Despesas com funcionários durante o evento								
Transporte								
Estacionamento								
Convite								
TOTAL					**100**			

Análise qualitativa

Muitas empresas e profissionais restringem-se a analisar apenas o retorno quantitativo do evento, por ser mais fácil e rápido de obterem as informações necessárias, com variáveis mais fáceis de se medir, com resultados mais visíveis e, presumidamente, mais importantes e "objetivos". Todavia aquelas que também buscam uma avaliação qualitativa são recompensadas por resultados mais abrangentes e fiéis do evento. Além disso tem-se a vantagem de se poder recorrer a muitos avaliadores, possibilitando ainda o envolvimento de todos os que trabalharam ou participaram do evento na sua avaliação, o que gera um comprometimento ainda maior de toda a equipe interna e externa e um sentimento de contribuição dos clientes, parceiros e demais envolvidos.

A análise qualitativa, quando bem-feita, consegue avaliar todos os serviços prestados por terceiros durante o evento, bem como todas atividades desenvolvidas pela própria empresa. Assim é possível saber, por exemplo, se os serviços dos(as) recepcionistas, do transporte, de bufê, entre outros, foram prestados com qualidade e com qual nível de satisfação na visão do organizador, da equipe que trabalhou durante o evento e dos convidados. É possível também analisar as atrações e promoções organizadas pela empresa, como qualidade dos shows, dos brindes, das atividades de lazer, além de muitos outros itens.

Além da análise dos serviços prestados por terceiros e das atividades desenvolvidas pela empresa durante o evento é possível complementar as análises quantitativas apresentadas anteriormente, corroborando ou não seus resultados em função de suas qualidades.

A seguir são apresentados itens e critérios para avaliação qualitativa, cujos resultados poderão ser colocados em tabelas para melhor visualização.

– Qualidade dos serviços prestados por terceiros e das atividades desenvolvidas pela empresa

Para proceder à análise qualitativa dos serviços e das atividades desenvolvidas no evento elabore um questionário misto (com questões fechadas e abertas), sempre dando liberdade para o avaliador expressar sua opinião, dar sugestões ou fazer críticas sobre qualquer um dos itens apresentados ou sobre outros, mesmo que não constem do questionário. Como a avaliação será aplicada a três públicos distintos – organizador, profissionais da empresa e público visitante –, cada um com sua perspectiva e necessidades específicas, elabore três questionários diferentes, apesar de seguirem o mesmo padrão de análise. A diferença deve-se ao fato de que cada público irá avaliar os itens pelo seu ponto de vista e pelo nível de participação que teve em cada um destes. Por exemplo, enquanto para o organizador é fundamental sua avaliação pessoal quanto ao serviço de transporte dos equipamentos, esse item nem sequer poderá ser avaliado pelo público visitante, uma vez que não teve participação direta e nem indireta na utilização do serviço. Por outro lado, uma análise do atendimento prestado pela equipe comercial deve ser feita pelo público visitante e jamais pela própria equipe e assim por diante.

O questionário direcionado aos visitantes deverá ser preenchido no dia de sua visita, ou no último dia do evento e depositado em urna lacrada, de fácil localização. Um incentivo para o preenchimento poderá ser a entrega de um brinde no ato do depósito ou mesmo a promessa de um sorteio dentre os participantes.

Um resumo dos resultados do questionário poderá ser enviado a cada participante se a empresa assim o desejar. É uma iniciativa interessante, desde que realizada com os devidos cuidados, pois demonstra a preocupação da empresa em dar um *feedback* e em agradecer pela participação na avaliação. Quando a avaliação de algum visitante se mostrar, de certa forma, negativa, apresente a ele boa vontade em solucionar a falha, caso seja ainda possível, ou indicar a preocupação da empresa para que, em próximos eventos, o problema não ocorra novamente.

O questionário direcionado ao organizador deverá abranger todos os aspectos do evento e servirá para que, em futuras ocasiões, ele possa considerar novamente, ou não, a contratação de cada serviço avaliado. Uma vez que a mesma pessoa que irá elaborar o questionário irá preenchê-lo, não será necessário que se dê muita atenção à sua apresentação. O resultado deste questionário não é objeto de divulgação, mas deve servir para que o organizador possa utilizá-lo em futuros eventos.

Finalmente o questionário para as pessoas que trabalharam no evento deverá ser preenchido nos primeiros dias após o seu término, evitando-se assim que sejam esquecidos acontecimentos ou situações relevantes para a avaliação. Além da análise técnica dos tópicos do evento o questionário tem de apresentar questões que demonstrem a preocupação da empresa com a opinião de cada um, bem como com a contribuição que poderão dar para melhorias em futuras participações em eventos.

A seguir são apresentados modelos de questionários que poderão ser utilizados para a avaliação qualitativa pelos profissionais da empresa e pelo público visitante. Os dois primeiros modelos apresentam questões gerais aplicadas para Feiras e os dois últimos para todos os demais tipos de evento. Desses modelos, extraia os itens referentes a cada evento em particular.

A tabulação dos resultados fechados deverá ser feita em um programa de computador, como o Excel, e os resultados de questões abertas, por contagem e classificação manual. No último caso, para que não haja inúmeros itens, sugere-se que sejam lidas primeiramente várias respostas, para que então elas sejam organizadas em categorias, de acordo com o seu conteúdo.

Modelo de Questionário para Funcionários da Empresa Avaliarem a Participação na Feira

---

Prezado colaborador,

Gostaríamos de saber sua opinião sobre a participação da Duprat Software na Fenasoft xxxx. Para tanto pedimos a gentileza de preencher, com o máximo cuidado, o questionário abaixo, lembrando que por meio de sua contribuição poderemos aperfeiçoar cada vez mais nossas participações em futuras Feiras.

Gratos.

A. Quanto ao estande

1. Localização do estande da Duprat Software:
☐ Ótimo   ☐ Bom   ☐ Regular   ☐ Não satisfatório
Por quê?_____

2. Leiaute do estande:
☐ Ótimo   ☐ Bom   ☐ Regular   ☐ Não satisfatório
Por quê?_____

3. Salas do estande (VIP, de reunião):
☐ Ótimo   ☐ Bom   ☐ Regular   ☐ Não satisfatório
Por quê?_____

4. Área de exposição do estande:
☐ Ótimo   ☐ Bom   ☐ Regular   ☐ Não satisfatório
Por quê?_____

5. Programação visual do estande (logotipos, cores, visual etc.):
☐ Ótimo   ☐ Bom   ☐ Regular   ☐ Não satisfatório
Por quê?_____

Sugestões:_____

B. Quanto aos serviços

1. Qualidade do trabalho das(os) recepcionistas:
☐ Ótimo   ☐ Bom   ☐ Regular   ☐ Não satisfatório
Por quê?_____

2. Uniformes das(os) recepcionistas:
☐ Ótimo   ☐ Bom   ☐ Regular   ☐ Não satisfatório
Por quê?_____

3. Qualidade do serviço de Bufê:
☐ Ótimo   ☐ Bom   ☐ Regular   ☐ Não satisfatório
Por quê?_____

4. Qualidade do serviço de limpeza:
☐ Ótimo   ☐ Bom   ☐ Regular   ☐ Não satisfatório
Por quê?_____

5. Trabalho de segurança:
☐ Ótimo   ☐ Bom   ☐ Regular   ☐ Não satisfatório
Por quê?_____

6. Atrações e promoções dentro do estande:
☐ Ótimo   ☐ Bom   ☐ Regular   ☐ Não satisfatório
Por quê?_____

Sugestões:_____

C. Quanto ao material promocional

1. Material de sinalização do estande (painéis, cartazes, displays):
☐ Ótimo   ☐ Bom   ☐ Regular   ☐ Não satisfatório
Por quê?_____

2. Material promocional distribuído (folhetos, catálogos, fichas etc.):
☐ Ótimo   ☐ Bom   ☐ Regular   ☐ Não satisfatório
Por quê?_____

3. Brindes distribuídos:
☐ Ótimo   ☐ Bom   ☐ Regular   ☐ Não satisfatório
Por quê?_____

4. Qualidade dos convites distribuídos:
☐ Ótimo   ☐ Bom   ☐ Regular   ☐ Não satisfatório
Por quê?_____

5. Os convites foram suficientes?
☐ SIM   ☐ NÃO

Sugestões: _____

D. Quanto ao trabalho no estande

1. Como você ficou sabendo, primeiramente, sobre a Feira?
☐ Comunicado interno da Duprat   ☐ Jornal/revista   ☐ Mala direta
☐ Colegas   ☐ Rádio/TV   ☐ Outro. Qual?_____

2. O que você achou da carga horário de trabalho?
☐ Ótimo   ☐ Bom   ☐ Regular   ☐ Não satisfatório
Por quê?_____

3. Quais as dificuldades encontradas por você na realização do seu trabalho?
_____

4. O quê você achou do sistema de cadastro de visitantes?
☐ Ótimo   ☐ Bom   ☐ Regular   ☐ Não satisfatório
Por quê?_____

5. O que você achou do seu uniforme?
☐ Ótimo   ☐ Bom   ☐ Regular   ☐ Não satisfatório
Por quê?_____

6. As condições de trabalho oferecidas pela Duprat foram, de maneira geral:
☐ Ótimo   ☐ Bom   ☐ Regular   ☐ Não satisfatório
Por quê?_____

Sugestões:_____

E. Com relação à organização da Feira e sua importância:

1. O nível de adequação do público presente na Feira com relação à estratégia da empresa foi, na sua opinião:
☐ Ótimo ☐ Bom ☐ Regular ☐ Não satisfatório
Por quê?_____

2. Qual sua expectativa com relação aos resultados da Feira?
☐ Ótimo ☐ Bom ☐ Regular ☐ Não satisfatório
Por quê?_____

3. Sua avaliação geral quanto à participação da Duprat é:
☐ Ótimo ☐ Bom ☐ Regular ☐ Não satisfatório
Por quê?_____

4. Com relação à concorrência, a participação da Duprat foi:
☐ Ótimo ☐ Bom ☐ Regular ☐ Não satisfatório
Por quê?_____

Sugestões:_____

Sugestões Finais:_____
_____

Modelo de Questionário para os Visitantes Avaliarem a Participação da Empresa na Feira

Prezado amigo,

Gostaríamos de saber a sua opinião sobre a participação da Duprat Software na Fenasoft xxxx. Para tanto pedimos a gentileza de preencher, com o máximo cuidado, o questionário abaixo, lembrando que por meio de sua contribuição poderemos aperfeiçoar cada vez mais nossas participações em futuras Feiras. O questionário poderá ser depositado na urna, enviado por fax, pelo número xxx-xxxxxx ou pelo e-mail: xxxxxxxxx

Gratos.

A. Quanto ao estande

1. Localização do estande da Duprat Software:
☐ Ótimo ☐ Bom ☐ Regular ☐ Não satisfatório
Por quê?_____

2. Leiaute do estande:
☐ Ótimo ☐ Bom ☐ Regular ☐ Não satisfatório
Por quê?_____

3. Salas do estande (VIP, de reunião):
☐ Ótimo ☐ Bom ☐ Regular ☐ Não satisfatório
Por quê?_____

4. Área de exposição do estande:
☐ Ótimo ☐ Bom ☐ Regular ☐ Não satisfatório
Por quê?_____

5. Programação visual do estande (logotipos, cores, visual etc.):
☐ Ótimo ☐ Bom ☐ Regular ☐ Não satisfatório
Por quê?_____

Sugestões:_____

B. Quanto aos serviços

1. Qualidade do atendimento das(os) recepcionistas:
☐ Ótimo ☐ Bom ☐ Regular ☐ Não satisfatório
Por quê?_____

2. Uniformes das(os) recepcionistas:
☐ Ótimo ☐ Bom ☐ Regular ☐ Não satisfatório
Por quê?_____

3. Qualidade do serviço de bufê:
☐ Ótimo ☐ Bom ☐ Regular ☐ Não satisfatório
Por quê?_____

4. Atrações e promoções dentro do estande:
☐ Ótimo ☐ Bom ☐ Regular ☐ Não satisfatório
Por quê?_____

Sugestões:_____

C. Quanto ao material promocional

1. Material promocional distribuído (folhetos, catálogos, fichas etc.):
☐ Ótimo ☐ Bom ☐ Regular ☐ Não satisfatório
Por quê?_____

2. Brindes distribuídos:
☐ Ótimo ☐ Bom ☐ Regular ☐ Não satisfatório
Por quê?_____

3. Qualidade dos convites distribuídos:
☐ Ótimo ☐ Bom ☐ Regular ☐ Não satisfatório
Por quê?_____

4. O prazo de recebimento do convite foi satisfatório?
☐ SIM ☐ NÃO
Por quê?_____

Sugestões: _____

D. Quanto ao trabalho no estande

D.1. Quanto às demonstrações na área de exposição:

1. Tempo de duração da apresentação:
☐ Ótimo ☐ Bom ☐ Regular ☐ Não satisfatório
Por quê?_____

2. Domínio técnico do demonstrador:
☐ Ótimo ☐ Bom ☐ Regular ☐ Não satisfatório
Por quê?_____

3. Conteúdo da demonstração:
☐ Ótimo ☐ Bom ☐ Regular ☐ Não satisfatório
Por quê?_____

4. Comodidade para assistir à demonstração:
☐ Ótimo ☐ Bom ☐ Regular ☐ Não satisfatório
Por quê?_____

5. Qualidade geral das demonstrações na área de exposição:
☐ Ótimo ☐ Bom ☐ Regular ☐ Não satisfatório
Por quê?_____

D.2. Quanto às apresentações no auditório:
Tema1:_____

1. Tempo de duração da apresentação:
☐ Ótimo ☐ Bom ☐ Regular ☐ Não satisfatório
Por quê?_____

2. Domínio técnico do apresentador:
☐ Ótimo ☐ Bom ☐ Regular ☐ Não satisfatório
Por quê?_____

3. Conteúdo da apresentação:
☐ Ótimo ☐ Bom ☐ Regular ☐ Não satisfatório
Por quê?_____

4. Comodidade para assistir à apresentação:
☐ Ótimo ☐ Bom ☐ Regular ☐ Não satisfatório
Por quê?_____

5. Qualidade geral da apresentação no auditório:
☐ Ótimo ☐ Bom ☐ Regular ☐ Não satisfatório
Por quê?_____

Sugestões:_____

Tema2:_____
1. Tempo de duração da apresentação:
☐ Ótimo ☐ Bom ☐ Regular ☐ Não satisfatório
Por quê?_____

2. Domínio técnico do apresentador:
☐ Ótimo ☐ Bom ☐ Regular ☐ Não satisfatório
Por quê?_____

3. Conteúdo da apresentação:
☐ Ótimo ☐ Bom ☐ Regular ☐ Não satisfatório
Por quê?_____

4. Comodidade para assistir à apresentação:
☐ Ótimo ☐ Bom ☐ Regular ☐ Não satisfatório
Por quê?_____

5. Qualidade geral da apresentação no auditório:
☐ Ótimo ☐ Bom ☐ Regular ☐ Não satisfatório
Por quê?_____

Sugestões:_____

E. Com relação aos produtos/serviços apresentados

1. Qualidade geral dos produtos/ serviços apresentados:
☐ Ótimo ☐ Bom ☐ Regular ☐ Não satisfatório
Por quê?_____

2. Nível de inovação dos produtos/serviços apresentados:
☐ Ótimo ☐ Bom ☐ Regular ☐ Não satisfatório
Por quê?_____

3. Sua avaliação geral quanto à participação da Duprat:
☐ Ótimo ☐ Bom ☐ Regular ☐ Não satisfatório
Por quê?_____

Sugestões:_____

Como você ficou sabendo, primeiramente, sobre a Feira?
☐ Convite da Duprat ☐ Jornal/revista ☐ Mala direta de outra empresa
☐ Colegas ☐ Rádio/TV ☐ Outro. Qual?_____
Sugestões Finais:_____
_____
_____

Modelo de Questionário para Funcionários da Empresa avaliarem um Evento (que não Feira)

Prezado colaborador,

Gostaríamos de saber a sua opinião sobre a participação da Duprat Software no evento "Produtos e Serviços de Automação Industrial". Para tanto pedimos a gentileza de preencher, com o máximo cuidado, o questionário abaixo, lembrando que por meio de sua contribuição poderemos aperfeiçoar cada vez mais nossas participações em futuros eventos.

Gratos.

A. Quanto ao local

1. Localização escolhida para o evento:
☐ Ótimo ☐ Bom ☐ Regular ☐ Não satisfatório
Por quê?_____

2. Data escolhida para o evento:
☐ Ótimo   ☐ Bom   ☐ Regular   ☐ Não satisfatório
Por quê?_____

3. Horário(s) escolhido(s) para o evento:
☐ Ótimo   ☐ Bom   ☐ Regular   ☐ Não satisfatório
Por quê?_____

4. Estacionamento:
☐ Ótimo   ☐ Bom   ☐ Regular   ☐ Não satisfatório
Por quê?_____

5. Recepção do local:
☐ Ótimo   ☐ Bom   ☐ Regular   ☐ Não satisfatório
Por quê?_____

Sugestões:_____

B. Quanto aos serviços

1. Qualidade do trabalho das(os) recepcionistas:
☐ Ótimo   ☐ Bom   ☐ Regular   ☐ Não satisfatório
Por quê?_____

2. Uniformes das(os) recepcionistas:
☐ Ótimo   ☐ Bom   ☐ Regular   ☐ Não satisfatório
Por quê?_____

3. Qualidade do serviço de bufê:
☐ Ótimo   ☐ Bom   ☐ Regular   ☐ Não satisfatório
Por quê?_____

4. Atrações e promoções do evento:
☐ Ótimo   ☐ Bom   ☐ Regular   ☐ Não satisfatório
Por quê?_____

5. Transporte:
☐ Ótimo   ☐ Bom   ☐ Regular   ☐ Não satisfatório
Por quê?_____

Sugestões:_____

C. Quanto ao material promocional

1. Material de sinalização do evento (painéis, cartazes, faixas, displays):
☐ Ótimo   ☐ Bom   ☐ Regular   ☐ Não satisfatório
Por quê?_____

2. Material promocional distribuído (folhetos, catálogos, fichas, etc.):
☐ Ótimo   ☐ Bom   ☐ Regular   ☐ Não satisfatório
Por quê?_____

3. Brindes distribuídos:
☐ Ótimo   ☐ Bom   ☐ Regular   ☐ Não satisfatório
Por quê?_____

4. Qualidade dos convites:
☐ Ótimo   ☐ Bom   ☐ Regular   ☐ Não satisfatório
Por quê?_____

Sugestões: _____

D. Quanto à divulgação

1. Como você ficou sabendo, primeiramente, sobre o evento?
☐ Comunicado interno da Duprat   ☐ Jornal/revista   ☐ Mala direta
☐ Colegas   ☐ Rádio/TV   ☐ Outro. Qual?_____

E. Quanto às atividades

1. O que você achou das atividades de lazer do evento?
☐ Ótimo   ☐ Bom   ☐ Regular   ☐ Não satisfatório
Por quê?_____

F. Com relação à organização geral do evento

1. Sua avaliação quanto à organização geral da Duprat:
☐ Ótimo   ☐ Bom   ☐ Regular   ☐ Não satisfatório
Por quê?_____

Sugestões:_____

Sugestões finais:_____
_____

Modelo de Questionário para Participantes avaliarem um Evento (que não Feira)

Prezado colaborador,

Gostaríamos de saber a sua opinião sobre a participação da Duprat Software no evento "Produtos e Serviços de Automação Industrial". Para tanto pedimos a gentileza de preencher, com o máximo cuidado, o questionário abaixo, lembrando que por meio de sua contribuição poderemos aperfeiçoar cada vez mais nossas participações em futuros eventos.

Gratos.

A. Quanto ao local

1. Localização escolhida para o evento:
☐ Ótimo   ☐ Bom   ☐ Regular   ☐ Não satisfatório
Por quê?_____

2. Data escolhida para o evento:
☐ Ótimo   ☐ Bom   ☐ Regular   ☐ Não satisfatório
Por quê?_____

3. Horário(s) escolhido(s) para o evento:
☐ Ótimo   ☐ Bom   ☐ Regular   ☐ Não satisfatório
Por quê?_____

4. Estacionamento:
☐ Ótimo   ☐ Bom   ☐ Regular   ☐ Não satisfatório
Por quê?_____

5. Recepção do local:
☐ Ótimo   ☐ Bom   ☐ Regular   ☐ Não satisfatório
Por quê?_____

Sugestões:_____

B. Quanto aos serviços

1. Qualidade do trabalho das(os) recepcionistas:
☐ Ótimo   ☐ Bom   ☐ Regular   ☐ Não satisfatório
Por quê?_____

2. Qualidade do serviço de bufê:
☐ Ótimo   ☐ Bom   ☐ Regular   ☐ Não satisfatório
Por quê?_____

3. Atrações e promoções do evento:
☐ Ótimo   ☐ Bom   ☐ Regular   ☐ Não satisfatório
Por quê?_____

4. Transporte:
☐ Ótimo   ☐ Bom   ☐ Regular   ☐ Não satisfatório
Por quê?_____

Sugestões:_____

C. Quanto ao material promocional

1. Material de sinalização do evento (painéis, cartazes, faixas, displays):
☐ Ótimo   ☐ Bom   ☐ Regular   ☐ Não satisfatório
Por quê?_____

2. Material promocional distribuído (folhetos, catálogos, fichas, etc.):
☐ Ótimo   ☐ Bom   ☐ Regular   ☐ Não satisfatório
Por quê?_____

3. Brindes distribuídos:
☐ Ótimo   ☐ Bom   ☐ Regular   ☐ Não satisfatório
Por quê?_____

4. Qualidade dos convites:
☐ Ótimo   ☐ Bom   ☐ Regular   ☐ Não satisfatório
Por quê?_____

Sugestões:_____

5. Os convites chegaram em tempo adequado?
☐ SIM   ☐ NÃO
Por quê?_____

D. Quanto à divulgação

1. Como você ficou sabendo, primeiramente, sobre o evento?
☐ Convite da Duprat   ☐ Jornal/revista   ☐ Mala direta   ☐ Colegas
☐ Rádio/TV   ☐ Outro. Qual?_____

E. Quanto às atividades

1. O que você achou das atividades de lazer do evento?
☐ Ótimo   ☐ Bom   ☐ Regular   ☐ Não satisfatório
Por quê?_____

F. Quanto às palestras

Palestra 1:_____

1. Conteúdo:
☐ Ótimo   ☐ Bom   ☐ Regular   ☐ Não satisfatório
Por quê?_____

2. Tempo de duração:
☐ Ótimo   ☐ Bom   ☐ Regular   ☐ Não satisfatório
Por quê?_____

3. Domínio técnico do palestrante:
☐ Ótimo   ☐ Bom   ☐ Regular   ☐ Não satisfatório
Por quê?_____

4. Inovação do tema:
☐ Ótimo   ☐ Bom   ☐ Regular   ☐ Não satisfatório
Por quê?_____

Palestra 2, 3, 4 etc.:_____

1. Conteúdo:
☐ Ótimo   ☐ Bom   ☐ Regular   ☐ Não satisfatório
Por quê?_____

2. Tempo de duração:
☐ Ótimo   ☐ Bom   ☐ Regular   ☐ Não satisfatório
Por quê?_____

3. Domínio técnico do palestrante:
☐ Ótimo   ☐ Bom   ☐ Regular   ☐ Não satisfatório
Por quê?_____

4. Inovação do tema:
☐ Ótimo   ☐ Bom   ☐ Regular   ☐ Não satisfatório
Por quê?_____

G. Com relação à organização geral do evento

1. Sua avaliação quanto à organização geral da Duprat é:
☐ Ótimo ☐ Bom ☐ Regular ☐ Não satisfatório
Por quê?_____

Sugestões:_____

Sugestões finais:_____
_____

– Qualidade das visitas e das vendas realizadas

Como já foi mencionado, não basta avaliar o número de visitantes ou participantes e o número de vendas realizadas durante e após o evento. É necessário verificar também a qualidade desses contatos e a qualificação dos novos clientes. Ganhar, por exemplo, três novos clientes com faturamento anual cada um de 100 milhões de dólares é diferente de conseguir 100 deles cujo faturamento chegue, na soma de todos, ao mesmo valor. Dependendo dos objetivos da empresa cada situação dessas poderá ser vantajosa ou não, e essa informação deverá ser analisada e apresentada nos resultados do evento.

Dessa maneira apresenta-se a seguir um quadro que ajudará a analisar a qualidade e potencialidade de cada contato ou venda realizada. Caso o número de visitas e/ou vendas seja muito grande, impossibilitando dispor os dados em um Quadro, deve-se classificá-los de maneira que possa ser entendido o conteúdo geral. Nesse Quadro não devem constar aqueles visitantes que, por curiosidade apenas, ou por outros interesses que não comerciais, estiveram no evento.

Modelo de Quadro para Listagem das Visitas e Vendas Realizadas com Análise de sua Qualidade

Contato	Dia da Visita	Valor Inicial	Venda			Prospect				
			Nível de Importância para Empresa			Potencial de Fechamento			Previsão de Fechamento (data)	Nível de Importância para Empresa		
			Alto	Medio	Baixo	Alto	Médio	Baixo		Alto	Médio	Baixo

O nível de importância para a empresa, constante do quadro retrocitado, complementa a análise da qualidade dos clientes ou contatos do evento, uma vez que define o grau de importância que cada um terá na participação total de faturamento da empresa.

Para classificar cada novo cliente ou contato entre as categorias Alto, Médio ou Baixo nível de importância, adote a regra já utilizada pela empresa.

– Qualidade do trabalho de assessoria de imprensa

Já foram apresentadas no que se refere às análises quantitativas medidas para avaliar o resultado do trabalho de assessoria de imprensa no evento. Assim como ocorre com as vendas, em que, além do número gerado verificou-se a qualidade desse número, é preciso criar mecanismos para analisar a qualidade das matérias publicadas. Isso significa avaliar as mídias, os veículos de exposição e o conteúdo de cada matéria.

A seguir propõe-se uma regra para classificar os veículos e mídias utilizadas de acordo com o seu grau de importância e credibilidade na geração de uma boa imagem à empresa.

Começa-se atribuindo para cada veículo um valor de 1 a 4 (crescente), dependendo do grau de importância e credibilidade que ele tem no ramo e ao porte de atuação da empresa. Quanto mais próximo ao segmento de atuação da empresa for o veículo, maior deverá ser a sua nota. Por exemplo, se as vendas da empresa são dirigidas ao mercado de autopeças, um veículo com grande difusão nesse segmento merece uma nota alta. Os veículos de grande circulação nacional (caso a empresa trabalhe nesse âmbito) e de assuntos gerais, como é o caso das revistas *Veja*, *Isto É*, jornal *O Estado de S. Paulo*, TV Globo – *Jornal da Globo* etc., também merecem maiores notas.

Aqui foram dados alguns exemplos de como avaliar a qualidade do veículo e da mídia utilizados. Devido às peculiaridades de cada caso, aconselha-se procurar a ajuda de uma agência de propaganda para proceder a essa classificação. Como regra geral, pode-se dizer que, para os veículos em que haveria grande interesse, por parte da empresa, em publicar anúncios institucionais ou de produtos/serviços, deve-se atribuir notas maiores.

Modelo de Quadro para Avaliação, por meio de Atribuição de Notas para Nível de Importância e Credibilidade de cada Veículo

Matéria	Veículos	Nota de Importância do Veículo
1		
2		
3		
4		

Após a classificação dos veículos analise a qualidade de cada matéria divulgada. Para tanto existem três itens de avaliação:

a) O primeiro item refere-se à porcentagem da matéria em que a empresa ou seus produtos/serviços é citada. É possível que o *clipping* apresente uma matéria grande em um veículo de muita visibilidade, mas que ao analisá-la se perceba que nem 5% da mesma é referente à empresa, ou, pior, que a grande parte da matéria fala sobre seus concorrentes. Para efetuar essa análise proceda a uma rápida leitura das matérias, atribuindo a cada uma nota de 1 a 4 (crescente), de acordo com a porcentagem em que é referenciada a empresa ou seus produtos. Para auxiliar na definição das notas segue abaixo um modelo de quadro de relação porcentagem x nota:

Quadro para Estabelecimento de Relação Porcentagem x Nota

Porcentagem	Nota
0 a 10	1
11 a 30	2
31 a 50	3
mais de 50	4

Com as relações retrocitadas, pode-se atribuir nota a cada matéria, completando o Quadro seguinte:

Modelo de Quadro para Atribuição de Nota referente à Porcentagem da Matéria em que a Empresa é Citada

Matéria	Nota Porcentual de Citação
1	
2	
3	
4	

b) O segundo item refere-se ao conteúdo da matéria. Da mesma forma que no item anterior, é preciso atribuir uma nota – de 1 a 4 – para cada matéria, procurando analisar:
. se a mensagem foi corretamente transmitida, isto é, se não houve falhas na mensagem;

. se o jornalista apresentou a empresa ou produto de forma positiva;
. se foi anexado à matéria qualquer material visual como: fotos, ilustrações, figuras, tabelas referentes à empresa;
. se a qualidade das informações divulgadas estava acima ou abaixo da dos concorrentes que aparecem na mesma matéria;
. se a matéria identificou facilmente como localizar a empresa.

Modelo de Quadro para Atribuição de Nota referente à Qualidade da Matéria

Matéria	Nota de Qualidade
1	
2	
3	
4	

c) O terceiro item refere-se à análise de outros fatores referentes à exposição como: horário de exposição, Ibope (no caso de TV) e local da matéria (no caso de mídia escrita), entre outros.

Modelo de Quadro para Atribuição de Nota referente a outros Fatores de Exposição

Matéria	Nota de Qualidade
1	
2	
3	
4	

Considerando as análises parciais dos itens apresentados nos quadros referentes à atuação da assessoria de imprensa, podem-se sintetizar os resultados em um único quadro, a seguir, verificando a nota geral de qualidade do trabalho.

Modelo de Quadro contendo o Resultado Final da Avaliação Qualitativa do Trabalho de Assessoria de Imprensa

Matéria	1. Nota para o Veículo (1-4)	2. Nota para o porcentual de citação na Matéria (1-4)	3. Nota para o conteúdo da Matéria (1-4)	4. Nota para Outros Fatores de Exposição (1-4)	5. Nota Média Final (1+2+3+4)/4
1					
2					
3					
4					
5					
MÉDIA TOTAL*					

* Refere-se à avaliação geral de todas as matérias publicadas por intermédio da assessoria de imprensa, nos períodos durante e pós-evento. Para obter a Média Total, basta somar a nota média final de cada matéria e dividir pelo número de matérias analisadas.

Ao analisar a qualidade do trabalho de assessoria de imprensa, considerar as apresentações realizadas durante a Feira e que, embora no momento não tenham gerado nenhuma matéria, poderão servir para maior contato com jornalistas e, conseqüentemente, resultar em matérias a médio e longo prazos. Portanto, avaliar a qualidade dos contatos estabelecidos por intermédio da assessoria de imprensa poderá complementar os demais resultados. Se essa avaliação for de interesse da empresa, proceda da mesma forma, atribuindo notas de 1 a 4 para o nível de relacionamento e contatos mantidos durante o evento.

– Qualidade das informações de mercado/concorrência

Como visto nos capítulos anteriores os eventos, principalmente as Feiras, além dos objetivos de venda, geração de imagem e contato direto com clientes, também atendem a outros objetivos, como a análise da concorrência e das necessidades e oportunidades de mercado. Dessa forma a qualidade das informações coletadas a respeito desses objetivos também devem ser analisadas e classificadas, quer como informações completas e ricas quer como informações fracas e incompletas. Dados como: características técnicas e mercadológicas de novos lançamentos da concorrência, faixas de preços praticados pelo mercado para produtos/serviços similares aos da empresa, material de propaganda e publicidade da concorrência, qualidade dos profissionais de vendas do mercado em comparação com os da empresa, segmentos de atuação dos concorrentes e necessidades não atendidas pelo mercado e manifestadas pelos visitantes da Feira, entre outros, constituem informações relevantes que podem ser analisadas como resultados de eventos.

– Qualidade do treinamento

Quando o objetivo do evento for treinar parceiros, clientes ou mesmo funcionários da empresa sobre uma nova tecnologia, produto ou serviço, a qualidade do treinamento deverá ser avaliada em função dos resultados de aprendizado desse público.

Para avaliar o nível do treinamento é preciso elaborar um questionário a ser distribuído a todos os "treinados", após o término do evento, avaliando seu nível de satisfação com relação aos vários aspectos abordados, ao ambiente utilizado, ao nível do instrutor e à qualidade dos equipamentos e do material distribuído, entre outros.

Além de verificar a opinião dos participantes do treinamento, poderá ser de interesse da empresa – sobretudo quando este é feito com os funcionários – avaliar o grau de aprendizado gerado pelo evento. Nesses casos será preciso a aplicação de um teste prático – escrito ou oral – para comprovar a eficácia do treinamento.

A seguir é apresentado um modelo de questionário para ser utilizado na avaliação do nível de satisfação dos participantes, com relação ao treinamento oferecido pela empresa.

Modelo de Questionário para Participantes Avaliarem o Treinamento

---

Prezado colaborador,

Gostaríamos de saber a sua opinião sobre o treinamento "Utilizando as soluções Duprat para automação industrial". Para tanto pedimos a gentileza de preencher, com o máximo cuidado, o questionário abaixo, lembrando que por meio de sua contribuição poderemos aperfeiçoar cada vez mais nossas participações em futuros treinamentos.

Gratos.

A. Quanto ao local

1. Localização escolhida para o treinamento:
□ Ótimo □ Bom □ Regular □ Não satisfatório
Por quê?_____

2. Data escolhida para o treinamento:
□ Ótimo □ Bom □ Regular □ Não satisfatório
Por quê?_____

3. Horário(s) escolhido(s) para o treinamento:
☐ Ótimo   ☐ Bom   ☐ Regular   ☐ Não satisfatório
Por quê?_____

4. Estacionamento:
☐ Ótimo   ☐ Bom   ☐ Regular   ☐ Não satisfatório
Por quê?_____

5. Recepção do local:
☐ Ótimo   ☐ Bom   ☐ Regular   ☐ Não satisfatório
Por quê?_____

Sugestões:_____

B. Quanto ao treinamento

1. Conteúdo técnico do treinamento:
☐ Ótimo   ☐ Bom   ☐ Regular   ☐ Não satisfatório
Por quê?_____

2. Duração do treinamento:
☐ Ótimo   ☐ Bom   ☐ Regular   ☐ Não satisfatório
Por quê?_____

3. Qualidade do material utilizado no treinamento:
☐ Ótimo   ☐ Bom   ☐ Regular   ☐ Não satisfatório
Por quê?_____

4. Domínio técnico do instrutor:
☐ Ótimo   ☐ Bom   ☐ Regular   ☐ Não satisfatório
Por quê?_____

5. Atenção e presteza do instrutor para com os participantes:
☐ Ótimo   ☐ Bom   ☐ Regular   ☐ Não satisfatório
Por quê?_____

6. Nível de inovação do conteúdo do treinamento para você:
☐ Ótimo   ☐ Bom   ☐ Regular   ☐ Não satisfatório
Por quê?_____

7. Quanto você acredita que aprendeu no treinamento?
☐ Muito   ☐ Pouco   ☐ Nada
Por quê?_____

8. Qualidade dos equipamentos utilizados no treinamento:
□ Ótimo   □ Bom   □ Regular   □ Não satisfatório
Por quê?_____

9. Lanches/refeições servidas nos intervalos do treinamento:
□ Ótimo   □ Bom   □ Regular   □ Não satisfatório
Por quê?_____

10. O assunto apresentado no treinamento de que você mais gostou foi:
_____
Por quê?_____

11. O assunto apresentado no treinamento de que você menos gostou foi:
_____
Por quê?_____

C. Com relação à organização geral do treinamento

1. Sua avaliação geral quanto ao treinamento da Duprat:
□ Ótimo   □ Bom   □ Regular   □ Não satisfatório
Por quê?_____

Sugestões:_____

Sugestões finais:_____
_____

– Qualidade do produto/serviço lançado

Quando a empresa desenvolve um evento com o objetivo de apresentar ao mercado ou a um público-alvo específico novo produto ou serviço, é necessário avaliar não somente a qualidade do evento, por meio de questionário de satisfação com relação aos vários aspectos do mesmo, mas principalmente a qualidade percebida pelos convidados com relação ao produto/serviço lançado.

Para avaliar a qualidade do produto lançado elabore um questionário a ser preenchido pelos participantes do evento, conforme o seguinte exemplo:

Modelo de Questionário de Avaliação do Participante com Relação ao Produto/Serviço lançado no Evento

Prezado colaborador,

Gostaríamos de saber a sua opinião sobre o novo produto apresentado pela Duprat Software. Para tanto pedimos a gentileza de preencher, com o máximo cuidado, o questionário abaixo, lembrando que por meio de sua contribuição poderemos aperfeiçoar cada vez mais nossos produtos e serviços.

Gratos.

1. Qualidade do produto apresentado:
☐ Ótimo ☐ Bom ☐ Regular ☐ Não satisfatório
Por quê?_____

2. Nível de inovação do produto:
☐ Ótimo ☐ Bom ☐ Regular ☐ Não satisfatório
Por quê?_____

3. Facilidade de entendimento e de utilização do produto:
☐ Ótimo ☐ Bom ☐ Regular ☐ Não satisfatório
Por quê?_____

4. Apresentação do produto (embalagem, design etc.):
☐ Ótimo ☐ Bom ☐ Regular ☐ Não satisfatório
Por quê?_____

5. Preço sugerido para o produto:
☐ Ótimo ☐ Bom ☐ Regular ☐ Não satisfatório
Por quê?_____

6. Nome do produto:
☐ Ótimo ☐ Bom ☐ Regular ☐ Não satisfatório
Por quê?_____

7. Logomarca do produto:
☐ Ótimo ☐ Bom ☐ Regular ☐ Não satisfatório
Por quê?_____

8. Você acredita no sucesso do produto?
☐ SIM ☐ NÃO
Por quê?_____

9. O que você mais gostou no produto?
_____
_____
_____

10. O que você menos gostou no produto?
_____
_____
_____

11. Comparado a produtos similares ele é:
☐ Ótimo   ☐ Bom   ☐ Regular   ☐ Não satisfatório
Por quê?_____

12. Você o compraria:
☐ Já   ☐ Mais adiante   ☐ Não compraria
Por quê?_____

13. Você o recomendaria:
☐ Já   ☐ Mais ou menos   ☐ Não recomendaria
Por quê?_____

Sugestões finais:_____
_____
_____

– Share-of-mind

É possível saber se o evento contribuiu para o fortalecimento da marca e do nome da empresa, constituindo-se este um dos objetivos gerais dos eventos. A análise de evolução do *share-of-mind* da empresa é um mecanismo para verificar os resultados de alavancagem da imagem institucional da mesma no seu mercado-alvo.

A análise de *share-of-mind* é muito complexa e exige dedicação e experiência de quem irá desenvolvê-la. É realizada por meio de pesquisas de mercado, junto a uma amostra representativa do público-alvo da empresa e requer um número razoavelmente elevado de respostas para se ter um resultado muito próximo da realidade.

Essas pesquisas são comumente realizadas por empresas especializadas no ramo, que procuram coletar resultados periódicos a fim de demonstrarem a evolução da situação e não apenas uma fotografia do momento. Dificilmente a análise conseguirá mostrar alguma alteração imediata entre uma situação anterior ao evento e sua evolução logo após a sua realização. É preciso manter esse tipo de análise de forma contínua, verificando, em relação a todas as demais ações de marketing desenvolvidas no mesmo período, qual o porcentual de participação dos eventos. Além disso a aplicação do questionário deverá ser feita por pesquisadores treinados e, preferivelmente, de fora da empresa. Como são pesquisas com teor subjetivo as respostas podem ser facilmente direcionadas e até manipuladas, mesmo sem a consciência de quem as está aplicando. Um profissional da empresa que acredita fielmente que sua marca é líder de mercado dificilmente conseguirá manter-se neutro na formulação de uma pergunta sobre quem determinado consumidor acredita ser o líder de mercado.

– Descrição de dificuldades e principais problemas

A análise das dificuldades e dos principais problemas enfrentados na organização de um evento é muito importante para que o organizador possa, em ocasiões futuras, diminuir o número desses problemas durante o processo de planejamento e execução. Esse item deve ser avaliado e registrado apenas para uso do organizador, isto é, não ser divulgado para o restante da empresa.

Sugere-se o preenchimento, pelo organizador, de um quadro que deverá fazer parte de seu relatório pessoal e de seus futuros *check-lists*:

Modelo para Listagem das Principais Dificuldades e Problemas Encontrados pelo Organizador do Evento

Principal Dificuldade ou Problemas Encontrados	Como foi Resolvido	Quem deverá ser Responsável pela Atividade de Prevenção Futuramente	Quando Deve ser Prevista a Realização dessa Atividade

Elaboração de relatório final

Para que o resultado geral da participação no evento seja formalmente apresentado a outros profissionais da empresa e, particularmente, aos membros da diretoria, condense todas as informações geradas, conforme o proposto neste capítulo de avaliação de resultados, num único documento, denominado Relatório Final do Evento. Além de apresentar os resultados a toda a empresa, esse Relatório irá valorizar o trabalho do organizador do evento e poderá servir como base para futuras atuações em eventos, ou mesmo como informação para definição de estratégias comerciais e de marketing.

O Relatório não poderá ser muito extenso, deve ocupar no máximo 20 folhas encadernadas. Mais do que isso poderá comprometer o interesse pela leitura. A sua apresentação deverá ser impecável e objetiva, utilizando-se, ao máximo, de figuras e tabelas auto-explicativas, facilitando assim a leitura rápida por profissional de qualquer área e nível hierárquico.

Do Relatório deverão constar as seguintes informações, indexadas e com o número da página referente:

a. Objetivos traçados para o evento – Todos os objetivos e metas deverão ser apresentados em itens, para que o leitor possa identificar rapidamente a importância da participação no evento e como avaliar os resultados apresentados no relatório;

b. Estratégia adotada – A estratégia definida no primeiro passo da organização do evento deverá ser de forma resumida, exposta ao leitor de maneira que ele possa entender todas as atividades desenvolvidas durante o evento, como promoções, programação visual, local escolhido etc. Todas essas escolhas deverão ser justificadas por uma estratégia coerente e concisa. Dessa exposição devem constar dados como: público-alvo do evento, tema principal, padrão visual e outros mais vistos nos Capítulos 4 e 5 deste livro;

c. Medidas e critérios de avaliação da participação no evento, apresentados de forma objetiva e clara. Basta, para isso, recorrer aos itens de avaliação qualitativa e quantitativa apresentados neste capítulo, excetuando-se o item referente à descrição de problemas e dificuldades;

d. Principais resultados e sua análise – A apresentação de todas as tabelas geradas neste capítulo deverá ser feita neste item. Uma rápida análise pessoal das tabelas serve para complementar a descrição dos resultados;

f. Considerações finais, com uma conclusão sucinta da participação da empresa no evento;

g. Anexos – Pode-se acrescentar ao Relatório todo o material que apresente o evento para quem não teve oportunidade de participar, como fotos do estande ou do hotel, comentários positivos feitos por clientes, modelo do convite enviado etc. Outro anexo interessante refere-se aos dados coletados sobre o mercado e a concorrência. Mas, antes de anexar essas informações, verifique se não há sigilo na sua divulgação.

Glossário

Back-up Duplicação do sistema original, para casos de perda ou danificação dele.

Banner Espécie de faixa desenvolvida em material especial, como o vinil, acrílico, tecido, entre outros, utilizada para divulgação de determinado evento ou ação de marketing. Caracterizado normalmente por possuir um formato retangular disposto na direção vertical.

Bottom Espécie de broche utilizado para divulgar uma logomarca ou uma mensagem da empresa.

Briefing Texto em que o cliente apresenta seus objetivos, estratégias e orçamento disponível para a execução, por terceiros, de determinada atividade ou ação de marketing.

Business-to-business Modelo de atividade comercial, no qual tanto o vendedor quanto o comprador são representados por pessoas jurídicas.

Check-list Relação das atividades e dos materiais relacionados à determinada ação ou atividade de marketing que deverão ser verificados com antecedência à sua execução para que não sejam esquecidos.

Clipping Levantamento nos diversos veículos de comunicação das matérias divulgadas sobre a empresa ou determinado assunto de interesse da empresa. Após o levantamento das matérias é desenvolvido um relatório contendo veículo e data de publicação das mesmas acompanhados de sua cópia xerográfica.

Coffee-break Pausa programada entre uma sessão e outra de determinado evento com o intuito de promover um relaxamento durante atividades prolongadas. Durante essa pausa são servidos aperitivos, lanches, sucos etc.

Cronograma Seqüência cronológica das ações a serem desenvolvidas para determinado evento ou atividade.

Cuponagem Processo de distribuição de cupons que dão a um desconto ou outras vantagens na compra de produtos específicos para estimular suas vendas.

Design Estilo e desenho de um produto elaborado em geral por um profissional de designer.

Display Material de exposição muito utilizado nos pontos de venda, com o objetivo de captar a atenção dos consumidores com relação a uma promoção, a um novo produto ou qualquer informação da empresa.

Enquete Sondagem da opinião pública sobre um problema ou para confirmação ou não de uma hipótese.

Estande Conceito visual, com dimensões, estrutura, localização e área da empresa em uma Feira ou Exposição, pelos quais os visitantes a identificarão.

Fee mensal Valor estabelecido, em contrato e por prazo determinado, pela prestação de um serviço específico e que possa ter sua qualidade mensurada mensalmente.

Feedback	Retorno verbal ou por escrito de uma avaliação feita sobre determinada atividade ou ação ao responsável pela sua execução.
Feeling	Forte sentimento sobre determinado acontecimento futuro, tendo ou não sido originado por conhecimento teórico sobre o assunto em questão ou por fundamentos concretos.
Fluxograma	Diagrama de tarefas a serem exercidas para uma determinada atividade, com apresentação dos responsáveis para cada uma delas, na ordem em que deverão ocorrer, e da relação de dependências entre as mesmas.
Folder	Folheto publicitário ou promocional, contendo a descrição dos produtos e serviços da empresa e outras informações que venham a convencer o potencial comprador da empresa a tornar-se cliente.
Folheteria	Conjunto de *folders* que a empresa utiliza para divulgar seus diferentes produtos ou serviços.
Follow-up	Processo de acompanhamento de qualquer estratégia ou atividade, para a verificação de que esteja sendo desenvolvida da forma programada.
Hobbies	Atividades esportivas, culturais, sociais etc. realizadas nos momentos de lazer das pessoas.
Implementação	Colocar os planos de marketing em operação.
Know-how	Conhecimento aprofundado sobre determinado tema ou assunto, adquirido normalmente por anos de estudo ou experiência prática.
Leiaute	Estrutura ou maneira pela qual os elementos de um projeto arquitetônico ou de criação são posicionados. Utilizado em projetos de criação de peças publicitárias para apresentar um esboço da peça final.
Logomarca	Símbolo, figura, letras e cores que identificam a marca da empresa ou de um produto específico.
Direct-Mailing	Distribuição de material promocional ou publicitário por via postal, por entrega pessoal, por e-mail, ou qualquer outra maneira, desde que destinada a pessoas constantes em um *mailing list*.
Mailing list	Lista de endereços e endereçados constantes do banco de dados da empresa, para os quais ela pretende enviar, por via postal, e-mail, ou outro meio, correspondências, informações, folhetos, etc. ou qualquer outro material promocional ou publicitário.
Mercado-alvo	Conjunto de compradores que possuem as mesmas necessidades ou características que a empresa pretende oferecer.
Mídia	Canais de comunicação não-pessoais, incluindo mídia impressa, como jornais, revistas, etc.; mídias televisivas, rádio e outras mídias alternativas, como *outdoors*, faixas, *banners*, *displays* etc.
Mix de produto	Conjunto de produtos que a empresa oferece para seus compradores.

Mix promocional	Conjunto de ferramentas promocionais utilizadas pela empresa para garantir seus objetivos de marketing. É composto por: venda pessoal, promoções de vendas, relações públicas e propaganda.
Panfletagem	Distribuição de folhetos em um evento ou local público para divulgação da empresa, seus produtos ou determinada atividade promocional patrocinada pela empresa.
Pin	Idem a *bottom*.
Pool de carros	Permite que grupos de pessoas que tenham o mesmo local de destino dividam-se em veículos até lotar suas capacidades, obtendo um melhor aproveitamento de custos.
Press-release	Redação publicitária utilizada por assessorias de imprensa para divulgar, aos meios jornalísticos, matérias sobre a empresa.
Prospecção	Processo de vendas em que são identificados os potenciais compradores da empresa para um determinado produto.
Prospect	Consumidor potencial da empresa para o qual ela emprega seus esforços na sua conquista como cliente.
Público-alvo	Idem a mercado-alvo.
Realease	Texto elaborado por uma assessoria de imprensa ou um jornalista, em formato jornalístico, para ser distribuído à mídia, contendo novidades, informações ou um comunicado da empresa para seu público.
Roadshow	Tipo de evento que ocorre em várias localidades, utilizando-se da mesma estrutura de pessoas e de conteúdo programático, desenvolvidos conforme cronograma definido previamente.
Self-service	Tipo de serviço de bufê no qual as pessoas servem-se à vontade dos alimentos e bebidas dispostos sobre a mesa, sem a ajuda ou serviço de garçons.
Share-of-mind	Participação de determinada empresa ou produto na mente dos consumidores. É medida em porcentagem, mediante pesquisas junto aos consumidores.
Target	Público-alvo da empresa. Ver público-alvo.
Tour	Excursão rápida por determinado local, acompanhada normalmente por um guia.
Van	Tipo de veículo motorizado onde é possível acomodar um número razoável de pessoas, muito utilizado em excursões e viagens curtas.
VIP	Very Important People. É uma sigla para identificar aqueles clientes ou potenciais clientes que possuem maior importância, geralmente financeira, para a empresa.
Walk-talk	Espécie de telefone sem fio utilizado em comunicação a curta distância entre duas ou mais pessoas, por meio de uma freqüência especial.

BIBLIOGRAFIA

BORIN, Marco A. "Participação em feiras e exposições como elemento de estratégia promocional das empresas do mercado industrial". Dissertação de Mestrado, FEA/USP, 1996.

COBRA, Marcos. *Marketing essencial: conceitos,* estratégias e controle. São Paulo: Atlas, 1986.

——. *Administração de marketing.* São Paulo: Atlas, 1990.

——. *Marketing competitivo*: uma abordagem estratégica. São Paulo: Atlas, 1993.

ENGEL, James F., WARSHAW, Martin R. e KINNEAR, Thomas C. *Promotional Strategy*: Managing the Marketing Communication Process. 7. ed. Boston: IRWIN, 1991.

EVANS, Joel R. e BERMAN, B. *Principles of marketing.* 3. ed. Englewood Cliffs: Prentice Hall, 1995.

HAAS, Robert W. *Industrial marketing management.* 1. ed. Nova York: Petrocelli/Charter, 1976.

KOTLER, Philip. *Marketing.* São Paulo: Atlas, 1990.

KOTLER, Philip e ARMSTRONG, Gary. *Principles of marketing.* 5. ed. Englewood Cliffs: Prentice Hall, 1991.

LEGRAIN, Marc e MAGAIN, Daniel. *Promoção de vendas.* Série Empresas Emergentes. São Paulo: McGraw-Hill, 1992.

——. *Relações com o público.* Série Empresas Emergentes. São Paulo: McGraw-Hill, 1992.

——. *Publicidade e propaganda.* Série Empresas Emergentes. São Paulo: McGraw-Hill, 1992.

——. *Estudo de mercado.* Série Empresas Emergentes. São Paulo: McGraw-Hill, 1992.

——. *Plano de marketing.* Série Empresas Emergentes. São Paulo: McGraw-Hill, 1992.

LEWIS, Jordan D. *A Empresa conectada*: como as empresas líderes vencem através da aliança cliente-fornecedor. São Paulo: Pioneira, 1997.

LYNCH, Richard L. *Introduction to marketing.* McGrawHill, 1984.

MCCARTHY, E. Jerome e PERREAULT JR., William D. *Basic Marketing.* 10. ed. Boston: IRWIN, 1990.

MCKENNA, Regis. "Marketing é tudo". In: Shapiro, P. Benson e Sviokla, John, J. *Mantendo clientes*. São Paulo: McGraw Hill, 1995.

FERREIRA, Aurélio Buarque de Holanda. *Novo dicionário da língua portuguesa*, Século XXI, Nova Fronteira.

SCHEWE, Charles D. e SMITH, Reuben M. *Marketing*: conceitos, casos e aplicações. São Paulo: McGraw Hill, 1982.

Série Administração de Empresas – *Enciclopédia de direção, produção, finanças e marketing*. Volumes III e IV. Vários Autores. Nova Cultural. 1988.

SIMÕES, Roberto. *Marketing básico*. São Paulo: Saraiva, 1976.

WAY, Hebe. *O processo de relações públicas*. São Paulo: Summus, 1983

WEBSTER, F. E. Jr. *Industrial marketing strategy*. Nova York: John Wiley & Sons, 1990.